滄海叢刊

二程學管見

張永儁 著

1988

東大圖書公司印行

© 二程學管見

作　者　張永儁
發行人　劉仲文
出版者　東大圖書股份有限公司
總經銷　三民書局股份有限公司
印刷所　東大圖書股份有限公司
地址／臺北市重慶南路一段六十一號二樓
郵撥／〇一〇七一七五—〇號
初　版　中華民國七十七年一月
編　號　E 12035
基本定價　肆元陸角柒分
行政院新聞局登記證局版臺業字第〇一九七號

小序

近幾年來，由於教學上的需要，著者在研究的各科目中，宋明理學佔了很重要的一部份。我研究的重點是在中國近代儒家思想史這方面。內容包括了：一、關於歷史環境的瞭解，涉及了政治環境、經濟環境及廣泛的文化環境等各層面。這項研究工作耗費了我很多時間，搜集了很多材料，但至今尚未有一定的成果。二、以「宋元學案」及「明儒學案」為基礎，開始對宋明以來的主要思想家作個案的研究及學派的分析，這項工作已着手撰寫了，也累積了不少草稿，但尚未能定稿問世。三、試着在闡發中國儒家的傳統精神價值方面，寫點有關宋明理學的文章。一則應付稿債，因為在我主編臺大「哲學論評」這幾年中，催稿不如自己凑稿；再則也圖個手熟，藉以試筆而得些經驗；當然，也是公諸同好，希望得到一點迴響，俾能就正於高明。於是，不知不覺的就寫了若干篇文章，其中一部份是刊載於臺大「哲學論評」的，也有是在學術會議上發表的，也有充作國科會學術成果獎助金用的。月前，由於林正弘教授的介紹，很幸運的認識了三民書局董事長劉先生，承蒙他的謬賞，於是我這些文章也就有了更廣泛的公開面世的機會。為了不致損傷了劉董事長的「知人之明」，同時多少也有點「愛惜羽毛」的意味，因此我慎選了七篇自認為還「够水準」的文章畧加訂正，並安排次序，請由三民書局出版，算算也在二十萬字左右了。

因為這幾篇文章，偏重在二程學的研究範圍內，同時也不是在既定計劃下有系統寫的，只述及了二程學的幾個重要的側面，因此就取了「二程學管見」的這個名稱。既稱之為「管見」，當然是自感有所不足了。但是，在自我策勵的立場上雖自感有所不足，從「敝帚自珍」而言，卻無愧於所學。曷克言此？文章俱在，端請世之有道君子給予公正的評價了。

這本小書的面世，有「心緣」、有「筆緣」，也有「人緣」，為學為人處在今生今世，不外乎隨緣順應。在這本書的扉頁之首，本擬說一些漂亮的面門話，講幾句慨當以慷的大道理，但書已印出來了，明眼人灼見經緯，一讀便知，又何必說呢？

謹此「小序」如右。

張 永 儁 謹識於臺大哲學系

中華民國七十六年十一月

二程學管見　目　次

讀程明道「定性書」略論

近來讀二程全書，至明道先生「定性書」，轉覺多疑。以其與莊子「心齋坐忘」、「順物自然而無容私」之意，何其類也?郭象注莊，極言任性自然，因物付物之旨：❶所謂「使物各自謀」「任物故無迹」、「物來即鑒、鑒不以心，故天下之廣而無勞神之累」。❷晉書引何劭王弼傳有云：「然則聖人之情，應物而無累於物者也。」他如皇侃疏論語，於顏回「不遷怒、不貳過」條下，何晏、王弼所注，皆與明道「定性書」之大意略同。至於金剛般若經之「因無所住而生其心」，六祖壇經之「外離相爲禪、內不亂爲定。」所謂「定慧不二」之旨，皆侔於明道先生之意。再查閱天台止觀、僧肇「物不遷論」、宗密「大圓覺經疏」、「原人論」❸，亦見先生思

---

❶ 分見「莊子」「人間世」及「大宗師」兩篇。「達生」及「田子方」亦有此意。

❷ 分見「大宗師」郭象注。

❸ 見「六祖壇經」「坐禪品第五」及丁福保箋註。

想之所從出。爰此而作此論。

（一）

考證「定性書」著成之年代，據朱子全書四十五卷於「舜弼問」條下云：「此書在鄠時所作，年甚少。」❹程伊川「明道先生行狀」有言：「踰冠中進士第，調京兆府鄠縣主簿。」❺明道中進士第，在仁宗嘉祐二年（西元一〇五七年），同時及第者尙有張橫渠及蘇東坡、蘇子由兄弟。❻明道先生生於仁宗明道元年（西元一〇三二年）。則此時應爲二十五歲矣。

明道先生英華早發，十五六歲時與其弟伊川先生從學於汝南周茂叔（一〇一六—一〇七三年），嗣後與邵堯夫（一〇一一—一〇七七年）在洛比鄰而居幾卅年，又與橫渠先生（一〇二〇—一〇七七年）爲表叔侄。「北宋五子」彼此交契之深，切磋砥礪之勤，思想交光相網之密，由此可知。然而，推究明道先生思想發軔之初，則頗受濂溪先生之提攜啓發，於「顏子所樂」之

---

❹ 見古香齋「朱子全書」卷四十五頁十（廣學社版一〇一〇頁）

❺ 見中華版「二程全書」册二「伊川文集」卷之七。

❻ 見慶麒先生所編「中國大事年表」頁二三四並參考陳垣著「二十二史朔閏表」。

事、「吟風弄月」之旨，體味頗深；於「主靜立極」、「明通公溥」之說則尤可見於其終身之思想痕跡。[7]而濂溪先生之學固有承受於易庸者，然亦頗有淵源於道家之說，「太極圖」源出於道教之「上方大洞眞元妙經品」中「太極先天圖」，證據確鑿，固不足論矣。[8]其「太極圖說」，據黃宗炎之「太極圖辨」、朱彝尊之「太極圖授受考」，亦以爲附會道教丹鼎之訣，「顚倒其序，更易其名，附於大易，以爲儒者之秘傳者。」[9]濂溪之學之醇者在於「通書」，通書以易庸爲體，禮樂爲用；本乾元資始之義，立聖誠幾德之功，由仁義中正之旨，見希聖希賢之業。其大有功於宋代儒學之復興，固不待言。然而，細察其「動靜」、「聖學」、「理性命」諸章，非道家之說而何？明道先生早年之思想，師承於濂溪先生者，可謂儒道雜傳，必不純於原儒之學明矣。[10]

又據程伊川先生爲乃兄所寫之「明道先生行狀」有言：

「先生之學，於十五六歲時，聞汝南周茂叔論道，遂厭科擧之業，……求道之志，未知其

---

[7] 分見「程氏遺書第二上」（「東見錄」）及周敦頤「太極圖說」、「易通」、「聖學篇」。

[8] 見馮氏「中國哲學史」及吳康先生著「宋明理學」。

[9] 見「宋元學案」、「濂溪學案下」世界版頁三〇一。

[10] 見清董榕輯「周子全書」內上述各篇朱子之註及附見「朱子語類」。

要，泛濫於諸家，出入於老釋者幾十年，返求諸六經而後得之。」⑪

宋史道學傳及宋元學案因之。蓋伊川作此「行狀」，必不誣枉乃兄。由此推知，明道先生著作「定性書」之時係在其思想發軔之初，猶浸淫於老釋之際。二十五歲正值英壯之年，思想不可遽謂之不成熟。倘若不執着於「道統」之成見，老釋之天道性命之學，其高明博大之深詣，不僅可借爲「他山之石，可以攻玉」之用，抑且容融揉合，以建立更博大高明之哲學體系、學術思想，有容乃大。北宋理學創建之初，濂溪「光風霽月」，亦道亦儒，從不自限於門戶之見而大有功於聖學；康節「風流人豪」，明言「道生天地」之說，「以一觀萬」，以孔學爲己任，爲科學之先驅；橫渠「大心體物」，頗見「道冲而用」及華嚴性海之趣，然而亟亟於闢道闢佛，風範已見狷厲矣。⑫明道先生之早年之思想，具見於「定性書」，實融會佛老，設若與其晚年之「識仁篇」並讀之，氣味深醇，堂廡弘大，有周邵張三先生之長，而無橫渠先生力索狷急之病，上承孟子「上下與天地同流」之旨，下啓陸王「心開宇宙」之說，含弘光大，漪歟盛哉！

(二)

---

⑪ 見「伊川文集」卷七頁一（中華版，後同）。

⑫ 分見「宋史」「道學傳」之周敦頤及邵雍本傳及邵雍「皇極經世」「觀物內篇」卷五及王夫之「張子正蒙注」「大心篇」。

「定性」一書，起於橫渠之問，橫渠問道之書，今已遺佚不復可見。而考察橫渠問道之年，由明道所覆之書——「定性書」而推之，則不出於宋仁宗嘉祐三年（一〇五八年）之後。蓋橫渠此時出爲雲巖令，雲巖在今陝西淳化附近，與鄠縣相近。此問道之書或即於此時作，年約三十八九矣。⑬

再談及橫渠之著作，橫渠「易說」大約成於京師坐虎皮說易之時，年紀甚輕，並非其主要思想著作；「經學理窟」，由其禮樂刑政之規劃言之，固「爲政不法三代，終苟道也。」寖寖然略見三代之遺軌。大概成於神宗熙寧之初，約當四十八九矣。其最重要的思想著作——「正蒙」及「西銘」，則爲其與王安石不合，避居橫渠鎭「終日危坐一室，左右簡編，俯讀仰思，冥心妙契」之時，時爲五十一二之後以迄五十五六之間。⑭

設若吾人細讀「正蒙」一書中之「太和」、「明誠」、「神化」、「天道」、「大心」諸篇。則可知橫渠之思想，實與明道理路相近，扞格自少。蓋橫渠「正蒙」以「太和所謂道」爲全書之綱領。「太和」據王船山註：「太和者，和之至也。」卽「大和諧」之意。⑮大和諧之條件，則基於下述幾個重要之觀念：㈠存在之統一——以「氣」爲實有，體虛而用行，妙道周衍於

---

⑬ 見「宋史」「道學傳」及呂大臨「橫渠先生行狀」。

⑭ 同⑬。

⑮ 見王夫之「張子正蒙注」「太和篇」。

天地萬物之間；萬彙羣品，山川流形，皆一氣之所化；飛潛動植、表裏人物，皆「法象」之所生。由此而獲得「存在之統一」。⑯(二)認識之統一——以人之知覺見聞，由於認識之主體與客體之融合，即所謂「合內外之德」，然而認識現象之產生必有其經驗之局限性，而「天之不禦，莫大於太虛，故心知廓之，莫究其極也。」⑰即透過心知之擴展，可與天心冥合，深契於存在之統一之中。故曰：「大其心，則能體天下之物；物有未體，則心爲有外……聖人盡性，不以見聞梏其心，其視天下，無一物非我。」⑱(三)價值之統一——陰陽雙運於一氣同流之中，其合一莫測無可致詰，故曰：「神，天德；化，天道；德其體，道其用，一於氣而已。」⑲「神化」之立，乃繼善成性之一切根基。所謂「貞明不爲日月所眩，貞觀不爲天地所遷。」「有天德，然後天地之道，可一言而盡。」故曰：「神化，天之良能。」⑳爲造化流行的先驗基礎。而人道不外乎天道，故曰：「天道四時行，百物生，無非至教；聖人之動，無非至德。天何言哉，天體物不遺，猶仁體事無不在也。㉑」(四)生命之統一——「性者，萬物之一源，非有我之得私也，惟大人爲能

⑯ 義見張子「正蒙」「太和」、「神化」篇。
⑰⑱ 皆見張子「正蒙」「大心」篇。
⑲⑳ 皆見張子「正蒙」「神化」篇。
㉑ 見張子「正蒙」「天道」篇。

盡其道。」㉒「天性在人，正猶水性之在冰，凝釋雖異，爲物一也。受光有小大分明，其照納不二也。」「天良能本吾良能，顧爲有我所喪耳。」㉓人之良能爲「神化」，吾之良能爲「體仁」，皆「天地生物之心」。同屬「宇宙精神」，此「宇宙精神」虛明照鑒、充塞無間，屈伸往來，「一天下之動」。於是，橫渠曰：「盡其性，能盡人物之性；至於命者，亦能至人物之命；莫不性諸道，命諸天。我體物未嘗遺，物體我知其不遺也，至於命，然後能成己成物，而不失其道。」㉔於是，統攝人物之性命於一義，由此乃產生「西銘」中乾父坤母、民胞物與之襟懷。生命之大原本於天，孝子事天如事父，事父如事天。㉕橫渠本此極爲深摯之宗教情緒，在北宋理學家而言，這種宗教情緒是共通一致的，明道先生曰：「終日乾乾，君子當終日對越在天也。」㉖亦本此情。

綜觀橫渠之「正蒙」大義，太和之道，以太虛爲體，氣化爲用，陰陽妙合屈伸往來於其間。此道即是「太極」，實通天地人物於一理者。同時，「由太虛有天之名，由氣化有道之名，合虛

㉒㉓皆見張子「正蒙」「誠明」篇。

㉔同前。

㉕義見張子「正蒙」「乾稱篇上」之「西銘」。

㉖「程氏遺書」卷一頁三（端伯傳師說）。

與氣有性之名，合性與知覺有心之名。」㉗人性稟天命而生，雖有愛惡之情，即所謂「氣質之性」，然而虛靈不昧、淸通不礙，「善反之，則天地之性存焉。」㉘於是，性與天道，不見小大之別，以成其「性天合一」之旨。從而，統天道性命聖神誠仁於一義，而總綰於一心，所謂「大其心則能體天下之物」，爲「先驗唯心論」之主張。就此而言，與程明道「識仁篇」所謂「仁者渾然與物同體，」本無二致。㉙

由此可知，橫渠問道之言，是在卅八九之時，設若「正蒙」已寫，「西銘」已作，則不必有此一問。橫渠問於明道曰：「定性未能不動，猶累於外物，何如？」「性」旣已「定」，則反於「天地之性」，此「性」與太虛神化之妙用，一氣通流，自由無礙，當然是「廓然大公，物來順應。」「虛心則無外以爲累，」何「累」之有？則「猶累於外物」這一命題也無從成立。而明道「識仁篇」係寫定於橫渠歿後，再看二程遺書中之明道先生之語錄，其思想受橫渠「正蒙」之影響者，灼然可見。明道先生對「西銘」一文尊崇備致，曾曰：「西銘某得此意，須是子厚如此筆力，他人無緣做得，孟子以後，未有人及此。」又說：「學者必先識仁，仁者渾然與物同體。

㉗ 張子「正蒙」「太和篇」。
㉘ 張子「正蒙」「誠明篇」。
㉙ 見「河南程氏遺書」二上頁十（與叔「東見錄」）。

……訂頑（西銘）意思乃備言此體……訂頑一篇，意極完備，乃仁之體也。……」㉚

（三）

倘若將明道先生哲學思想之發展，劃分爲前後二期。前期爲涵養期，係啓蒙於濂溪，「出入於老釋」之時期，以「定性書」一篇爲代表；後期爲論道期，乃與其弟伊川先生共學論道，復切磋於康節與橫渠，爲「返諸六經而後得之」的時期，此期以「識仁」一篇爲代表。復參酌「二先生語錄」中可明確認定屬於明道先生者，則於研究工作可有若干方便。大要言之，其思想發展之程序，可依「定性」、「用敬」、「生之謂性」、「天理」、「識仁」等觀念而次第展開。而「用敬」、「生之謂性」、「天理」、「識仁」等觀念皆包含於「語錄」之中，時時可見，乃同屬於「論道期」之思想，殆可無疑。㉛唯「定性」一篇，其主要內容，則於語錄中鮮有提及，且全書中不見「敬」、「仁」、「誠」、「天理」、「生之謂性」等名辭及其相應之觀念。考證此書之所從出，據朱子「與劉共夫書」中所載，此「定性書」乃收集於胡文定（名安國，胡五峯之

㉚ 分見張橫渠「經學理窟」及「程氏遺書」二上頁十。

㉛ 參酌明道先生行狀、語錄及文集中思想推斷而得。

父，西元 1104—1138 年）之「二先生集」中，又爲胡文定刪卻數十字，朱子訪得游酢（二程弟子）集，加以補全。後收入朱著「近思錄」中，乃成定本。㉜朱子對此書甚爲推崇，並在「近思錄」中爲其逐字做注，尊爲濂溪之嫡傳。他說：「程子此書之旨，實本濂溪，其言定性也，反覆詳明，但見滿腔渾然，遇物洒落，正足以藥張子力索之病，其有功於後學，亦豈淺鮮哉！」復由張南軒、胡五峯等共相推許，此後卽成爲宋明理學之重要文獻之一，其在理學家們心目中之地位尤出於「識仁篇」之上。而「識仁篇」則朱子以爲「地位高者之事」，故未收入其「近思錄」中。㉝

由此可知，「定性書」之所以受後人之重視，主要原因，由於朱子之推崇。而朱子所以推崇此書，以其可堪爲濂溪思想之嫡傳，不啻爲「主靜立極」之說之註腳也。而朱子推尊濂溪爲宋學破暗開山的創始人，其着眼點不在周子「通書」中所表現的乾元資始、誠仁合一之義，而在「太極圖」及「太極圖說」中所揭示的「理氣二元論」的思想，卽以「陰陽爲形而下者」。從而陰陽氣化生五行，五行質化生萬物。而「五行一陰陽，陰陽一太極，太極本無極。」於是「無極而太極」一辭，便被朱子解釋成「無形而有理」，這個「理」便成了超越的先驗的宇宙根本原理。此無形無質的「理」何以能生出有形有質的宇宙萬物？此無形無質的「理」又何以能「各一其性」

㉜ 「伊川文集」附錄頁六（中華版）。

㉝ 見「宋元學案」「明道學案」上「識仁篇」（世界版頁三一六）。

的內在於宇宙萬物之中，以成就其「理一分殊」之論。㉞他對這方面的說明不僅在理由上不盡充分，在邏輯上也不盡妥當，觀察「朱子語類」之中有關於此的陳述，枝梧散漫，旁歧雜出，可見駁雜之病。總之，就中國儒家思想而言，雖屬於「創見」，也不免是「陋見」，無論如何，在價值上是一層貶抑。再看他「理欲二元論」的主張，在表面上是由僞尚書大禹謨「人心惟危、道心惟微」及禮記樂記中「人生而靜，天之性也；感於物而後動，性之欲也。」㉟這兩個前提推衍而來。實質上則本於漢儒「陽德陰刑」、「性善情惡」的觀念；㊱在理論之系統上則可追溯到周濂溪的「太極圖說」及「通書」中之思想。換言之，人性論上之「理欲二元論」本之於宇宙論上「理氣二元論」。人本氣質而生，當然有「氣質之性」，氣質之性可表現爲「物欲」；推本所從來，則爲太極之「理」，所謂「天地之性」（朱子常用此橫渠之名詞，然在意涵上並不相等，於此不及述。）「天地之性」則表現爲「天理」。㊲天理爲至善，物欲則爲惡。人之生也，善不可無，惡亦不可免，朱子於此爲荀子學。於是去惡從善，其根本工夫卽在「懲忿窒欲」，誠如周濂

㉞ 見周濂溪「太極圖」朱子注及散見於「朱子語類」。

㉟ 見「小戴禮」「樂記篇」。

㊱ 見董仲舒「春秋繁露」「天辨在人」、「陰陽義」、「天地陰陽」諸篇。

㊲ 見朱熹「近思錄」「道體」、「爲學」、「存養」諸篇所引橫渠之說各注。

溪「養心亭記」所云：「予謂養心不止於寡而存耳，蓋寡焉以至於無。」㊳這種「人欲淨盡，天理流行。」即爲朱子修養論的最高境界。爲此境界，早先的周濂溪拈出「主靜」二字，以爲其工夫之門徑。他說：「聖人定之以仁義中正，主靜立人極焉。」又在通書聖學篇中說：「聖可學乎？曰：可。曰：有要乎？曰：有。請問焉？曰：一爲要，一者，無欲也；無欲則靜虛動直；靜虛則明，明則通；動直則公，公則溥；明通公溥，庶矣夫！」㊴

濂溪此說，在文詞的抒寫上，用筆甚美，然在思想的內容上不過強調「無欲故靜」之一義。「靜」則直悟天理而達「明通公溥」的「天理流行」之境界而已。因此，朱子推崇濂溪，不過是假立濂溪之權威以表彰自己的思想而已。換言之，乃在建立朱子心目中的「道統」。朱子推崇明道先生之「定性書」，亦是此心。因爲「定性書」之要旨也不外乎「主靜」二字。誠如劉蕺山所云：「此伯子（明道字伯淳）發明主靜立極之說，最爲詳盡而無遺也。」又說：「主靜之說，本千古秘密藏。……向微程伯子發明至此，幾令千古長夜矣！」㊵

其實，明道先生之「定性書」與濂溪「主靜立極」之說，也同中有異：㈠濂溪明言「定之以仁義中正」，則此「定」可稱之爲「道德自覺」；而明道之「動靜一如」及「澄然無事」，則類

㊳ 見清董榕輯「周子全書」卷十七。
㊴ 見「周子全書」卷十「聖學」第二十。
㊵ 見「宋元學案」「明道學案上」（世界版頁三一九）。

似於佛家之「禪定」了。㈡濂溪之思路徑直簡易，用辭純一不雜；而明道說「將迎」、「內外」，又說「應迹」、「明覺」，又說「廓然大公，物來順應」，又說「內外兩忘」、「無事則定」……。充滿了魏晉新道家及大乘佛學及禪宗的名詞及觀念。㈢濂溪「主靜立極」之說，爲其一生思想體系的「龍睛」所在；而明道「定性書」爲其早年之作品，其思想浸透了佛老之學，雖其夙慧捷悟，圓潤高妙，然終非「返諸六經」之時也。

（四）

「定性書」之全篇要旨，悉在一個「定」字。以動靜一如之「常定」爲發端，說明「天下無性外之物」之理。物我旣無對待，因而無求於「定」，不爲物遷；換言之，不因經驗事象而移心於外，亦不因經驗事象而住想於內。物從心而有，心由緣而生；旣不可徇物以求心，亦不可滯心以尋物。要言之，緣起則性空，性起則緣滅；這在佛家稱之爲「般若智」，又稱之爲「即性定」；也就是以後宋明理學家所盛稱的「常寂常感」、「寂感雙照」的問題。㊶而明道先生則歸

㊶ 此問題通宋明理學家而有，大致起自「易經」「寂然不動，感而遂通天下之故。」復與「中庸」之「中和」、「禮記」「樂記」之「人生而靜，感於物而後動。」三者相聯，滙爲儒家知識論的主要前提。在修養論上而言，則近於「禪」。

之於內外一本、動靜一如、有無雙遣、物我無待。他用語很是簡潔透闢，他說：

「所謂定者，動亦定，靜亦定；無將近，無內外。苟以外物爲外，牽己而從之，是以己性爲有內外也。且以性爲隨物在外時，則當其在外時，何者爲在內？是有意於絕外誘，而不知性之無內外也。既以內外爲二本，又烏可遽語定哉？」

吾人細察這一段話，這個「靜」字，卽是「人生而靜」之靜，「動」卽是「感於物而後動」之動；卽是中庸所謂「未發」與「已發」之動靜。動靜不失其常而貞一於「定」，那麼從儒家思想系統而言，當是「知止而後有定」。「知止」是「明明德」、「親民」、「止於至善」的由內而外的「自我實現」的整體過程之「知」，[42]換言之，是「道德心的體現」，是「道德自覺」。這個「道德自覺」不應是渾然不分的神秘感，而是清晰明瞭的道德判斷，以道德良知爲判斷的主體，因物而感，卽事而應，卽在主體中形成判斷以指示吾人之所當爲。道德畢竟不同於宗教，它是人倫中事，孔孟雖以道德良知爲人之性分上所固有，然畢竟不離人倫而談道德，內外可以言合，不可以言無。

「將迎」一語出自莊子「大宗師」：「……已外生矣，而後能朝徹，朝徹而後能見獨，見獨而後能無古今，無古今而後能入於不死不生……其爲物無不將也，無不迎也……其名曰攖寧

[42] 見「大學」首章。

……。」㊸又曰：「至人之心若鏡，不將不迎，應而不藏，故能勝物而不傷。」郭象注曰：「來卽應，去卽止。」㊹朱熹注「無將迎」一語曰：「天下無性外之物，何所送於事之往；吾心非無物之性，何所迎於事之來。」㊺皆以「送往迎來」釋「將迎」一語。則「無將迎」卽指心無動無靜，如止水、如明鏡，虛明照鑒，「本來無一物」也。

由此可知，明道先生之「定」。非道德學上的「定」，也不是知識論上的「定」。也不是先秦儒家「知止而後有定」的「定」。而是形上學上的「定」、宗敎上的「定」，也可說是禪宗的「禪定」。

於是，明道先生復以兩個命題來作推論，一是「牽己而從物」，「是以己性爲有內外」；一是「有意絕外誘，而不知性之無內外。」這兩個命題歸結成一句話：以「內外爲一本」，方可言「定」。這個「內外一本」是什麼？便是「天下無性外之物」的「性」。這個「性」並不見得就是「普遍的道德理性」，而是「眞如法性」。何以見得？我們不妨由明道「定性書」的原文，再作分析。

㊸㊹ 同見「莊子」「大宗師」第六（「二十二子書」卷三頁十）。

㊺ 見朱熹「近思錄」卷二「定性書」註（商務版頁三十五）。

(五)

定性書又曰：「夫天地之常，以其心普萬物而無心；聖人之常，以其情順萬事而無情；是故君子之學，莫若廓然大公，物來而順應。」

這段話可以形成一個論證：其前提一是「天地之常心」，一是「聖人之常情」，再補充一個前提：「聖希天、賢希聖、士希賢。」[46]（周濂溪語）於是，便形成「君子之學」這個結論。「廓然大公」是「法天」之事——效法天之「心普萬物而無心」，「物來順應」是「希聖」之事——效法聖人之「情順萬事而無情」。

然後，明道先生就以這三種境界來作爲「定性」的不同層次：

1.天地之定——「天地之常，以其心普萬物而無心。」（其句讀亦可爲：「天地之常以其心，普萬物而無心。」）

2.聖人之定——「聖人之常，以其情順萬事而無情。」（其句讀亦可爲：「聖人之常以其情，順萬事而無情。」）

3.君子之定——「廓然而大公，物來而順應。」

我們暫且稱前兩個境界爲「天地無心」與「聖人無情」。這都是魏晉以來，道佛合流的時期，那些高僧與名士們「清談」的好題目。在佛家而言，有所謂般若系的「六家七宗」，也就是道安、支道林、道壹、竺法深、支愍度、于道邃等諸名僧；㊼在道家而言，有所謂「聖人有情論」及「聖人無情論」的諍論，如何晏、王弼、郭象、向秀等諸名士。他們說法論道，玄談名理。明道在這方面可說是未有新義，連名辭的運用也是因襲舊說，看不到一點儒家的影子。至於第三個「君子之定」，雖然朱子及朱子的後學們，硬把它扯上「仁義中正」，㊽那顯然是穿鑿附會，依然是魏晉以來的高僧、名士們所熱衷的好題目。

先就佛教般若宗方面來說：據湯用彤「漢魏兩晉南北朝佛教史」所載：自漢末以訖於劉宋初年，中國佛教最流行的，當爲「般若宗」。約在道安之時，般若學者既多，而又各抒新義，因佛法爲外來宗教，當其初來，難於起信，固常引周易老莊之說，比擬配合，使人易於瞭解。此學名之曰「格義」。湯用彤曰：「釋家性空之說，適有似於老莊之虛無；佛之涅槃寂滅，又可比於老莊之無爲（安世高支謙等俱以無爲譯涅槃），而觀乎本無（卽般若性空之說）之各家，如道安、法汰、法深等，則尤兼善內（佛典）外（老莊）……而支公蓋亦兼通老莊之人。因此而六朝之

㊻ 見周濂溪「通書」「志學第十」。

㊼ 見湯用彤「漢魏兩晉南北朝佛教史」（商務版卷下頁二二〇）。

㊽ 見「近思錄」「定性書」註（商務版頁三十六）。

初，佛教性空本無之說，憑藉老莊清談，吸引一代之文人名士，於是天下之學術大柄，蓋漸爲釋子所簒奪也。」㊾

此時般若學者，有所謂「六家七宗」。僧肇「不眞空論」，約之爲三家：一、以道安爲代表的「本無宗」，二、以支道林爲代表的「卽色宗」，三、以支愍度爲代表的「心無宗」。簡述如下：

一、本無宗——湯用彤氏引吉藏中觀疏曰：「安公明本無者，一切諸法，本性空寂，故云本無。又曰，安公謂無在萬化之前，空爲衆形之始；夫人之所滯，滯在未有；若託心本無則異想便息。」所以「本無」也者，卽緣起性空之般若法性。

又引安公「合放光讚隨略解序」曰：

「般若波羅密者，成無上正眞道之根也。……故其爲經也，以如爲首，以法身爲宗。……佛之興滅，緜緜常存，悠然無寄，故曰如也。法身者一也，有無均淨，未始有名。故於戒則無戒無犯，在定則無定無亂，處智則無智無愚。泯爾俱忘，二三俱息，皎然不緇，故曰淨也。常道也。眞際者，無所著也。泊然不動，湛爾玄齊，無爲也，無不爲也。萬法有爲，而此法淵默，故曰無所有者，是法之眞也。」㊿

㊾ 見湯用彤「漢魏兩晉南北朝佛敎史」（商務版卷上頁一七六）。
㊿ 同㊾，卷上頁一七四—一八四。

這種至常至靜，無爲無著，泊然淵默，冥然無名的「般若法性」、與老子的「緜緜若存、用之不勤」的「天地之根」，「無欲以靜，天下將自正」的無爲無不爲之「道」，如出一轍。[51]皆至動而常靜，「淵兮似萬物之宗」者。明道先生「內外兩忘」之道，「澄然無事」之定，「明覺自然」之智，豈非有所本乎？

二、卽色宗——世說新語文學篇曰：「支道林造卽色論。」劉孝標注曰：「支道林集妙觀章云：夫色之性也，不自有色；色不自有，雖色而空。故曰，色卽爲空，色復異空。」又劉孝標於莊子「逍遙篇」條下注曰：「支氏逍遙論曰：夫逍遙者，明至人之心。莊生建言大道，而寄指鵬鷃。鵬以營生之路曠，故失適於體外；鷃以在近而笑遠，有矜伐於心內。至人乘天玄而高興，遊無窮於放浪，物物而不物於物，則遙然不我得；玄感不爲，不疾而速，則逍然靡不適。此所以爲逍遙也。」[52]

「色」卽指形象世界，乃因緣而生，本無自性，故名之爲「空」、「空」者「眞如法性」之異名、非「沉空」、「頑空」，不從俗諦之「無」，乃爲「眞諦」之「妙有」，故「色復異空」。於此可參味張橫渠先生「太和所謂道」、「太虛無形、氣之本體。」「盈天地者，法象而

[51] 見「老子道德經」第四、第卅一、第三章。

[52] 見「世說新語」「文學篇」（世界版頁一三六、一三七）。

已矣。」「法象者，神化之糟粕耳！」[53] 儒佛思想之渾化無跡，由此可見。明道先生「物」之觀念，似亦類此。此外，支道林以逍遙明至人之心，所謂「至人乘天正而高興，遊無窮於放浪，物物而不役於物，則遙然不我得；玄感不爲，不疾而速，則逍然靡不適。」豈非明道先生「君子之學也，廓然大公，物來順應，」的「君子之定」。「聖希天，賢希聖，士希賢。」「至人」實與明道心目中之「聖人」也相去無幾了。

三、心無宗——僧肇「不眞空論」破「心無義」曰：「心無者，無心於萬物，萬物未嘗無，此得在於神靜，失在於物虛。」湯用彤據「吉藏二諦義」之「空心不空色」，約之爲二義：

1.不空境色者，謂萬物未嘗無也。中論疏解之曰：「不空外物，卽外物之境不空。」

2.空心者，卽心空之謂，所謂無心於萬物也。中觀疏曰：「其意謂經中說諸法空者，欲令心體虛妄不執，故言無耳。」世說新語假譎二十七曰：[54]

「愍度道人始欲過江，與一傖道人爲侶。謀曰：用舊義往江東，恐不辦得食，便共立心無義。」劉孝標注曰：「舊義者曰：種智有是，而能圓照。然則萬累斯盡，謂之空無；常住不變，謂之妙有。而無義者曰：種智之體，豁如太虛，虛而能知，無而能應，居宗至極，其唯無

[53] 見張橫渠「正蒙」「太和」、「神化」篇。

[54] 見僧肇「不眞空論」及慧達「肇論疏」、「中觀疏記」。

乎！」[55]

又據晉竺法深，製「心無論」曰：「夫有，有形者也；無，無象者也。然則有象不可謂無，無形不可謂有。是故有爲實有，色爲眞色。經所謂色空，必僅係內止其心，不滯外色；外色不存餘情之內，非無而何？豈謂廓然無形，而爲無色者乎！」[56]

這種「空心不空境」之說，頗流行於正始之際。而今文獻不足，已無從深論。要之，「內止其心，不滯外色」，「外色不存餘情之內」，「種智之體，豁如太虛，虛而能知，無而能應。」與明道先生「任本體自然之妙」，「應事物當然之迹」，所謂「大公而順應」者，相去幾何？可不待煩言矣！

（六）

進而言之，明道先生「定性書」中之「定」字，非大學中「知止而後有定」之「定」，亦非道教全眞之「觀風化」、「識窈冥」的所謂「正、靜、明、虛、動、得」之「丹鼎之訣」，亦非

[55] 見「世說新語」「假譎」第廿七（世界版頁五三七）。

[56] 見湯用彤「漢魏兩晉南北朝佛教史」第九章（商務版頁一九八）。

魏晉時代盛行的靜坐禪修之「安般守意經」中之「數、隨、止、觀、還、淨」。[57]而是達磨傳法系統中之六祖慧能之「禪宗」的「禪定」。「禪」，卽是梵語「禪那」的簡譯，意曰「靜慮」。佛法奧義，甚深玄妙，本來清淨，無垢無塵，卽性卽定，現前現證，故又名「三昧智」，卽梵語「三摩地」的譯名。「禪」，本是通全體佛敎而有，卽「三學」中的定學，亦卽四諦六度中的禪波羅蜜多。在印度而言，有所謂「佛敎禪」與「外道禪」。又因頓漸二修之不同分大乘禪與小乘禪。「禪宗」則始於中國，是由菩提達磨傳入，而爲中國禪宗的初祖。至於六祖慧能因聞金剛經之「因無所住而生其心」，遂生大信解。嗣後往黃梅參見五祖弘忍，作「菩提本無樹，明鏡亦非臺、本來無一物，何處惹塵埃？」[58]以此一偈見知於五祖，遂受法統，號稱「六祖」，大闡宗風，禪宗乃顯盛於世。

從六祖慧能的偈語，可見禪宗的精神，畢竟與般若空宗有別。他推倒菩提，打破明鏡，是在否定之後而生更高一層的肯定。此肯定不從「智入」，而從「行入」，是透過大清淨心的自由與自覺的體驗，而展現一種「智」與「力」的絕對活動，是一種獨立自主的本來心性的靈機，觸

---

[57] 支道林的「大安般守意經」謂：「數息爲遮心」、「相隨爲斂心、止爲定心、觀爲離心、還爲一心、淨爲守心。」

[58] 見「六祖壇經」「行出品第一」。

機頓悟，即可透入普遍的大我的無涯無際的作用之中，而享有絕對的自由自在，即所謂「明心見性」、「見性成佛」是也。達摩血脈論云：

「若要覓佛，直須見性，性即是佛。佛是自在人，無事無作人。若不見性，終日忙忙，向外馳求，覓佛元來不得。」59

五祖弘忍示神秀曰：

「無上菩提，須得言下識自本心，見自本性。不生不滅，於一切時中，念念自見。萬法無滯。一眞一切眞，萬境自如如。如如之心，即是眞實。若如是見，即是無上菩提也。」60

這段話中，涵蘊着三個主要的觀念：①眞如法性遍一切時、一切境而有。心性不異、即性即心。②自性本來清淨，湛然空寂，即於空寂體中能生此見，故學道之人，如欲成佛，但學「無求無著」，能「無求無著」則心無動無靜，無來無去，心境一如。③若一切無心，則無所住；絕待眞理則念念自見，離絕根塵，隨處解脫。

這三個主要的觀念幾乎涵蓋了「定性書」之全部內容。包含「天地之常」、「聖人之常」、「君子之學」，以及「動靜皆定」、「無將迎」、「無內外」等。六祖金剛經註曰：

59 見「六祖壇經」「行由品第一」丁福保注引（瑞成書局版頁二十）。

60 見「六祖壇經」「行由品第一」（瑞成書局版頁十九）。

「一月當空，千波現影，影有現滅，月實自如。」61

影喻「萬境」，月喻「自性」。明道廿五、六歲之所見，實不逾此。六祖壇經實錄五祖傳法之要云：

「……爲說金剛經，至無所住而生其心，慧能言下大悟：一切萬法，不離自性。遂啓祖曰：何期自性本自清淨，何期自性本不生滅，何期自性本自具足，何期自性本無動搖，何期自性能生萬法。祖知悟本性，謂慧能曰：不識本心，學法無益，若識自本心，見自本性，即名丈夫、天人師、佛。」62

「識心見性」乃禪宗頓教本旨。「丈夫」、「天人師」、「佛」，卽「君子」、「聖人」、「天地之常」，一義之轉也。

又慧能至廣州法性寺，印宗問黃梅（五祖）付囑，如何指授。慧能曰：

「指授卽無，惟論見性，不論禪定、解脫。」印宗曰：

「何不論禪定解脫？」慧能曰：

「爲是二法，不是佛法，佛法是不二之法。」

按，禪宗頓敎，悟見自心，卽是見性，見性卽是禪定，非見性之外別有禪定，見性卽可離一

---

61 62 同60，頁十五、頁十九。

切繫縛而得自在，非見性之外別有解脫。由此可釋明道「內外一本」之說。

又慧能示衆曰：

「我此法門從上以來，先立無念爲宗、無相爲體、無住爲本，無相者於相而離相，無念者於念而無念，無住者，……於諸法上，念念不住，卽無縛也，此是以無住爲本。」[68]

「相」者名相分別。眞如法性，一切平等。佛與衆生，皆無異名。身是「相」，心是「相」，言佛，佛也是「相」，言空，空也是「相」，言無相，無相也是「相」。總之，大智度論八十曰：「諸法實相，是一切法無相。」學道之人，莫於心上著一相。從而，以無相爲體，不於境上生心起念，離卻千般計較，萬種思量，無憎無愛，亦不以「無憎無愛」爲念。如此無有而無不有，無爲而無不爲，無念而無不念。「念念不住」，「不住」者，不染萬境，絕無繫縛煩惱而自由自在也。

明道先生於定性書中所謂以「有爲爲應迹」，以「明覺爲自然」、「內外兩忘」、「澄然無事」，非此而何？

慧能大師曰：「心念不起名曰坐，內見自性不動名曰禪。……外離相爲禪，內不亂爲定……外禪內定，是爲禪定。」

---

[68] 同「六祖壇經」「定慧品第四」(頁六十七)。

又大師高足弟子玄策曰：「不見有有無之心，卽是常定，何有出入？若有出入卽非大定。」又曰：「我師所說，妙湛圓寂。體用如如，五陰本空、六塵非有。不出不入，不定不亂。禪性無住，禪心無生，離生禪想，心如虛空，亦無虛空之量。」又曰：「汝但心如虛空，不著空見，應用無碍，動靜無心。凡聖情忘，能所俱泯。性相如如，無不定之時也。」64

不出不入，無住無生，動靜無心、能所俱泯。這種「禪定」之境界，細讀「定性書」，處處有着落。明道先生早年「出入於老釋者幾十年」，良有以也。

再讀僧肇（三八四—四一四年）「物不遷論」，則動靜猶爲二本，限於篇幅，此處不贅。其「不眞空論」之「卽物順通」、「有無雙遣」之說，亦明「心無所著」之義也。65

（七）

而且，明道先生「定性書」之內容，亦頗有見於老莊道家及魏晉名士卽所謂「新道家」者。現舉其犖犖大者，略爲例示之：

---

64 見「六祖壇經」「機緣品第七」（頁一一四）。

65 分見僧肇「物不遷論」及「不眞空論」。

「定性書」所謂「天地之常，以其心普萬物而無心。」依「定性書」本身之內容析之，則「心」字有二義：前一「心」爲「普於萬物」之「公心」，後一「心」爲「偏於一物」的「私心」。意譯之曰：「設若天有意識（心），則以天地萬物之生滅變化之法則本身爲意識（心），此外別無任何價值觀念以生養萬物。」這顯然爲「自然主義之泛心論」。老子曰：「大道氾兮，其可左右；萬物恃之以生而不辭，物成不名有，衣養萬物而不爲主。」又曰：「人法地，地法天，天法道，道法自然。」[66]莊子曰：「無爲爲之謂之天。」又曰：「韲萬物而不爲戾，澤及萬世而不爲仁，長於上古而不爲壽，刻雕衆形而不爲巧，此之謂天樂。」所謂「道在稊稗」、「道在屎溺」，皆是此意。[67]

次就「聖人之常，以其情順萬事而無情」一語觀之，「情」字亦有二義：前一「情」字爲卽物順通的自然感應之情，後者爲愛憎爲用，好惡差別之情。老子曰：「聖人處無爲之事，行不言之敎，萬物作焉而不辭，生而不有，爲而不恃，功成而不居。」又曰：「天地不仁，以萬物爲芻狗；聖人不仁，以百姓爲芻狗。」又曰：「聖人無常心，以百姓心爲心。……聖人在天下，慄慄

66 分見「老子道德經」第廿八章、廿章。

67 見「莊子」外篇「天道」及「知北遊」。

焉為天下渾其心。」所謂「為無為，事無事，味無味。」㊳在在皆說明此無知守樸，順應自然，以及迫而後動，感而後應，不得已而後起的道理。莊子說得好：「夫恬淡、寂寞、虛無、無為，此天地之平而道德之實也。」一言以蔽之曰：

「天地有大美而不言，四時有明法而不議，萬物有成理而不說。聖人者，原天地之美，而達萬物之理。是故至人無為，大聖不作，觀於天地之謂也。」㊴

無物非道，道外無物；無物非性，性外無物。從道則化，順性則安。順時而動，因物而感，從化而行。「定性書」之全篇大意實不逾此。

再觀乎「新道家」，如王弼、何晏者流。有所謂聖人有情、無情之諍論。今就湯錫予先生「王弼聖人有情義釋」所引：

何邵王弼傳曰：「何晏以為聖人無喜怒哀樂，其論甚精，鍾會等述之，弼與不同，以為：『聖人茂於人者神明也，同於人者五情也。神明茂，故能體沖和以通無，五情同，故不能無哀樂以應物。然則聖人之情，應物而無累於物者也。今以其無累，便謂不復應物，失之多矣。』」㊵

㊳ 見「老子道德經」第四章、第四十一章、第五十四章。

㊴ 分見「莊子」外篇「天道」、「刻意」、「知北遊」。

㊵ 見湯錫予著「王弼聖人有情意釋」（廬山出版社頁七十一）。

又皇侃論語疏解，顏子「不遷怒」條下引何晏注曰：

「凡人任情，喜怒違理；顏淵論道，怒不過份。遷者移也，怒當眞理，不移易也。」

於是，湯錫予先生論之曰：

「蓋輔嗣之論性情也，實自動靜言之。心性本靜，感於物而後動，則有哀樂之情。……夫感物而動爲民之自然，聖人自亦感物而有應，應物則有情之不同。故遇顏子而不能不樂，喪顏子而不能不哀，哀樂者心性之動，所謂情也。……然聖人之情，應物而無累於物。無累於物者，樂而不淫、哀而不傷，亦可謂應物而不傷。夫有以無爲本，動以靜爲基。靜以制動，則情雖動而不害性之靜。靜以制動者，要在無妄而由其理。人之性稟諸天理，不妄則全性，故情之發也如循於正，由其理，則率性而動，雖動而不傷靜也。故王弼曰，感，『必貞然後吉』。貞者正也（咸卦注）。又曰：『感，應也……以剛感順，志行其正，以斯臨物，正而獲吉也』（臨卦注）動而正，則約情使合於理而性能制情。動而邪，則久之必至縱情以物累其生而情乃制性。情制性則人爲之奴隸（爲情所累）而放其心，日流於邪僻。性制情，則感物而動，動不違理，故行爲一歸於正，故易乾卦之言曰：『利貞者性情也。』……」[71]

定性書曰：「聖人之喜，以物之當喜；聖人之怒，以物之當怒，是聖人之喜怒，不係於心而

[71] 同[70]，頁七十六。

係於物也。是則聖人豈不應於物哉？烏得以從外者為非，而更求在內者為是也。今以自私用智之喜怒，而視聖人喜怒之正為何如哉？」

觀乎湯錫予先生所論，「定性書」中思想之所從出，亦可思過半矣。（伊川先生早年所撰：「顏子所好何學論」有「性其情」「情其性」之說，義亦本乎此。）

又郭象注莊，備言「內外兩忘」之旨：

莊子大宗師：「顏回曰：墮枝體，黜聰明，離形去智，同於大通，此謂『坐忘』。」

郭象注曰：「夫坐忘者，奚所不忘哉？既忘其迹，又忘其所以迹者，內不覺其一身，外不識其天地，然後曠然與變化為體而無不通也。」

又郭象注莊，備言「因物付物」之旨：

莊子大宗師曰：「汝遊心於淡，合氣於漠，順物自然而無容私焉，而天下治矣！」

郭象注曰：「任性自生，公也；心欲益之，私也；容私果不足以生生，而順公乃全也。」

莊子大宗師曰：「然後列子自以為未始學而歸，三年不出，為其妻炊，食豕如食人，於事無所親……一以是終（郭注：使物各自終），無為名尸（郭注：因物則物各當其名也），無為謀府（郭注：使物各自謀也），無為事任（郭注：付物使各自任），無為知主（郭注：無心則物各自主其知也），體盡無窮（郭注：因天下之自為故馳萬物而無窮），而遊無朕（郭注：任物故無迹也）。……至人之心若鏡（郭注：鑒物而無情），不將不迎，應而不藏（郭注：來即應，去即止。）

故能勝物而不傷（郭注：物來即鑒，鑒不以心，故雖天下之廣而無勞神之累）。[72]

此外，「定性書」中所引易經艮卦彖辭：「艮其背，不獲其身，行其庭，不見其人。」從「定性書」全篇大意來看，實主王弼之注。王弼注「艮其背」曰：「目無患也」；注「不獲其身」曰：「所止在後，故不得其身也。」；注「行其庭，不見其人」曰：「相背故也。」[73]試用今語淺釋之曰：「假如我們宅心虛淡，恬然自適；則不必苦心焦慮的去克制物慾了。因爲物欲已自然而然的靜止於無形了。物欲既自然而然的靜止於未萌之時，我與外物都相適而無傷啊！」

這正是定性書中「人之情也各有所蔽，故不能適道。……」這一段的意思。程伊川「易傳」、朱熹「周易正義」中所注，與明道先生之意似不相應，故不必贅引。[74]朱子注「定性書」亦用易程傳之意，南轅北轍，正見解人之不易得也。

（八）

[72] 見「二十二子書」「莊子卷三」「大宗師第六」頁十。

[73] 見「十三經注疏」「周易」艮卦彖辭王弼注。

[74] 見「易程傳」及「周易正義」艮卦彖辭程頤及朱熹注，亦見「近思錄」「定性書」朱熹注。

綜括前述，明道「定性書」之思想實頗有淵源於老釋者甚明。然卻不可遽謂「定性書」爲孤出於明道整體思想系統之外，尤不可如宋儒葉適斷然抨擊明道思想爲「老佛之學，所以不可入周孔之道者。」（見葉水心「習學記言」）亦不可諱言明道之學全異於佛老而宗師孟子之排斥異端。善讀書者，析論之可以從嚴，綜論之則不妨從寬。設若吾人據前所述，以「判教」之法劃定明道先生思想發展之程序，約略分爲「涵養」與「論道」二期。前期係明道早年「出入於老釋者」，以「定性書」爲代表；後期則爲「返諸六經而後得之」，依「用敬」、「生之謂性」、「天理」、「識仁」，而次第展開，並以「識仁篇」爲其一生思想之歸結。如此則不礙其爲理學思想之大宗，亦不隱諱其融會佛老之事實，則王船山所譏評之「陽儒陰釋」之病，庶幾可免矣。孔子曰：「毋意、毋必、毋固、毋我。」大其心量、察納雅言，滙通衆流，而成其爲「大儒」之學，而免於思想偏枯萎縮之危機，今之學者猶斤斤於「道統」之成見，於三千年來先哲之妙慧玄悟，妄自劃分涇渭，排斥「異端」，徒然自限心量，畫地爲牢，恐不免於貽笑大方也。

觀明道一生之思想發展，「用敬」一語，便是他融佛歸儒之門徑。「主靜」若陳義稍高則不免玩味境界，而「用敬」則淵源於宗教精神，落實於人事卽成爲「道德責任」。明道曰：「毋不敬，可以對越上帝。」又曰：「居處恭、執事敬、與人忠。此是徹上徹下語。聖人元無二語。」

❼⁵ 易繫辭上傳曰：「敬以直內、義以方外。」敬義夾持，便是宋明理學家爲學做人的根本精神。

⑦⑤ 皆見「河南程氏遺書」第二上（「東見錄」）。

所以明道說：「某寫字時甚敬，非為要字好，卽此是學。」[76]細體「卽此是學」一語，儒者氣象，顯明可見。生活卽是教育，學問卽在學做人。「涵養到着落處，心便清明高遠。」[77]下學上達，實以此「敬」字為關鍵。

明道曰：「天地設位，而易行乎其中，只是敬也。敬則無間斷。」[78]又曰：「體物而不可遺者，誠敬而已矣。……詩曰：『維天之命，於穆不已。於乎不顯，文王之德之純。』誠則無間斷。」[79]這貫通於宇宙人生之間的生生不已，繼善成性的天道，便於「無間斷」的「天理」。是從「誠敬」的宗教精神而透顯出來的哲學思考。所以他說：「吾學雖有所授受，天理二字，卻是自家體貼出來。」這個「天理」較之小程子及朱子所拈示的「理」，義寬而圓，確實是承接易傳、中庸及孟子的眞精神，是直從「天命」之處深切體味而得的「天人不二」的思想，是宗教的也是哲學的，是形上的也是形下的，是道德的也是社會的。何以故，我們再探討他第三個觀念——「生之謂性」。

明道曰：「生生之謂易，是天之所以為道也。繼此生理者，只是善也。……萬物皆有春意，

---

[76] 見「河南程氏遺書」第三（「謝顯道記」）。

[77] [78] [79] 分見「宋元學案」「明道學案上」（世界版頁三二五、頁三三一）。

便是繼之者善也，成之者性也。成卻待他萬物自成，其性須得。」[80]

原來他的「天理」是可以定義爲「以生爲道的生生之理」。這便是「天命」，人稟受之則爲「人性」。宋明儒從此便有兩個一致採取的前提：

①「天地以生物爲心」——天心。

②「人得天地生物之心以爲心」——人心。

由這兩個前提而獲的結論，便是「天人一本」或「天人無間」或「天人不二」。先秦儒稱之爲「天人合德」。

但是，從人的現實層面而言，則不免有若干「道德缺點」——通常稱之爲「惡」。明道先生處理這個問題十分微妙，他說：

「生之謂性，性卽氣，氣卽性，生之謂也。人生氣稟，理有善惡，然不是性中元有此兩物相對而生也。有自幼而善，有自幼而惡，是氣稟自然也。善，固性也；惡亦不可不謂之性也。蓋生之謂性，人生而靜以上不容說，才說性便已不是性也。……」[81]

他所說的「生之謂性」的「生」，是指「生命的根本原理」，也就是前述的「天理」。於是

[80] 見「宋元學案」「明道學案上」頁三一九。
[81] 同[80]。

他採納了張橫渠的哲學思想，卻把「太和之氣」變成了生力彌漫的「生命精神」。張橫渠的「太和之氣」中有兩種對立統一而相反相成的創造作用，這種作用是妙不可測的精神原理，稱之爲「神化」。就此「神化」的先驗超越性來說，稱之爲「天地之性」；就此「神化」的經驗落實性來說，稱之爲「氣質之性」。從而，明道先生就把氣稟所生的善惡，一起統攝到宇宙的「生命精神」中來。簡單的說：人之現實生命之有善有惡，原不妨礙「生命精神」的整體之發揮。人之延續生命，擴充生命，發揚生命的價值，也就是從道德善惡的歷鍊中涵養而得。難怪他說：

「天地萬物之理，無獨必有對，皆自然而然，非有安排也。每中夜以思，不知手之舞之，足之蹈之也。」[82]

最後，在這個生力彌漫的「生命精神」統攝之下，他達到一生最重要的結論：

「學者須先識仁，仁者渾然與物同體。」

「仁者以天地萬物爲一體，莫非已也。」[83]

仁，便是「天地生物之心」。人識得此心，以義理栽培之，以誠敬存之，卽能喚起一種極崇高的宗教精神，惻隱之心無不在也。卽能產生一種極深邃的道德肯定，是非之心無不在也。卽能萌發一種極眞實的理性認知，「天下無性外之物」。

[82][83] 同見「河南程氏遺書」第二上。

假如我們透過明道先生一生的思想成就，再回過頭去看「定性書」，便覺得迥然有不同的滋味，「定性書」的每一句話都可以賦予更接近儒家的涵義。我們不僅不排斥佛老，而且還會更欣賞佛老，因爲佛老並不純是「解脫道」，他們也很體恤生命、尊重生命的。

二程先生「闢佛說」合議

(一) 序言

在我國儒家思想傳統中，闢斥「異端」，不僅由來已久，甚且視作儒者之天職，非此不足爲聖人之徒也。「異端」一語源於孔子，孔子曰：「攻乎異端，斯害也已！」❶何晏論語注有謂：「小道，異端也。」❷

劉寶楠論語正義引鄭玄注云：「小道，如今諸子書也。」❸邢昺疏亦解曰：「此章禁人雜學攻治也。異端，諸子百家之書也。言人若不學正經善道，而治乎異端之書，斯則爲害之深也。」❹邢昺之疏，本諸鄭玄之注，鄭玄之注雖漢人舊說，卻未必是孔子本旨。蓋當孔子之時尙無所謂「

❶見「論語」「爲政第二」。
❷見「十三經注疏」「子張篇」「子夏曰：雖小道也，致遠恐泥」章。
❸見劉寶楠「論語正義」「子張篇」同前章。
❹見「十三經注疏」何晏注邢昺疏「論語」「爲政篇」「攻乎異端，斯害也已」章。

諸子百家之書」也。

大體言之，攻，專治之意，如「攻玉」之攻；異端，泛指違戾正道之言。然而違戾正道之言，卻不必是「諸子百家之書」。立於儒家道統之本位，視其他學派為「違戾正道」之「異端」而力加闢斥者，始於孟子。孟子曰：「我亦欲正人心，息邪說，距詖行，放淫辭，以承三聖者，豈好辯哉，予不得已也。能言詎楊墨者，聖人之徒也。」❺同時，孟子也闢斥農家的許行為「南蠻鴃舌之人，非先王之道。」

嗣後，儒家對於邪說害正的所謂「邪詖之徒」，視為「甚於洪水猛獸之災，慘於夷狄篡弑之禍。」❻人人皆可辭而闢之矣。孟子以後，以漢宋儒者較熱衷於闢斥異端：漢儒董仲舒對策有云：「諸不在六藝之科、孔子之術者，皆絕其道，勿使並進，邪僻之說滅息……。」即所謂「罷黜百家，獨尊儒術。」而揚雄「法言」亦於陰陽墨道申韓之學，一併斥絕之。風氣所及，兩漢諸儒莫不尊孔子而尙儒術、黜諸子而崇五經。而北宋儒者，繼晚唐五代之衰世，憂人倫綱紀之隳頹，於是繼承道統，力倡聖學。崇正道、辨異端，即成為治學之二大端，道學家們尤其如此。不過，孟子所辨之異端是闢楊墨，漢儒所辨之異端是黜諸子，而宋代理學家們所辨之異端是排佛

---

❺ 見「孟子」「滕文公章句下」。

❻ 見朱熹「四書集註」「孟子」「滕文公章句下」「豈好辯哉?予不得已也」條。

老，特別是排佛。宋儒這種闢斥異端的精神是上承孟子，下紹韓愈。因爲韓愈是唐代排佛最烈的儒者，他曾有「人其人、火其書、廬其居」的激烈言論，同時也是漢宋以來把「道統」的範圍限定在堯、舜、禹、湯、文、武、周公、孔、孟的第一人。[7]於是，大程子解釋孔子「攻乎異端，斯害也已」這一句話就說：「佛氏之言，比之楊墨，尤爲近理，所以其爲害尤甚。學者當如淫聲美色以遠之，不爾則駸駸然入於其中矣！」自茲而後，宋明理學家大抵皆有「闢佛」之言論。

然而，從儒家思想發展之歷史過程以觀之，其所以能成爲中國學術思想之主流，要在其能爲我民族文化的生存發展，指出了一致共許的主要方向，揭示了積極合理的人生途徑，也提供了一個文明社會應有的理想目標。簡而言之，儒家思想爲中國人安排了一個文化理想，旨在締造一個和易圓滿的理性社會，同時在這個社會中也能時時培養孕育出和粹完美的「理想人」——君子。在這個大方向、大目標之下，儒家必須堅持天人合德、人性本善的基本信念，也要隨時顧及時代演進的客觀條件；一方面「擇善固執」，一方面「與時偕行」，守經而用權；同時，更要時時采納各時代全人類的創造智慧。因此，它不可能是一個排斥性的、封閉性的孤立的思想系統。否則，它早就精神萎縮，扼殺了自己的思想生機，徒然成爲歷史上一個過時的哲學學派；也不可能

[7] 見韓愈「原道」。

二千五百年來，始終躍動在我民族的生命中成爲我民族的理性靈魂，而時至今日，猶然展現在全人類的精神視野中，成爲「永久和平」的一線曙光也。

從中國思想史的觀點來看，孟子雖然「闢楊墨」，但是孟子的「王道」思想中，卽涵有墨子尙同，尙賢的平民精神；孟子仁義並稱，乃至以義配道，雖有義內、義外之別，然論其立名之始，卽可淵源於墨子。漢儒黜諸子之書，而董仲舒的思想卽揉合陰陽家、法家以及墨家的思想而形成者；揚雄尊儒，然其「太玄」一書則很明顯的是儒、道、陰陽三家的混合體。我們常說漢人「陽儒陰雜」，然而卻不見得就是一個貶抑的稱述。因爲其學雖「雜」，而其道不雜，儒家思想本來就是與時偕行，旁通統貫而有容乃大的。從先秦到漢代，最重要的思想結晶，如易傳、學、庸、禮運、樂記、孝經等，皆完成於秦漢之際甚或是漢初，無一不是融通道墨，和會陰陽，而成爲儒家不朽的典籍。

所謂「人能弘道，非道弘人。」道，只是一個大方向、大原則，實踐此「道」的方式和內容，依然是可以增加和選擇的。因此，儒家的闢斥「異端」不全是消極的排斥，也有積極的意義：就是在基本的信念及大方向大原則上，擇善固執，力保此「道」的單純性、一致性。庶幾融通衆說，而能同條共貫、一多相容，與時偕行而弘大此「道」也。

同理，宋代理學家們，甚多「排佛」，又甚多「入佛」。全謝山說得好：「兩宋諸儒，門庭徑路半出於佛老。」❽其實，宋代諸儒，「其學多從駁雜中來」，大本大源固然是從中國傳統思想的主流卽儒家思想的母體中孕育而成，也有不少是胎息於道家與佛家者。且從思想的來源中看：

(1)淵源自原始儒家之「生生」、「盡性」、「天人合德」諸觀念；

(2)也採取了漢儒「氣化流行觀」及「陰陽生化說」；

(3)在魏晉以來之新道家方面，宋儒折衷於「貴無」與「崇有」之間，頗有妙會自然之趣；

(4)至於佛家思想，除有得於般若空宗之外，所謂中國化的「如來藏系統」，如竺道生、慧遠之後的中國佛教「華嚴」、「天台」諸宗的「緣起論」及禪宗「定慧不二」、「明心見性」等思想，皆予宋儒以若干影響；

(5)當然，由於時代的環境，致使北宋學者選擇了道德自覺的途徑，以肯定文化的價值，也是決定性的因素。

爰此，我們對於宋儒「闢佛」的內容，必須作多方面的考究，俾有明確的認識及較新的觀念。二程爲宋明理學中的核心人物，程朱學派思想的發展，幾乎卽涵蓋了整個宋明理學的思想系統之源流和分派，同時也確定了所有「闢佛」的規模和立場。探討「闢佛」，卽可從二程起，而

❽見全祖望「鮚埼亭集」外篇卷卅二「題眞西山集」。

稍旁及於二程學派中的其他理學家。

(二)中國「闢佛」之歷史源流

佛教傳入中國爲時甚早，傳法之始在歷史上有明證者，可上推至漢哀帝元壽元年（紀元前二年），博士弟子景盧受大月氏王使伊存口授浮屠經。此事見於魚豢魏略西戎傳，三國志裴注及世說新語注悉引之。❾伊存授經以後又六十餘年，卽漢明帝永平八年（西元六五年），明帝詔報楚王英曰：「楚王誦黃老之微言，尙浮屠之仁祠，絜齋三月，鬼神爲誕……其還贖，以助伊蒲塞桑門之盛饌。」此爲漢代官方文書首次記載佛教之事及佛學譯名。「伊蒲塞桑門」卽「優婆塞沙門」，指「受戒行之和尙」也。❿茲後又有傳說中之明帝永平十年傳經受法之事。⓫永平十年（紀元六十七年）傳法受經之事，雖眞相未明，但是以明帝國主之尊，獎掖佛教，大增僧迦之光彩，於以後佛教在中國之傳播，意義重大，自不待言。不過，從永平傳法到東漢末年桓靈之際，

❾ 見湯用彤「漢魏兩晉南北朝佛教史」商務版頁三十六。

❿ 見「後漢書」卷四十二「光武十王列傳第三十二」及唐李賢注。

⓫ 卽世傳明帝夢見金人，遣蔡愔往天竺迎僧葉摩騰及佛經歸，並於洛陽建白馬寺。此事「後漢書」「西域傳」、袁宏「漢紀」、「魏書」「釋老志」悉載之。

佛教初入中國，佛法未顯，根基尚弱，它的傳播是以異術方技，投合當時的習尚，附屬於道家而流行的。因此，漢末之時，黃老、浮屠並稱於世，即使在當時士大夫的心目中，也是二者幾無差別，同爲崇尚清虛無爲，省慾去奢之道。⑫後來道教興起，始略見排佛之義，但大致上還是視佛教爲附庸或同調的。譬如，道教的「太平經」可資證明。⑬

因此在上述的一百多年間，佛法聲聞寂然，眞正的教理內容，稱述極少，一直到桓帝在位時（紀元一四七—一七六年），安世高、支婁迦讖，竺朔佛等陸續東來，致力於譯經，成就斐然，佛法乃逐漸光顯於世，也逐漸受到士大夫們的重視了。據史傳，首先肯定佛法的價値的，爲漢靈帝時蒼梧太守牟融所著的「理惑論」。牟子此論兼取老釋，並且「公然力黜百家經傳，斥神仙方術，佛教自立而不託庇他人。」⑭

然而，由「牟子理惑論」及「弘明集」中所載破邪、辨正諸篇，亦正可見佛教思想與儒道思想不無離合齟齬之處，其廣受責難者，多在棄親出家、輪廻報應諸說，然而此時，佛教方且含晦未彰、熹光尚微。況其僧迦制度、教理組織皆未建立完成，影響於中國人之思想行爲者，甚爲有

⑫ 見湯用彤「漢魏兩晉南北朝佛教史」商務版頁三十—四十。

⑬ 「太平經」爲漢代道教之書，雖反對佛教，但其內容頗與佛書相出入，見湯錫予「玄學、文化、佛教」之「讀太平經書所見」廬山版頁二〇三—二一六。

⑭ 見湯用彤「漢魏兩晉南北朝佛教史」商務版頁八十九。

限，不足以構成「文化衝突」。因此除了道教偶有微詞，於佛道之分際有所爭辨之外，尚不聞所謂「闢佛」之事。

牟子「理惑論」，在中國文化思想史上，尤其是佛教發展史上，是一個重要的分水嶺。牟子此論大約撰於漢獻帝初平四年（紀元一九三年）以後，此後五十餘年間，何晏、王弼、阮籍、嵇康等「正始風雅」的玄談名士，一時俱生，老莊玄理與佛學玄理相輔流行。高僧名士，接席清談，大暢玄風，彼此聲氣相通，相得益彰。高僧中如康僧會、支謙等相繼來華，所譯經書更多，如佛圖澄、支道林、竺法深、道壹等，與諸名士玄談風雅，往來尤密。當時以佛理釋老莊，或以老莊釋佛理（稱爲「格義之學」），已成爲一時之風尚。

循是言之，「闢佛」之事，在兩晉以前鮮有所聞，而兩晉之後，則日漸增多。何以故？蓋「闢佛」之發動者，起初大抵爲道教人士，其後儒學之士也參加了，甚至佛教本身之僧侶亦有參與者。這在「弘明集」、「廣弘明集」中多有這類記載。而「闢佛」之理論層次，也逐漸由政治的、社會的，進而至於種族的、文化的。

「闢佛」的原因大致有三：

1.佛教日益昌盛，廟宇日多，信徒日衆，與同時發展的道教，有了根本利益上的衝突。於是玄佛學理上的融和，演變成道佛門戶上的鬭爭。因而道教人士則以「華夷之辨」作爲爭辯的利器，斥佛教爲「夷教」以煽動國人。

2.魏晉而後，天下大亂，綱紀蕩然，人心隳喪。是以捨身剃度者日多，捐產建寺者日衆。寺產豐盈，廟制豪奢。僧衆薰蕕同器，頗不乏不守清規者。是以不僅道敎爲之覬覦，社會亦有公論，甚至當政者亦爲之側目。

3.佛敎經過數百年來的譯述創作及傳道受法的艱辛過程，終於敎理大明。僧迦組織，戒律儀軌，皆粲然俱備。更由於中國一流哲學人才的投身參與，如道安、慧遠、竺道生、僧肇等，才情玄理皆高妙無倫。於是風行草偃，一時豪門世族、名流俊彥，乃至帝室儲君莫不爭相接納。影響所及，上下歙然成風。於是，因果報應、世劫輪廻等思想，深入人心。輕棄世務、菲薄人倫。乃使中國傳統之文化生活觀念產生重大之變化，產生所謂「文化衝突」。

4.佛敎本身亦漸形喪失昔日謙沖抑讓之本旨，而憑生學術思想之優越感。是以，與道敎爭本末，與儒家爭眞俗，與世論爭聖凡，與名流辯神滅，與敎外詰有無。終於，產生佛敎之反動。黠才利辯、憂時衞道之士，皆起而闢斥之矣。反對之聲浪漸高，「闢佛」亦無時或已了。

隋唐之前，「闢佛」在中國南北方，因生活環境與社會型態的不同而採取了不同的方式：就南方而言，大致作學理上的駁斥；在北方則採取政治上武力式的解決。學理上的駁斥，對佛敎而言，其影響平緩而深遠；武力式的解決則創鉅痛烈，平復亦較快。

大體說來，學理性的闢佛，側重在種族的、倫理的、文化的觀點上；佛敎徒較難辯解。譬如劉宋時釋慧琳作「白黑論」，責斥佛教以生死恐動人心；設天堂地獄之說，以貪欲教化百姓。⑮〔附識：以後二程、朱熹之「闢佛」，皆有此說〕何承天作「達性論」，據儒家易傳的世界觀，駁斥佛教的生死輪廻和因果報應論〔附識：在廣弘明集第二十卷中，還收有他的「報應問」，也是以自然主義的觀點以駁斥因果報應說〕。⑯劉宋末年道士顧歡作「夷夏論」，申言夷夏之辨，以夷教不適於推行於中國。⑰〔附識：唐傅奕、韓愈；宋孫明復皆有此說〕南齊范縝，有「神滅論」，向佛教的「神不滅」的因果報應之說，展開長期而激烈的爭論。⑱至於南梁武帝時，郭祖琛、荀濟等，尤從社會、經濟、教育、文化等各層面，力陳佛教費財害政、虧損名教之事實。⑲如此等等，皆爲後世闢佛之張本。如唐之傅奕、韓愈，宋之孫明復、石介、李覯、歐陽修、二程、朱熹等，皆持此等理由而盛張其說者。

此等學理性的「闢佛」，加深影響了佛學未來發展的方向。迫使佛教作內部理論的調整，俾進一步與中國文化之思想傳統相融合。趨向於人本的、入世的、性善的、天人合一的諸特質。在

⑮ 見湯用彤「漢魏兩晉南北朝佛教史」下册第十三章頁三。
⑯ 見湯用彤「漢魏兩晉南北朝佛教史」下册頁七—八。亦見「弘明集」卷三卷四。
⑰ 柳詒徵「中國文化史」中册正中版頁一〇二。
⑱ 見柳詒徵「中國文化史」下册頁四。亦見「弘明集」卷九卷十。
⑲ 見柳詒徵「中國文化史」下册頁四十七。亦可見「廣弘明集」卷二十一。

思想上則加速而成爲中國化的佛教了。

然而，因果報應、生死輪廻，乃至天堂地獄等觀念，則蔓延深入於中國廣大的民心中，成爲大多數人所採取的價值標準與生活觀念。已不是理論上的「闢佛」所能爲力的了。因爲思想的鬪爭可以是人爲的，少數人的造作；而文化的融和則是自然的，而形成絕大多數人的生活習慣。所謂「化民成俗」是也。聖人之教，誡人愼始，「履霜而堅冰至」，可不愼乎？於此可知也。

至於北方的「闢佛」，在南北朝時，常採取政治的武力的手段。如北魏太武帝之「毀法」（西元四四六年），係聽信道士寇謙之、丞相崔浩之進言，詔誅長安之沙門。焚經毀像，塔廟之在魏境者，幾無復孑遺⑳。但是旋毀旋復，嗣後佛教更見發展，僧侶、寺廟數目代有增加。至元魏末年，寺四萬餘，僧尼二百餘萬，廟制尤見雄偉華麗。今日馳名世界之大同雲崗石窟，即是元魏獻文、孝文帝時，由高僧曇曜所監造鑿成。至此而後，佛道二教並峙流行，其徒侶半天下，國計民生深受影響。於是，又有北周武帝之闢佛。

北周武帝在衞元嵩及道士張賓煽動之下，於建德三年五月（西元五七四年），始議毀法。下敕斷佛道二教，經像悉毀，期以儒術治天下。〔附識，宋胡寅之「崇正辨」中亟讚之。〕雖有高僧淨影慧遠親與北周武帝爭辯，也無法力挽浩劫㉑。

⑳ 柳詒徵「中國文化史」中册頁一〇五。
㉑ 湯用彤「漢魏兩晉南北朝佛教史」下册頁八十八。

北周武帝之「毀法」，也是旋毀旋復。然而一時北方名僧如曇遷、智顗大師等皆逃至南方。隋唐統一後，乃開法相、天台等中國佛教之宗派。

合晚唐之唐武宗之「法難」及柴世宗之「毀法」而言之，卽中國佛教史上所盛稱的「三武一宗之禍」。

「三武一宗」僧迦之刼難，雖然只是「政治事件」，但是對以後佛教之發展，影響卻非常大。尤其是唐武宗會昌五年（西元八四五年），詔毀天下佛寺，並敕令僧尼還俗。儘管翌年就因武宗之遽崩而解禁了，但是卻使根據於三藏文獻的佛教宗派，蒙受很大的災厄，幾乎一蹶不振㉒。佛教在學術形式上是衰微了，但是禪宗一枝獨秀，卻獲得更大的發展。不久唐代覆亡，接着就是中國歷史上最黑暗混亂的五代。歐陽修新五代史「一行傳」序中形容這個時代爲「天地閉、賢人隱，君子道消，小人道長。」是一個人倫道喪、生靈塗炭的悲慘時代。尤其是中原一帶，從唐代的女禍開始緜延了一個多世紀的簒奪、殺戮、搶掠，一切有價值的東西乃至有價值的生活觀念、道德觀念都破壞了。六朝金粉的南方雖然在生活上略好些，但是養成了輕薄浮靡的風習，也不足以扶持立國開基的綱維。因此宋興以來，「處處要體認天理、處處要培養人才。」（陸隴其語）換句話說，就是要道德重整、社會重整、教育重整。這就是宋代「道學」的時代背景，也是

㉒ 宇井壽伯「中國佛教史」協志版頁一八八。

宋儒「闢佛」的時代背景。因爲衰微的佛敎在這個大時代的重整運動中，不僅貢獻不了多少力量，而且「輕世務、棄人倫」，是儒家對佛敎的一致的評價。高妙的思想畢竟抵不過現實的需求，冥悟的理境尤須落實到人生實際的事務中，在社會人倫秩序的強烈要求下，「禪機」是無法取代「道德判斷」的。

是以，宋代的「理學」大儒，如張橫渠、二程子、朱熹等，每個人都在佛學中浸淫過十幾年乃至幾十年，最後還是「反諸六經」，歸宗於孔孟敎化，就是基於這個時代的反省而來的。因此他們也熱衷於「闢佛」。

「闢佛」，在他們認爲是儒者的天職，卽所謂「排斥異端」。猶如孟子「闢楊墨」，不這樣做，就不夠資格做「聖人之徒」。「異端」的範圍中，楊墨之說已經消聲歛跡不必「闢」了；道家尤其是道敎的思想，由於其自身流於卑陋，不值得「闢」了；祇有佛家，由於其深入人心，籠罩了整個思想界乃至日常生活世界中，是必須要大張撻伐，大「闢」特「闢」的。

其實，效果如何呢？「闢佛」之事，也祇限於文字上的「盛況」而已，佛敎早已融和在中國文化中，消融於無形。佛敎的敎理或許可「闢」，文化生活又如何「闢」起呢？

質言之，宋儒之「闢佛」，其歷史之背境，乃遠承於南朝學理派闢佛之餘緒，近接於唐代傅奕、韓愈之主張。大致可分爲兩期：一是北宋初期諸儒之闢佛，如孫明復、石介、李覯、歐陽修等，其論調幾與南朝之顧歡、何承天、郭祖琛、荀濟及唐代之傅奕、韓愈等，如出一轍；始終徘徊在種族的、倫理的、社會的層次上，甚至還達不到釋慧琳「論聖凡」及范縝「神滅論」的水準。再就是仁宗以後道學家的「闢佛」，因爲自身有所樹立，在理論的層次上就高明得多了。張橫渠是道學家中首倡「闢佛」者，分從「性空」、「幻有」二方面，直逼哲學上重要的體用問題。大程子比較熱衷於此，因其「識得禪眞，故其知禪弊也切。」小程子則少言及㉓。朱子爲「闢佛」之大宗，「朱子語類」中直接破斥佛教者幾達一百三十餘條㉔，其他間接批評者尚不止此，其闢斥的範圍極廣，除了南北朝以來傳統的「闢佛」的老題目外，對於楞迦、楞嚴、大涅槃經以及華嚴、禪宗等皆有所譏評，可謂「集大成」者。程朱學派中，二程弟子「率入禪門」，㉕其偶有批評，也祇是套用往日的「口頭禪」而已。惟湖湘學派的胡氏父子及張南軒較多評斥，而朱子門人鮮及於此。反而與朱熹敵對的永嘉學派及陸象山，倒是站在「事功」與「聖學」的立場上，排斥佛教，有許多中肯的見解。

至於明代，闢佛者以宗程朱學者爲多，明初河東學派之薛敬軒、呂涇野，中葉之羅整庵，爲最著名，唯其論旨皆紹述程朱，非有特殊見地者。而崇仁學派以胡居仁爲最擅排佛。陽明學派折衷於禪學，已是不爭之論；因此王學中有辨儒佛之分際者，而鮮及於闢斥，況且「三教合一」已

㉓ 「河南程氏遺書」卷六有云：「叔不排釋老」，叔指伊川。

㉔ 見「朱子語類」卷一百二十六「釋氏」。

㉕ 見「宋元學案」「上蔡學案」引朱子語。

成爲明代一時之風尚，表現在文學、藝術乃至哲學思想與宗教行爲上。唯王學漸入於末流，行爲尤疏於防檢，王學修正派者如東林學派之顧憲成、高攀龍之輩，又襲程朱之故智，高舉「闢佛」之大纛矣。

然而，闢佛老、排異端，宋儒摧陷廓清，發揮已無餘蘊。況且佛學至於明代，聲跡消沉，欲振乏力，實已不足闢斥。明儒之談佛者，除一二大師如憨山、蓮池等外，其談佛也爲口頭禪，其闢佛也爲口頭禪。其實，佛學已漸爲中國學者肯定爲中國學術思想之一系，佛教已成爲中國最普遍而重要的宗教信仰，因果報應之說已成爲一般的生活價值觀念。在學術上是研究的對象，在生活上是信仰的對象，一直到清代皆是如此。「闢佛」已成了歷史的名詞，也成了學術討論的一個項目了。

（三）二程「闢佛說」合議

就歷史的觀點而言，中國「闢佛」的歷史過程，可說是源遠流長。闢佛的方式和層次也迭有更易。然而眞正「闢佛」的規模和理論的形式，卻是成於宋代理學家，此後一致依循，明清儒皆不脫此矩矱。

理學初起，「北宋五子」中，理學破暗開山之周濂溪，其主靜立極、乾元資始、誠仁合一之義，雖啓伊洛一派之淵源。然而其本人的思想，實融會儒道者，故既不諱道，亦不闢佛。邵康節明言「道生天地」、「以一觀萬」，甚至尊老子爲聖人，故不辨異端，亦不「闢佛」。「闢佛」之說始於張橫渠，橫渠從其「太和所謂道」的宇宙一元氣化流行的哲學觀點上辨正儒佛之分際，直從體用一原、顯微無間、虛實相資的觀點去駁斥佛家視天地爲幻妄的「緣起性空」之思想。就此而言，橫渠可謂理學家排佛之開山人物，其用語簡易、立義精要，洵六百年理學中所罕見。

然而，若論建規模、立綱領，用語婉約渾淪、精妙無雙，足資後儒取法而深思者，首推程明道。

明道「闢佛」的哲學根據雖主於易庸，但其根本精神卻在孟子。他說：

「楊墨之害，甚於申韓；佛老之害，甚於楊墨。楊氏爲我，疑於仁；墨氏兼愛，疑於義；申韓則淺陋易見；故孟子則闢楊墨，爲其惑世之深也。佛老其言近理，又非楊墨之比，此所以害尤甚。楊墨之害，業經孟子闢之，所以廓如也。」㉖

言下之意，頗以宗師孟子之闢楊墨而以任道自許也。其所以勇於任道，正由於其識見高明、規模宏闊，同時他「出入於佛老者十數年」（見伊川「明道先生行狀」語），亦知己知彼，確有大過人者也。故高景逸曰：

㉖ 見朱熹「四書集註」「滕文公章句下」「距楊墨放淫辭……」條下。

「先儒惟明道先生看得禪書透，識得禪弊眞。」㉗

至於伊川先生，在其哲學思想方面，與明道有所異同，然而，在「闢佛」方面，卻多承襲乃兄以盡輔翼之功，蓋伊川「闢佛」多從「迹上求」。所謂「迹上求」卽是專從佛教徒的行事及人生的態度上批評佛教的弊害，因此在儒佛根本思想的差異上，伊川則很少著力。他說：「釋氏之說，若欲窮其說而去取之，則其說未能窮，固已化而爲佛矣！只且於迹上考之。其設教如是，則其心果如何？固難爲取其心，不取其迹；有是心，則有是迹。王通言心迹之判，便是亂說。不若且於迹上斷定不與聖人合，其言有合處，則吾道固已有；有不合者，固所不取。如是立定卻省易。」㉘

伊川因恐「化而成佛」，故不從思想上深求，殊少自信。至於「其言有合處，則吾道固已有；有不合者，固所不取。」這種「兩刀法」的論證，實乏說服人之力量，若駁作「其言有不合者，固應深求；有合處，固所不闢。」伊川當如之何？故不免是「一場閒言語」而已。

職是之故，於此章中所論及者，實以明道先生「闢佛」之思想爲主，爲之釐定思想之次第與綱領，並以伊川之說羽翼之，稱爲「二程先生闢佛說合議」云。

㉗ 見「宋元學案」「明道學案下」世界版頁三三六。

㉘ 見「二程全書」「河南程氏遺書十五」頁十。

案考「二程全書」中「闢佛」之語，總計，「河南程氏遺書」中共四十三條，「外書」中共十四條，凡五十七條。其中可確定爲明道先生所述者有十七條，伊川先生所述爲十八條，餘皆爲「二先生」語或未注明出處者。楊時及張栻所編的二程「粹言」則去其雜沓重複者，並變語錄爲文言，合併爲十九條。惟「粹言」去取不精，文氣略少滋味。後來朱熹「近思錄」特選輯其精采語，略爲八條，載列於「辨異端」第十三卷中，並詳爲逐句作注，爲最有價值。淸儒熊賜履之「學統」亦列有「異學」釋氏三卷，中載二程闢佛之說十條，內容稍異於「近思錄」，文字有所改定，亦見勝義也。㉙

今參考以上諸書，依據其思想之脈絡，臚列其重要的論點，約爲九目，合議如下：

〔子〕從「著道卽性」闢斥佛家「視天地爲幻妄」之誤謬

「伯淳先生嘗語韓持國曰：『如說妄說幻爲不好底性，則請別尋一個好底性來，換了此不好底性。著道卽性也。若道外尋性，性外尋道，便不是聖賢論天德。蓋謂自家元是天然完全自足之物，若無所汚壞，卽當直而行之，若小有汚壞，卽敬以治之，使復如舊。所以能使復如舊者，蓋謂自家本質元是完足之物。……禪家總是強生事，至如山河大地之說，是他山

㉙分見「二程全書」、熊賜履「學統」第五十一卷、朱熹「近思錄」第十三卷。

河大地，又干你何事？至如孔子，道如日星之明，猶患門人之未盡曉，故曰：予欲無言。若顏子則便默識。……又曰：天何言哉？四時行焉，百物生焉。可謂明白矣。……』」㉚

議曰：韓持國卽韓維，老年始從明道遊，明道與之介乎師友之間。據熊賜履學統曰：「韓持國學佛法，以謂山河大地皆幻妄，而本覺性眞，無所事修治也。㉛……」云云。明道卽據以開導之。

「山河大地爲幻妄」，係佛敎相宗之見解。蓋印度本有性、相二宗，性宗說自性空，相宗說如幻有。簡言之卽宇宙萬有悉爲識所變，三界唯心，心外無法。而吾人「徧計所執」（對日常所見之事物，皆以爲是實有）、「依他而起」（他，指因緣），皆是幻妄的識心，而生顚倒之夢想，致令「本覺眞性」（圓成實性）隱覆不現也。

於是，明道先生卽從「道體」之本然，明「道用」之不二，由「道性合一」之旨，說明「天人合德」及現象與本體不可劃分之關係。同時說明天道卽是人道，率性而行。苟如道外尋道，則不免多此一舉。「道用」具在，燦如日星；「道體」玄默，默而識之卽可，何必多言？況且，自家乃「天然完全自足之物」，苟如存誠主敬，皆是自我涵養；一切道德判斷，主體在我，不假外求；人倫物理，當下自得。「生之謂性」，生則一時生，何必強立差別，而分裂大道也。

㉚「河南程氏遺書第二」頁一。

㉛熊賜履「學統」卷五十一商務版頁六二六。

明道這種主張，關鍵所在，卽爲「著道卽性」一語。若從華嚴宗「性起法門」以觀之，所謂性起者，乃體性現起義，謂不待他緣，依自性本具之性德而生起。一心法界而成諸法，法界性全體起爲一切法也。明道先生「著道卽性」之「道」，猶如「一切諸法」。於是「性外無法」、「法外無性」。全體卽用，卽用顯體，是以「法爾常爲萬法、萬法常自寂然。」㉜法外更無別法、法法彼此互攝，相卽相入，重重無盡。明道先生「性道合一」之旨，就儒家傳統來看，實是新義，似亦有所本也。

然而不同者，明道先生畢竟不失儒家本色。因爲華嚴經所述的「周徧含容」、「事事無礙」的一元機體宇宙觀，最後所證的祇是一個「圓滿無礙」的「大法身」，是不可思議的「華藏莊嚴世界海」，所以在「行位」上不取道德實踐，而是十行、十住、十廻向等的「證入」途徑，隨緣解脫而入佛果。明道先生則本諸易庸大義。卽易繫辭大傳所謂「立天之道，曰陰曰陽；立地之道，曰柔曰剛；立人之道，曰仁曰義。」中庸所謂「天命之謂性、率性之謂道、修道之謂敎。」及易傳「成性存存、道義之門。」㉝他說：

「『生生之謂易』，是天之所以爲道也。天只是以生爲道。繼此生理者卽是善也，善便有一個元底意思。『元者善之長也』。萬物皆有春意，便是『繼之者善也』。『成之者性也』，成却

㉜ 見晉譯「大方廣佛華嚴經」「如來性起品」及黃懺華「華嚴大義」文津版頁三七。

㉝ 分見「易」「繫辭上傳」、「中庸」第一章、「易」「繫辭下傳」。

待它萬物自成其性乃得。」㉞又說：

「忠信所以進德，終日乾乾，君子當終日對越在天也。蓋『上天之載，無聲無臭。』其體則謂之易，其理則謂之道，其用則謂之神，其命於人則謂之性，率性則謂之道，修道則謂之教；孟子在其中又發揮出浩然之氣；可謂盡矣。故說神如在其上，如在其左右。大小大事而只曰『誠之不掩如此夫？』徹上徹下不過如此。『形而上爲道，形而下爲器。』須著如此說，道亦器、器亦道，但得道在，不繫今與後，己與人。」㉟

這種「超越唯心論」的觀點，渾然把宗教人格與道德人格打成一片。直從上帝之心，一貫而下，落實爲道德理性，作爲一個道德理想世界（教化界）的根本基礎。在這個世界中，生機洋溢，創化不已。所謂「維天之命，於穆不已；文王之德之純，純亦不已。」㊱

明道先生，據此以「闢佛」，不亦宜乎！

（丑）從性分上辨儒佛之根本差異

㉞見「河南程氏遺書二上」「二先生語」中華版頁十三。

㉟見「河南程氏遺書」卷一頁四。

㊱見「詩經」「大雅」「文王」。

「告子云，『生之謂性』則可；凡天地所生之物須是謂之性，皆謂之性則可；於中卻須分別牛之性、馬之性。是他便只道一般。如釋氏說蠢動含靈，皆有佛性，如此則不可。『天命之謂性，率性之謂道』者，天降是於下，萬物流行，各正性命者，是所謂性也；循其性而不失，是所謂道也。此亦通人物而言。循性者，馬則為馬之性，又不作牛底性；牛則為牛之性，又不為馬底性；此所謂率性也。人在天地間與萬物同流，夫幾時分別出是人是物?修道之謂教，此則專在人事，以失其本性，故修而求復之。於人於學若元不失，則何修之有?是由仁義行也，則是性已失故修之。『成性存存，道義之門。』亦是萬物各有成性，存存亦是生生不已之意。天只是以生為道。」㊲

議曰：「生之謂性」，語出於孟子「告子章」，簡言之曰：生物個體存在之生理之本然謂之性，既指個體存在之生理特性，從抽象一般的意義上，故可同謂之「性」；但是，從個體存在的意義上，則必有其差別性。所以牛之性不可稱為馬之性，馬之性不可稱為牛之性。這是「性」之一詞本身的歧義，其理甚易明，本不足論。然而明道先生特別論之者，其意在闢斥佛家「蠢動含靈皆有佛性」。「衆生皆有佛性」，天台、華嚴、禪宗皆有此說。如天台宗「三法無差」，即從「法性緣起」之中，見衆生法、佛法、心法，互變互攝、互具互融，是從一境三諦、一念三千的

㊲ 見「河南程氏遺書二上」頁十三。

緣起法門中，紬繹而出。㊳這本是「絕對唯心論」（Absolute Idealism）的一個類型，主張絕對的心靈在自然界和人類中顯現它自己。此理甚繁，此處不暇深論。由此而推論，不僅衆生有佛性，闡提有佛性，連無情（無生物）也有佛性。因此以後的禪宗講「狗子也有佛性」、「木石也有佛性」。這些話，可以說得盡其高妙，在邏輯上也很圓融。但祇是抽象的「空理」，邏輯上的「套套邏輯」（Tautology），不是可以用在人倫物理世界中的「實理」。甚至它是一個「僻理」（Paradoxy）——似是而非，似非而是。

儒家必須要在現實世界中立定腳跟，絕不如此說，也不屑如此說。

因此，明道先生說：

「始初便去性分上立。」㊴

既是「性分」，就不僅要談「性」的普遍相，也要談「性」的分別相，易傳乾彖所謂「品物流行、各正性命。」從普遍相方面來說，可以是「通人物而有」；從分別相方面來說，則「萬物各有成性」。類有類性，種有種性，物有物性，人有人性。天道生生不已，萬彙羣品，由此而生，顯現此大用繁興的豐盛世界。人性卽是五常之性，總言之爲仁義之性。「人之異於禽獸也幾

㊳ 見黃懺華「華嚴大義」及蔣維喬「佛學概論」「華嚴宗」。

㊴ 見「河南程氏遺書第七」頁一（中華版）。

希」，人的道德本性卽是一切倫理敎化的根本。

有一件程伊川的軼事，形容得好：

「程子（伊川）之盩厔時，樞密趙公瞻持喪居邑中，杜門謝客，使侯隲語子（伊川）以釋氏之學。子（伊川）曰：『禍莫大於無類，釋氏使人無類，可乎？』隲以告趙公。公曰：『天下知道者少，不知道者衆，自相生養，何患乎無類也？若天下盡爲君子，則君子將誰使？』……程（伊川）子曰：『豈不欲人人盡爲君子乎？非利其爲使也！若然則人類之存，不賴於聖賢，而賴於下愚也。』趙公聞之笑曰：『程子未知佛道宏大耳！』」[40]

在道德世界中，最重要的在成就道德品格。「人人有士君子之行」，係爲人之應然，本乎純粹的道德義務，人類的生存，係於此義務之發揮，乃人性分中所固有。道佛雖宏大，人間豈無惡人，待誰啓導？儒家本色亦於此蒼涼悲境中以立敎也。由此可辨儒佛基本的同異。

（寅）從「萬物一體」，闢斥佛家厭世之說。

「所以謂萬物一體者，皆有此理，只爲從那裏來。『生生之謂易』，生則一時生，皆完此理。人則能推，物則氣昏推不得，不可道他物不與有也。人只爲自私，將自家軀殼上頭起

---

[40] 見「河南程氏遺書」卷廿一上頁四。

意，故看得道理小了。放這身來都萬物中一例看，大小大快活。釋氏以不知此，去佗身上起意思。奈何那身不得，故卻厭惡，要得去盡根塵。爲心源不定，故要得如枯木死灰。然沒此理，要有此理除是死也。釋氏其實是愛身放不得，故說許多。譬如負販之蟲，已載不起。猶自更取物在身。又如抱石沉河，以其重愈沉；終不道放下石頭，惟嫌重也。」㊶

議曰：明道先生謂「皆有此理，只爲從那裏來。」這句話彼此有隔，似成語病。然而後面接著說：「生生之謂易，生則一時生，皆完此理。」則語氣圓融，了無滯礙。頗有華嚴性海，無盡緣起，一時併現之妙趣。所謂「萬物一體」者，儒家說得，佛家又何嘗說不得？然而終有不同者，儒家所謂之「一體」，是指一個生機洋溢、創造不已的宇宙全體。在這個全體宇宙中，萬物統宗會元、繁而不亂；而且自然自足、實理實存；又萬物彼此相依，互成條件，形成一個統一的生機體。而佛家所謂之「一體」者，如天台、華嚴的「法界緣起」及「法性緣起」，當然也有若干境界可說，然最後總是免不了「業識流轉」、「緣起性空」，要人「超迷入悟」、「去妄顯眞」。對人生實境的體悟，禪宗也有勝理，然終不及儒家實理實行。明道先生有段話說得極好，他說：

「道之外無物，物之外無道。是天地之間無適而非道也。卽父子而父子在所親，卽君臣而君

㊶ 見「河南程氏遺書」二上頁十六。

臣在所嚴，以至於爲夫婦、爲長幼、爲朋友，無所爲而非道。此道所以不可離也。然則毁人倫、去四大者，其分於道也遠矣。『故君子之於天下也，無適也，無莫也，義之與比。』若有適有莫，則於道爲有間，非天地之全也。」㊷

由此，明道先生從宇宙之「同相」，又說到宇宙之「別相」，卽「人物之別」。他用了一個「推」字。什麼是「推」？「推」就是推擴開去。換言之，卽是透過道德的自覺心，逐漸的把這個天地之「理」，全般實現出來。用今日的名詞說，叫做「自我實現」（Self-realization）。明道先生對「自我實現」的境界說得好：

「或問明道先生，『如何斯可謂之恕？』先生曰：『充擴得去則爲恕。』『心如何是充擴得去底氣象？』曰：『天地變化，草木蕃。』『充擴不去時如何？』曰：『天地閉，賢人隱。』」㊸

於是，明道先生由此而領會人生的眞趣，所謂「孔顏之樂」，豈可衹是「玩弄光景」？其中有多少的人生責任可說啊！道德與宗敎一脈相通之處，就在這人生眞趣的深切信念上。明道先生據此以責備佛家：捨棄了人生的責任，卽使「看破紅塵」，證入「涅槃」，也不過是「道德的弱者」。如「負販之蟲，已載不起。」放又放不下，除非是死了。又惜死愛生。不圖在眞實人生

㊷ 見「河南程氏遺書」卷五頁五。

㊸ 「河南程氏外書十二」頁四（中華版「二程全書」）。

中，勇猛起行，「卻又厭惡」、「要去盡根塵」。苦上添苦，這矛盾的心態，如何是個了局？明道先生不愧是大儒，千頭萬緒中一刀斬斷，果有圍棋中「殺活手段」。㊹

〔卯〕從「天德流行觀」，斥佛氏形而上者不與聖人同。

「佛言前後際斷，『純亦不已』是也。彼安知此哉？子在川上曰：『逝者如斯夫，不舍晝夜。』自漢以來儒者不識此義。此見聖人之心，『純亦不已』也。詩曰：『維天之命，於穆不已。』蓋曰天之所以為天也。『於乎不顯，文王之德之純。』蓋曰，文王之所以為文也。『純亦不已』，此乃天德也。有天德便可語王道，其要只在慎獨。』」㊺

議曰：佛家有二邊三際之說，二邊者有無是也，三際指過去現在未來，清涼大師有云：「一念不生，前後際斷。照體獨立，物我皆如。」而明道所指「前後際斷」，則未識確義。嘗試言之，佛家所謂「斷」者，依熊十力先生「佛家名相通釋」解曰：

「論說斷義，略有三種：一自性斷、二離縛斷、三不生斷。自性斷者，謂染污法（有漏種）自體應斷。無漏對治起時，即是染污現種斷時。明來闇去，定非先後。即通見修，並有此斷。離

㊹「宋元學案」「龜山學案」黃宗羲案語。

㊺「河南程氏遺書十四」頁一。

縛斷者，若法是有漏善及無記，不障聖道，但於見道位中，緣彼煩惱、雜彼煩惱斷時，說名離縛斷。不生斷者，謂斷染法所依，令永不起，此通因果，亦見所斷。如是三斷中，後二所未捨者，金剛無間，一切頓斷。」㊻

今再據蔣維喬「佛學概論」、黃懺華「唯識宗大意」、「華嚴義海」中賢首和尚之「華嚴一乘教義分齊章」卷三，簡述如下：

法相宗以爲宇宙萬有中，一切客觀的物象，皆主觀的心識所變現。心識的自性，稱之爲「心王」，心王有八識。第八識稱爲阿賴耶識。阿賴耶識又名「藏識」，具有能藏、所藏、執藏三義，宇宙萬有之種子卽含藏於其中。種子又分有漏種子與無漏種子，漏者「煩惱」義。因爲受到第七識卽末那識熏緣的作用，或無漏得勢而爲善，或有漏得勢而爲惡，輾轉相生，無有已時。因而發生宇宙一切萬有。所謂末那識者，又謂「意」，爲「意識」（第六識）之根，以思量爲自性。恆緣第八識，執我執法，而起煩惱，造業生苦，以其雜亂汚垢，又稱之爲雜染，又簡稱爲「染」。

這種煩惱雜染所生之惑業苦果，從無始以來，盡未來際，生死相續，流轉無窮。

㊻ 見熊十力「佛家名相通釋」卷下頁六十七（洪氏版）

㊼ 合見華嚴義海法藏賢首「華嚴一乘教義分齊章」卷三頁六十七（河洛版）、蔣維喬「佛學概論」頁十四（河洛版）、黃懺華「佛教各宗大意」「唯識宗大意」頁九十六—九十七。

我、法二執之迷妄，生煩惱、所知二障。「煩惱障」有根本煩惱與隨煩惱，擾亂有情衆生，使不脫生死苦海，能障蔽涅槃。「所知障」因煩惱覆蔽所知境的實性，而生迷闇，能障蔽菩提。「斷二障」方能入涅槃而證菩提。

煩惱障是流轉的原因，所知障是迷妄的根原。斷煩惱則由染而淨，斷所知則由愚入智。因漸斷之程度不同而生種種不同的境界（十地），最後，一切頓斷，則爲「金剛無間」，爲究極之佛境界。煩惱不已而漸斷漸淡，正智憑生而佛境頓顯。此之謂「卽煩惱而證菩提」。㊼

如此則明道先生所謂「前後際斷」者，是「斷此不斷」，永恒相續，無邊無際之佛法修爲也。熊十力先生說得好：

「世人誤解斷義，謂是一切滅盡不生。此乃倒見，不可無辨。夫有漏斷時，卽是無漏生時。則斷者，生之改進。又有漏有對治，故斷。而別無對治可斷無漏。故無漏法，刹那刹那，生生不息，盡未來際。」（熊十力自注曰：「此言際者，不際之際，盡卽無盡。」）㊽

由上述的疏解，明道先生說：「佛言前後際斷，『純亦不已』是也。」這句話可得合理的解釋。因爲「純亦不已」是「中庸」裏面的話，用來引證詩經大雅文王篇之「維天之命，於穆不已。於乎不顯，文王之德之純。」

㊽ 熊十力「佛家名相通釋」卷下頁六十二。

「維天之命，於穆不已」是天道。「於乎不顯，文王之德之純」，是人道。公羊春秋解「春王正月」曰：「王，謂文王也，人道之始。」以「文王」象徵人類的理想文明之開端，是原始儒家之微言大義。人類的理想文明，原始儒家認爲應是一個通貫了宗教神聖精神的道德理想世界。這個道德理想世界不是「止境」而是「化境」。換言之，乃是生生創造不已的道德進境。這才稱得上「純也不已」。它是「天德」，是「人道」，也是人類理想文明的「王道」。佛家「前後際斷」，也是以無比的勇猛精進的精神，「斷也不斷」、「盡也無盡」，破惑生智，卽煩惱而證菩提。「菩提」，同樣也不是「止境」，而是「化境」。所以明道先生歎美之曰：「『純也不已』是也！」然而那終究不是「生生創造不已的道德進境」，而是「宗教進境」。所以明道先生接着就說「彼安知此哉？」這眞是說得周密圓融、滴水不漏。判別儒佛，毫釐不爽。旨哉斯言也！

明道又曰：

「佛氏不識陰陽晝夜古今，安得謂形而上者與聖人同乎？」㊾

伊川曰：「陰陽卽晝夜、晝夜卽古今。」陰陽交感乃天地之所以生，晝夜往來乃世界之所以成，古今相續乃歷史之所以繩繩相繼也。天地人「三極之道」，道通爲一，皆是一個「易道」，也是一個生生不已的「仁道」。「逝者如斯夫，不舍晝夜。」正是孔子證道之言。朱熹曰：「天

㊾ 「河南程氏遺書十八」頁三十三（中華版）。

地以生物爲心，人得天地生物之心以爲心。」[50]「盡心知性、盡性知天。」「誠者，天之道也，誠之者人之道也。」「愼獨」就是「存誠」，是從道德理性的自覺與實現上去體悟宇宙本體的存在與價值。

「佛氏形而上者不與聖人同」，這個命題的眞實性，就是從以上的推理中而獲得的。但是，明道先生絕不要你做邏輯推論，那僅是「述事之言」，甚至不是「造道之言」。他要求的是「有德之言」。「有德之言」是透過道德實踐，以道德理想人格的身份說出來的。所以他說：

「有天德便可語王道，其要只在愼獨。」又曰：

「釋道所見偏，非不窮深極微也，至窮神知化則不得矣！」[51]

(辰) 辨佛氏之覺不同於聖人之覺，兼斥佛氏「內外之道不備」。

「伊尹曰：『天之生斯民也，使先知覺後知，使先覺覺後覺。予天民之先覺者也，予將以斯道覺斯民也。』釋氏之云覺，甚底是覺斯民？」[52]

---

[50] 見朱熹「仁說」「朱子語類」卷六頁四十（漢京百衲本）。

[51] 「河南程氏遺書十四」頁四。

[52] 「河南程氏遺書十四」頁二。

「它(佛學)有一個覺之理，可以敬以直內矣，然無義以方外。其直內者，要之其本也不是。譬之贊易。前後貫穿，都說得是有此道理。然須『默而成之，不言而信，存乎德行。』是所謂自得也。談禪者雖說得，蓋未之有得。其徒（學佛者）亦有肯道『佛卒不可以治天下國家』者。然又須道得本，則可以周遍。」[53]

議曰：前段是伊川先生所說，引孟子說以證之。朱熹「四書集註」注釋此段曰：

「知謂識其理之所當然，覺謂悟其理之所以然。覺後知後覺，如呼寐者而使之寤也。言天使者，天理當然，若使之也。」又引明道先生語曰：

「程子曰：予天民之先覺，謂我乃天生此民中盡得民道而先覺者也，既爲先覺之民，豈可不覺其未覺者。及彼之覺，亦非分我所有以予之也。皆彼自有此理，我但能覺之而已。」[54]

從上述兩段話中，很清楚的看出這個「覺」字，就是覺醒、覺悟的覺。可分「自覺」與「覺他」兩個層次。自覺、覺他同是一覺，乃「天理當然」。換言之，自覺覺他乃人之所以爲人的「絕對義務」。唯其是「絕對義務」，故而是自律的行爲，乃是從道德形上界通貫到人的道德實踐界，由內而外，一次完成。「所謂通天人、合內外、齊人我」是也。

---

[53] 「河南程氏遺書」卷二上頁九。

[54] 見朱熹「四書集註」「萬章上」頁二六〇（臺灣版）。

從這個標準上，試觀佛家之「覺」爲何？

佛教的教理基礎，是建立在「苦觀」的思想上，因感於生死煩惱而立說，以證於菩提解脫爲依歸。煩惱生於「無明」，無明者人生根本的愚昧，無明起行而造業生惑。於是佛教的目的就在轉迷開悟，斷惑證理。

佛法的主體是「佛」，佛者「覺」也。從大乘佛教的教理內容來看。如「佛地論」曰：

「於一切法，一切種相，能自開覺，亦開覺一切有情。如睡夢覺醒，如蓮華開，故名爲佛。」又，大智度論曰：

「佛法皆一種一味，所謂苦盡解脫味。此解脫味有二種：一者但爲自身，二者兼爲衆生。」[55]

因此佛弟子自覺覺他，上求菩提，下化衆生，兼利人我，故爲「世出世間」，是適應此世而求解脫者。

因大乘佛教以自度爲小，度他爲大；以濟世爲本，以出世爲末，因此從「苦觀」的思想上擴充開來，成爲觀照人生宇宙間的一切「諸法實相」，以期正覺正悟，達到廣大圓滿的自在境域。換言之，是全體的解脫，絕對的自由。所謂「有一人不入菩提，我亦不入菩提。」這才是自覺

[55] 見高觀如「佛學講義」「大乘佛教概說」第二章頁二—五及第四章頁十四—十五（河洛版）。

覺他，覺行圓滿，悟入實相，徹底盡源。此之謂「大覺之果」。以「法身」爲覺體、以「報身」爲覺相，以「應身」爲覺用。據「天台宗」來說是「三身一身」。由體顯相，由相見用。又由用顯體。簡言之曰：不拘是佛或是衆生，皆具此能覺、所覺。同樣也是「天理之當然」。

在這個標準上，伊川先生責備佛家「釋氏之云覺，甚底是覺斯道，甚底是覺斯民？」於理恐未必妥當。但是伊川先生所駁斥的對象，可能只是禪宗。他又說：

「問釋氏有一宿覺，言下覺之說，如何？曰：何必浮圖？孟子嘗言覺矣！以先知覺後知，以先覺覺後覺。知是知此事，覺是覺此理。古人云：共君一夜話，勝讀十年書。若於言下卽悟，何啻讀十年書？」㊻

伊川此語，甚是游移，似乎又把「本體的自覺」移轉到「知識的領悟」上去。這兩者層次不同，混淆不得。伊川所以如此說，這與他的「知識論」有關。他說：

「問學何以有至覺悟處？曰：莫先致知。能致知則思一日愈明一日，久而後有覺也。……思曰睿，睿作聖，纔思便睿，以至作聖亦是一箇思。……若夫聖人不勉而中，不思而得，此又上一等事。」又曰：

「思曰睿，思慮久後睿自然生。若於一事上思未得，且別換一事思之，不可專守著這一事。

㊻「河南程氏遺書十八」頁十一。又「一宿覺」、「言下覺」皆見「六祖壇經」「機緣品」第七。

蓋人之知識於這裏蔽着，雖強思亦不通也。」[57]又曰：

「致知，盡知也；窮理格物，便是致知。」又曰：

「問格物是外物，是性分中物？曰：不拘。凡眼前無非是物，物皆有理：如火之所以熱，水之所以寒，至於君臣父子間皆是理。又問，只窮一物，見此一物，還見得諸理否？曰，須是徧求。雖顏子亦只能聞一知十，若到後來達理了，雖億萬亦可通。」[58]

把「本體的知識」與「外物的知識」混爲一談，以爲「天下一理」，格物既久，「雖億萬亦可通」。這個「理」的涵義相當含混。以他這種方法，「知是知此事，覺是覺此理。」又從何說起？

是以，伊川之闢佛，總是不諦也。

明道先生則高明得多了。他扣緊了儒佛的分際，說是「可以敬以直內矣，然無義以方外。」所謂「方外」，泛指身家國天下的一切倫理規範、社會規範而言。就此而論，大乘修行法門有所謂「六度」——布施、持戒、忍辱、精進、禪定、智慧。「六度」中的前四度，也可以說是「方外」之事。同時學佛也有在家學佛，出家學佛的分別。出家的稱爲「和尚」，在家的稱爲「居

---

[57] 「河南程氏遺書十八」頁四。

[58] 「河南程氏遺書」卷五頁一。

士」。無論在家出家都要守所謂「三學」、「六度」。即以在家的「居士」而言，有所謂「三歸五戒」之行。簡言之曰：所謂「三歸」是歸佛、歸法、歸僧，這是屬於宗教方面的事；所謂「五戒」是不殺生、不偷盜、不邪淫、不妄語、不醉酒，這是屬於倫理方面的事。無論其繁簡如何，總而言之，所謂「方外」之事，儒佛皆有。主要的關鍵就在一個「義」字。「行而宜之謂之義」，換言之，即是行爲的標準。就儒家而言，這個行爲的標準是在內不在外的。所以明道說：

「都說得有此道理。然須默而成之，不言而信，存乎德行。是所謂自得也，談禪者雖說得，蓋未之有得。」

要言之，這個行爲的標準，是道德本心。是道德意識的自主、自律、自覺。佛家所依據的是宗教情緒，是對那個「大自在心」的自我超渡、絕對歸依。伊川羽翼乃兄，說得很好。謝上蔡曾說：

「吾曾歷舉佛說與吾儒同處問伊川。先生曰：恁地同處雖多，只是本領不是，一齊差卻！」[59]

道德本心是「內」，形成道德判斷規範吾人之行爲是「外」。「心外無事、事外無心。」（伊川語）內外一本。所以明道先生批評佛教說：「其直內者，要之其本亦不是！」這個批評並無褒貶的意味，是相當客觀而正確的。

---

59 「河南程氏外書十二」頁五。

〔巳〕斥佛教以所賤率人，而聖人之教以所貴率人。

「聖人盡道，以其身所行率天下，是欲天下皆至於聖人。佛以其所賤者教天下，是誤天下也。人才愈明往往所陷溺愈深。」[60]

「或問：維摩詰經云：火中生蓮花。是可謂希有。在欲而行禪，希有亦如是。此豈非儒者事？程子曰：此所以與儒者異也。人倫者，天理也，彼將其妻子當作何等物看？望望然以為累者，文王不如是也。為釋氏以成壞為無常也，是獨不知無常乃所以為常也。今夫人生百年者，常也。一有百年而不死者，非所謂常也。釋氏推其私智所及而言之，至以天地為妄，何其陋也。張子厚尤所切齒者此耳！」[61]

議曰：既說到「所貴」、「所賤」，就要牽涉到儒家與佛家的基本價值觀念。儒家的基本價值觀念，是從天德流行的本體創生精神下，導衍出來的「尊生重人」的思想。這種思想一直可以追溯到詩書時代的「天命觀」，而後由以孔孟為主體的原始儒家把它具體的表達出來。這在論孟易庸的經典中，陳述得十分清楚。

大要言之，儒家「尊生重人」的基本價值觀念，是建立在儒家形上學的宇宙目的論上。是把

[60]「河南程氏遺書十五」頁三。
[61]「河南程氏外書」卷七頁三。

這個宇宙全體，看做是一個神聖的精神統一體，由體起用而生無窮的創造變化。變化的目的是創造生命，一切生命都在表現這個宇宙的神聖價值。生命中最貴重的是「人」。「人」是萬物之靈、是「受天地之中以生」、是「天地之德、陰陽之交、鬼神之會、五行之秀氣」。㊷人，與天地並生，與萬物爲一。換言之，宇宙之創造精神，它根本的目的中，原來就涵蘊了自然創造與文化創造兩方面。而人類的文化創造才是徹底盡源的最高表現。所謂「窮理盡性以至於命」。人與自然一體兩面，共同表現了全宇宙的神聖價值。這種「參贊化育」的思想，原本有若干宗敎神秘的意義，須「默識心通」，頗有不可言喻之處。但是，它當作儒家乃至全體中國人的信念，是根深蒂固，極難動搖的。在這種觀念下，所形成特有的「人的概念」，表現在人生觀裏，至少有以下四點：

1. 人，根據他尊貴的身份，他有先天的義務去表現人之所以爲人之理——創造更好的文化環境與文化價值。

2. 人，根據宇宙神聖的目的，他沒有權利去悲觀怠惰，去逃避人之所以爲人的道德責任。

3. 人，根據宇宙永恒的價值，他有充份的理由，去看破人在時空中的限制——所謂「命運」，而「以義制命」，行其所當然，而成其所必然。

㊷分見「左傳」成公十三年劉康公之語及「禮記」「禮運」篇。

4.人，根據自然之理，他的責任就要在現實生命中體現，他的價值就要在現實世界中完成——盡倫、盡制而盡其在我。

宋明理學，是呼應着這種文化精神而發生的。宋明理學的創始者——「北宋五子」，無不是充份發揮這種精神者。所謂「天命之謂性，率性之謂道，修道之謂教。」故明道曰：「聖人之道，以所貴率人。」

換言之，儒者「修道之教」，就建立在這種「尊生重人」的基本價值觀念上。反觀佛家則不如此。雖然，在佛家所謂「如來藏系統」下的中國化的佛教，如天台華嚴禪宗等，也有這種類似的觀念。所謂「衆生是佛，佛是衆生」的「佛性論」。但是卻無法接觸到「文化創造」、「道德創造」的根本思想。同時，他們思想的起源依然是「苦觀」；思想的歸宿，依然是「涅槃」。明道謂「佛者以其所賤者教天下」，視天下爲「生死苦海」，視人類爲「苦海衆生」。其「所賤者」如此，明道之駁斥，雖言之不詳，稍見苛刻，也不無至理在也。

「火中蓮花」，佛教設此譬喻，淒美悲壯。人在苦海中浮沉，在慾界中掙扎，一點靈明不昧，勇猛精進，煎熬於萬苦之中，如火焚身，而奮鬭不已。整個希臘悲劇精神，可以充份表徵在這簡單一喻之中。美則美矣，壯則壯矣，然而儒家卻不必如此設想。這一段伊川先生的語錄，有無窮意境，足以發人深思者也。

〔午〕闢斥佛家唯務上達，不務下學；有「識心見性」而無「存心養性」。

「釋氏本怖死生爲利，豈是公道？唯務上達而無下學。然而其上達處豈有是也，元不相連屬。但有間斷非道也。孟子曰：『盡其心者，知其性也』，彼所謂『識心見性』是也。若『存心養性』一段事則無矣。彼因曰出家獨善，便於道體自不足。或曰，釋氏地獄之類，皆是爲下根人設此，怖此爲善。先生曰，至誠貫天地，人尚有不化，豈有立僞教而人可化乎？」63

「先生（尹和靖）曰：張思叔（繹）一日於伊川坐上，理會盡心知性、盡性知天。伊川曰，釋氏只令人到知天處便了，更無存心養性事天也。思叔曰，知天便了，莫更省事否？伊川曰，子何似顏子，顏子猶視聽言動不敢非禮，乃所以事天也。子何似顏子？」64

議曰：所謂「怖死生爲利」，是明道從心理的動機上分判佛教「苦觀」思想之起源，說它是畏死厭生的思想。這一種消極捨離的心態，在根本的動機上還是起於對一己生命的貪愛。所以說它是「怖死生爲利」。佛教這種思想是在否定了現實人生的意義後，再去肯定普遍的超越的「佛性」，要人歸佛向道。這種「一打一拉」的做法，明道先生不願苟同。因而責問：「豈是公

63 「河南程氏遺書十三」頁一。

64 「河南程氏外書」卷十二頁十。

道?」

其實，這種批評不盡公允。孔子曰：「死生亦大矣！」生命的起源與歸宿是什麼?在浩瀚亙變的長宇大宙中，人的價值何在?這是任何一個民族都要深思熟慮的問題，也充滿了驚奇與敬畏之情，這正是哲學思想的起源。現實生命中的罪業與痛苦，也是每一個有理性的人所體驗到的事實。吾人對生命的肯定和尊敬，也正是對這個問題嚴肅思考的結果。孔子曰：「未知生焉知死?」是說如果我們對生命的現象觀察得不夠周密，對生命的意義瞭解得不夠深刻；那麼我們何從去認識死亡。「未知人焉知鬼?」鬼者，歸也。生命的歸宿，也必須從眞實人生的究極意義去瞭解的。儒家尊生重人，並不放棄對死亡與人生歸宿問題的探究，只是着重點在「生」在「人」而不在「死」不在「鬼」而已。所以它終於是倫理的而不是宗教的。

佛家對生命現象的探究，對人生意義的思索，三藏經典中卷帙浩瀚，其周密與深刻，客觀的說，超越了儒家。在論理過程中的邏輯結構也超過了儒家。他們也有充份的證據，去對生命究極的意義，作種種結論。祇是他們的着重點是「死」是「鬼」，於是儒佛分途，各異其趣。佛學終究是宗教的而不是倫理的。

明道先生批評佛學「唯務上達不務下學」，這也不盡公平。如果「學」的定義，是知識的追求、人生的體驗，佛家「下學」之功，絕不遜於儒家。如果「學」的定義只是侷限在「道德生活的體驗」上，當然儒家要獨擅勝場了。

其實，把「學」的範圍限制在道德生活的體驗上，只有宋明新儒家才這樣做。這不免是「學弊」。玆不深論。

因爲儒佛的根本立場不同，儒家的「一天人，合內外，齊人我，通上下」的理論內容與尺度與佛家皆不相同。這在上述的文義中申述已多，此不贅論，明道謂「然而其上達處豈有是也，元不相連屬。但有間斷，非道也。」這句話是可以成立的。

明道又曰：「孟子曰：『盡其心者，知其性也。』彼所謂『識心見性』是也。若『存心養性』一段事則無矣。」他在這段話中，把孟子的「盡心知性」與禪宗的「識心見性」相提並論，這是很値得玩味的一件事。

孟子此語的全文出於「盡心上」篇，孟子曰：

「盡其心者，知其性也。知其性，則知天矣。存心養性所以事天也。」65

據朱熹四書集註，他說：

「心者，人之神明，所以具衆理而應萬事者也；性則心之所具之理；而天又理之從出者也。人有是心，莫非全體。然不窮理，則有所蔽而無以盡乎此心之量。故能極乎心之全體而無不盡者，則能窮夫理而無不知者也。既知其理，則其所從出亦不外是矣。以大學之序言，知性則物格

65 朱熹「四書集註」「孟子」「盡心上」頁二九五（臺灣版）。

之謂，心則知至之謂也。」[66]

這樣一來，心具衆理而不必同於性，因爲「心統性情」，則有時不免於流遁失中而心有所蔽。性是理而心不是理。盡心知性，是「物格而後知至」。「格物」，又是「窮究萬物之理」。如此一來，「盡心知性」就不必是「識心見性」了。

因爲「識心見性」是禪宗的說法。禪家的這個「心」是「如來清淨心」，又稱之爲「涅槃妙心」，它是靈知寂照，遍滿諸法界，與天地同根與萬物一體。又是不出不入、無住無生、以無相爲相的「心無心」——它就是人人的本心，也就是「佛心」。它稱之爲「如來藏」，也就是「佛性」[67]。它猶如一個大圓鏡或是一顆牟尼珠：渾然圓成，遍照萬物；但是，能照亦非實體，所照亦非實相；那只是個卽映卽顯，現前現證，空寂無住。慧能大師所謂「菩提本無樹，明鏡亦非臺」，就是形容此「心」；「本來無一物」就是此「心」空寂無住的最好寫照。借用宋儒的話說：「心卽理」也好，「性卽理」也好，心性不二，皆是理之當體。不像是朱熹，要繞一個圈子，說「性者，心之所具之理。」卽心而顯理，復不滯於理。朱熹於此未必認可。

明道先生則不然，他說：

---

[66] 同[65]。

[67] 合見黃懺華「禪宗大意」及馬定波「中國佛教心性說之研究」第三章三、四節(正中版)。

「在天爲命，在義爲理。在人爲性，主於身爲心，其實一也。」(68)又說：
「只心便是天，盡之便知性，知性便知天。當處便認取，更不可外求。」(69)
「道卽性也，若道外尋性，性外尋道，便不是聖賢論天德。蓋謂自家元是天然完全自足之物……。」(70)

明道先生合天、道、理、氣、性、心，通貫爲一。所謂天人一體，萬物一源。「仁者渾然與天地萬物爲一體。」「仁者以天地萬物爲一體，莫非己也。認得爲己，何所不至？」(71)都是主張「當下認取」、「直指人心」。方法上與佛家「明心識性」並無分別。都是卽心顯理，現前現證的。由此下開陸王一派而與朱子殊途。所謂「舉足便是長安道」(劉蕺山先生語)，天理流行，與吾心不異不二。「盡心知性，盡性知天。」與「明心識性」，取徑相同。他說：「性與天道，非自得之則不知。故曰：不可得而聞。」同樣也是重直悟，眞有點「言語道斷」的意味。

然而不同的，明道的天是「生道」，天理就是「生生之理」，性是「生之謂性」，心就是「渾然與天地萬物爲一體」的「仁心」。他對「仁」的定義是：

---

(68)(69) 皆見「河南程氏遺書二上」頁二。
(70) 「河南程氏遺書二上」頁一。
(71) 「宋元學案」「明道學案上」。

「天地之大德曰生。天地絪縕，萬物化醇。生之謂性。萬物之生意最可觀，此元者善之長也，斯所謂仁也。人與天地一物也，而人特自小之何者？」[72]

他同樣也是以「生道」論「仁」。所以「觀鷄雛可以識仁」、「切脈可以體仁」。於是，此心則不同於佛家「空寂無住」的「涅槃妙心」了。

既然「仁心」不同於「佛心」，則「仁心」之現起現行，所產生的廣大作用，如前節所說的是「文化創造」、「道德創造」。它處處要落實到人文世界中來。佛家的「明心識性」，可以「言語道斷，心行處滅。」可以「湛然圓寂，當下便了。」儒家卻要賡續起行，創造不歇。「天行健君子以自強不息。」[73]當然，「存心養性」是決不可無的。同時也是吾人性分中所固有，同樣也屬於「率性之道」。故曰：「存心養性，所以事天也。」這是儒佛的大分大際。唯明道先生足以明之。伊川輔翼乃兄，在這一點上是完全肯認的。他用顏子的「克己復禮，天下歸仁」來解釋「事天」之道，眞是淸晰明瞭，一語破的。

〔未〕斥佛之害，在於絕倫類、脫世網、喪天眞，以「消殺秉彝」爲至道。

---

[72] 同[71]。

[73] 見「周易」乾卦象辭。

「昨日之會大率談禪，使人不樂，歸而悵恨者久之。此說天下已成風，其何能救？……今日之風，便先言性命道德。先驅了知者，才愈高則愈陷溺愈深……據今日次第，便有數孟子亦無如之何？……其術大概且是絕倫類。世上不容有此理。又其言待要出世，出那裏去？又其迹須要出家，然則家者不過君臣父子夫婦兄弟處，此等事皆以爲寄寓；故其爲忠孝仁義者，皆以爲不得已爾。又要得脫世網，至愚迷也……自私獨善，枯槁山林，自適而已！若只如是，亦不過世上少這一個人，卻又要周遍。……今彼言世網者只爲些秉彝，又殄滅不得。故當忠孝仁義之際，皆處於不得已，直欲和這些秉彝都消殺得盡，然後以爲至道也。然而畢竟消殺不得，如人之有耳目口鼻，既有此氣，則須有此識：所見者色，所聞者聲，所食者味。人之有喜怒哀樂者，亦其性之自然。今強曰必盡絕爲得天眞，是所謂喪天眞也。」74

議曰：這段話爲全語錄中最長的一段。出於呂與叔的「東見錄」。全文意氣飄動，情勝於理。然而說理處質實凝重全從「形迹」處下手，鋒芒銳利，精神心眼之所在，頗能撼動人心。此番大手筆，當是明道所述無疑。

關於「棄人倫、輕世務。」自南北朝以來，如釋慧琳、顧歡、何承天、郭祖琛、荀濟等，說之已詳。我在前章「中國闢佛的歷史源流」中，皆已述及，此處不贅。至於以後唐之傅奕、韓

74 見「河南程氏遺書二上」頁八。

愈；宋之孫明復、石介、歐陽修、李覯等皆繼承前人，間有新說。如韓愈之「原道」、孫明復之「儒辱」、石徂徠之「恥說」、李覯之「富國策」，皆高揭「闢佛」之大纛，以激揚之意氣，大聲疾呼，號召「闢佛」，尤其孫明復之「儒辱」篇，全書的體裁，就像一篇討佛之檄文。他說：

「噫！儒者之辱，始於戰國。楊朱、墨翟亂之於前，申不害、韓非雜之於後。漢魏而下則又甚焉！佛老之徒，橫乎中國。彼以死生、禍福、虛無、報應之事，千萬其端，給我生民，絕滅仁義，以塞天下之耳；屏塞禮樂，以塗天下之目。……彼則去君臣之禮、絕父子之親、滅夫婦之義。以之爲國則亂矣，以之使人則賊作矣！儒者不以仁義禮樂爲心則已，若以爲心豈得不鳴鼓而攻之乎？凡今之人，與人爭詈，小有不勝，則尚以爲辱。矧彼以夷狄諸子之法亂我聖人之教耶？其爲辱也大哉！」[75]

他的學生石介（徂徠）尤其激烈，他說：

「天地間必然無有者三：無神仙、無黃金術、無佛！」

又大聲疾呼以明志：

「攘臂欲操萬丈戈，力與熙道攻浮譌！」[76]

[75] 見「孫明復小集」卷三。

[76] 見「宋元學案」卷二「泰山學案」附石徂徠語。

盱江先生李覯「富國策第五」第一句話就說：

「釋老之弊酷，排者多矣！」

然後他舉出緇（和尚）、黃（道士）存有十害，去有十利。並引用董仲舒天人策的結論「皆絕其道，勿使並進，邪僻之說滅息。」作爲他的根本主張。認爲唯有這樣做，才能「統紀可一，法度可明，民有所從。」⑰

歐陽修先生「本論」中篇，第一句話也是：

「佛法爲中國患千餘歲，世之卓然不惑而有力者，莫不欲去之！」⑱

在宋初「重建世教、回到儒家」的思想大潮流中。「闢佛」早已翕然成風。影響所及，幾乎每一個儒者多多少少都要發出些排佛的言論，他們一面交遊方外，一面讀佛書，一面燒香唸經，還是高唱「佛法爲中國患」！但是卻說不出什麼大道理來，一直到程明道先生才把握住思想的核心，把眉目理清楚了，建立了闢佛的大綱領。

他把「絕倫類」、「逃世網」這些幾百年來的老題目，賦予新義。說佛教徒這樣做，是「消殺秉彝」、「喪天眞」。

---

⑰ 見「盱江先生文集」卷十二（商務版）。

⑱ 見「宋元學案」卷四「廬陵學案」。

「天生烝民，有物有則，民之秉彝，好是懿德。」⑲

上天賦予的道德良心，人人皆有。這就是人倫世教的根本，是自然而有，不假外求。這種天眞良知的自然流露，卽君臣而君臣有義，卽父子而父子有親，卽夫婦而夫婦有道，卽兄弟而兄弟有悌，卽朋友而朋友有信。這都是人之性分中應然而自然之事。如何「消殺」得了！不能「消殺」而偏要去「消殺」。佛家以「所賤」之事處理儒家「所貴」之事，難怪明道要責之以「喪天眞」了。

儒佛價値標準之不同，有如此者。

大題目都給明道先生談完了，伊川先生在這方面也沒什麼好說了。於是只好在「迹上求」了。

〔申〕伊川先生之「遠佛」與「迹上求」。

甲、伊川先生「遠佛」之主張

「學者於釋氏之說，直須如淫聲美色以遠之，不爾則駸駸然入於其中矣。顏淵問爲邦，孔子旣告之以五帝三王之事，而復戒以放鄭聲、遠佞人。……彼佞人者是他一邊佞耳，然而

⑲見「詩經」「大雅」「烝民」。

於己則危。只是能使人移故危也。至於禹之言曰：何畏乎巧言令色？巧言令色，直消言畏，只是須着如此戒懼，猶恐不免。釋氏之學，更不消言。常戒到自家自信後，便不能亂得。」⑩

議曰：伊川先生談「遠佛」，是消極的主張，不得已的辦法。也許是當時的人「入佛」太深了，從明道前述一段文字可以看出來。不過，佛教傳到宋朝以後，佛家主要的宗派都消沉了，天台宗則一線僅存，唯禪宗一枝獨秀。魏晉以來的那些才華高絕，學識豐贍的「學僧」們都不見了，除了一個「淨土宗」的永明延壽還有一點當年大德高僧的治學規模，其他的都去「參話頭」，搞「棒喝」去了。新起的「眞言宗」又成不了氣候。這眞是宋儒「闢佛」的大好時機。在這樣巨大的「闢佛」潮流中，卻看不到佛家起而辯白。這種情形，正如同過去漫長的七、八百年中，絕大部份的儒者，聽任佛學盛行而噤口呑聲一樣。眞所謂「此一時也，彼一時也」，儒佛消長有如此者。

然而，宋儒又率皆「入佛」。追究其中的原因：一方面是宋代的理學，在思想上與佛學有根本上血緣關係，不易劃清界線。另一方面是佛教的思想，經過千餘年的傳播，早已深入人心，深深的浸入到中國人的文化生活中，形成牢不可拔的生活習慣和觀念，要「闢」也無從「闢」起。於是，伊川喊出「遠佛」的口號，誠非得已，非不爲也乃不能也。

⑩「河南程氏遺書二上」頁十。

因此，「遠佛」有消極與積極二方面。就消極方面來談，他說：

「問世之學者，多入於禪，何也？曰，今人不學則已，如學焉，未有不歸於禪也。卻爲他求道未有所得，思索既窮，乍見寬廣處，其心便於此。曰，是可反否？曰：深固者難反。」[81]

既然是「深固者難反」，就不得不「直須如淫聲美色以遠之」了。同時也要預先有一個心理上的防線，一開頭就看輕它。他說：

「若要不學佛，須是見得它小，便自然不學。」[82]

在積極方面，須要力學有所成，建立自信。他說：

「今異教之害，道家之說則更沒可闢，唯釋氏之說，衍蔓迷溺至深……方其盛時，天下之士往往自從其學，自難與之力爭，惟當自明吾理。吾理自立，則彼不必與爭。」[81]

這就是前文所說的「釋氏之學……常戒到自家自信後，便不能亂得。」

乙、伊川先生的「迹上求」

「先生不好佛語。或曰：佛之道是也，其迹非也。曰：所謂迹者果不出於道乎？然吾所攻者其迹耳！其道則不吾知也。使其道不合於先王，固不願學也；如其合於先王，六經足

[81] 「河南程氏遺書」卷十八頁十二。

[82] 「河南程氏遺書」卷十九頁十一、頁十九。

矣，奚必佛。」[83]

議曰：從「先生（伊川）不好佛語」，可知伊川之爲學與明道先生徑路不同。明道「出入於佛老者十數年，返諸六經而後得之」，故其「知得禪透，識得禪弊也眞。」因此明道「闢佛」，必露鋒正面而對，明快果決，淋漓盡致。而伊川則視之爲柔弱矣。他的「迹上求」的理論是建立在「有迹必有是心」的前提上。從而認爲，佛道不必知。視其「迹」不合於先王則不必學。這種「兩刀式」的論法是相當空洞的，不免是「遁辭」。他所謂的「迹上求」，不外乎觀察佛家「棄人倫」、「逃世網」的事實，認定那不與先王合，當然就「不願學」了，如此就可以避免「陷溺」了。這種理論雖弱，但是卻爲以後的理學家建立了一個「闢佛」的模式。譬如胡寅的「崇正辯」，大部份的內容都是「迹上求」者[84]。朱熹爲「闢佛」之大宗，也有一部份是「迹上求」。

試舉兩個伊川先生「迹上求」的例子，以終此節：

「先生曰：嘗見韓持國說有一僧甚有所得。遂招來相見，語甚可愛。一日謁之，其僧出，暫憩其室，見一老行者。遂問其徒曰：『爲誰？』曰：『乃僧之父，今則師孫也。』因問僧如何待之。曰：『待之甚厚。每晚參時必曰：此人老也，休來！以此遂更不見之。』父子之份，尚已顚

---

83 「河南程氏遺書」卷四頁一。

84 胡寅「崇正辯」見「宋元學案」卷四十一「衡麓學案」所載。

倒矣！」[85]

「釋氏之說其歸欺詐。……其說始以世界爲幻妄，而謂有天宮。後亦以天爲幻，卒歸之無。佛有髮而僧復毀形。佛有妻子，舍之；而僧絕其類。若使人盡爲此，則老者何養？幼者何長？以至剪帛爲衲、夜食欲省，擧事皆反常，不近人情。至如夜食後睡，要敗陽氣，其意尤不美。眞如此奈何不下！」[86]

綜結前述，二程據以「闢佛」者，凡有九目。其前七目是純從義理下手。分從本體論、宇宙論、人性論、認識論上，辨正儒佛之異同。並且涉及到根本價值觀念，以見宗教與道德的差別。後二目則是關於對佛教的態度以及提供了一個「闢佛」的模式——「迹上求」。「迹上求」也是明道所運用而由伊川所發揮的。至於「遠佛」則伊川一人之見解了。所以然之理，已散見於上述各節中。

其實，還有兩點「闢佛」的言論可說：一是伊川認爲從天理的消長盈虧來看，佛家「四刼」——成住壞空（見俱舍宗），是不能成立（見二程遺書十八卷十一頁）；因爲萬事萬物祇有成壞，

---

[85] 見「河南程氏遺書廿二上」頁二。

[86] 「河南程氏外書十」頁五。

沒有住空。這實際上是一種誤解，誤以爲「住」是停留不變的意思。而佛家「成住壞空」或「生住異滅」之「住」，皆是安穩暫現的假象，佛家也是認爲世事是刹那刹那遷流不息的。至於「空」，只是一個總攝名詞，並不具有實質的意義。伊川此「闢」，因此就附議於此了。此外，伊川常說：「釋氏只是理會生死，其他都不理會。」這正是明道所謂的「爲私、爲利」，已申述如前。又說：「儒家本天，釋氏本心。」其實是名詞的混淆，並無高論。

另外，就是伊川批評佛氏戒殺生之說的不當（見外書卷八第二頁）。伊川認爲「禽獸待人而食」，而且「力不能勝之，皆可食」，那簡直是「生存競爭，優勝劣敗」了，雖是新說，卻非儒家本旨。又說「君子但有不忍人之心」，「遠庖厨」即可。這種論點是相當薄弱了，故不專議，一併附此。此外，佛氏輪廻報應之說，二程未及，「朱子語類」中，言之甚多，此處不贅也。

（四）二程弟子之「入佛」與「闢佛」

二程學派之流衍，依據「宋元學案」及朱熹所著「伊洛淵源錄」所載：除了昔日橫渠弟子復受業於二程，使其學流傳於關中外，大致爲「北學南傳」的過程，簡列如下：

1.入秦——呂大忠（晉伯）、呂大鈞（和叔）、呂大臨（與叔）、范育（巽之）、蘇昞（季明）等。[87]

2.入楚——緣於謝上蔡司敎於荊南，再傳爲朱震（漢上）、朱巽（子權）、曾恬（天隱）等。[88]

3.入蜀——如謝湜、馬涓等。[89]

4.入浙——如周行己（浮沚先生）、許景衡（橫塘先生）。（又：宋室南渡後，遷徙入浙之東萊呂氏亦二程苗裔也。）[90]

5.入吳——王蘋（震澤先生），又尹焞（和靖）世爲洛人，亦於宋室南渡後輾轉入吳，爲伊川高足嫡傳。[91]

6.入閩——如游酢（廌山）、楊時（龜山）、胡安國（文定公）等[92]。

其中以入閩者爲大宗。發展成爲「道南」、「湖湘」兩大學派。「道南」一脈，一傳爲羅豫

[87] 見「宋元學案」卷卅一「呂范諸儒學案」。
[88] 見「宋元學案」卷廿四「上蔡學案」、卷卅七「漢上學案」。
[89] 見「宋元學案」卷卅一「呂范諸儒學案」卷卅「劉李諸儒學案」。
[90] 見「宋元學案」卷卅二「周許諸儒學案」卷卅六「紫薇學案」、卷五十一「東萊學案」。
[91] 見「宋元學案」卷廿七「和靖學案」卷廿九「震澤學案」。
[92] 見「宋元學案」卷廿六「廌山學案」卷卅四「武夷學案」。

章，再傳爲李延平，三傳而有朱熹；爲洛學正傳，又特稱爲「閩學」。胡安國季子胡宏（五峯先生）及其高足張栻（南軒先生93）皆爲理學大儒，與朱子相頡頏。

綜言之，洛學南傳，以入閩者爲大宗，三傳而有朱熹；以入浙者爲支裔，發榮滋長，有「永嘉學派」及東萊呂氏之家學；入荆南者，其始雖微，卻也源遠流長，陸象山之學即「遙出於上蔡，兼出於信伯」者也。94

二程學脈，以入秦者爲正，不雜於佛老；以尹和靖最醇，堅守伊川「主敬」之精神。其他之流裔幾乎未有不「入佛」者。全謝山曰：「兩宋諸儒，門庭徑路半出於佛老。」誠非虛言。於「李習之論」中尤曰：

「嗟乎！伊洛高第平日自詡以爲直接道統者多矣，然其晚年也，有與東林僧常總遊者，有尼出入其門者，有日誦光明經一過者，其視因文見道之習之，得無有慚色焉？」95

（附記：「與東林僧常總遊者」爲謝上蔡，「有尼出入其門者」爲游廌山，「日誦光明經一過者」爲尹和靖。皆見宋元學案上蔡、廌山、和靖三學案之「附錄」。）

---

93 分見「宋元學案」「豫章學案」、「五峯學案」、「南軒學案」。

94 見「宋元學案」「上蔡學案」黃宗羲案語。

95 分見全祖望「鮚埼亭集」外編卷卅一「題眞西山集」及外編卷卅七「李習之論」（華世版頁一〇九八、一一九三）。

唐代之李習之（名翺，韓愈弟子）亦與方外遊，也研讀佛經，然其援佛入儒，著「復性書」，因文見道，他既不諱佛也不「闢佛」。然而，宋代之「程門高第率入於禪門」，卻悉皆「闢佛」。

其「入佛」也，一則由於其生活觀念之習性，千百年來，中國士大夫大抵如此。再則，由於儒佛分際易於混淆，非如橫渠、二程、朱熹等睿知，不易判明；故而才氣愈高者，往往最易陷溺。伊川先生有見及此，是以有「遠佛」之說。伊川此說已見於本文前章，玆不再議。二程弟子之「闢佛」，一方面師承如此，不得不爾。再方面，在「回到儒家」的時代思潮中，有立必有破，繼承周孔道統，必須排斥異端。三則宋本衰世，積弱難振，追因溯源，佛教消極逃世之思想，不能辭其咎。況且，就民生經濟而言，寺廟遍天下，逃世出家者比比皆是，苟且寄生，不事生產；祇知有佛，不知有家國天下；而廟制豪奢、廟產富盛、祭祀所耗費者，尤其驚人，而人民趨之如騖，破產拜佛；國命民生，尤爲不堪矣！有識者得無痛心疾首乎？

玆簡述二程弟子之「入佛」與「闢佛」如下：

（甲）二程弟子之「入佛」

先就程門高弟謝良佐（字顯道，壽春上蔡人）而言。黃宗羲：「程門高弟子，以上蔡爲第一。」[96]黃東發且以爲陸象山之思想係原出於上蔡者。於明道思想所得爲多。然而全祖望曰：「洛學之魁，皆推上蔡、晦翁。……然其墮入葱嶺處，其決裂亦過於楊游。」[97]黃東發亦曰：「上蔡……第因天資之高，必欲不用其心。遂爲禪學所入。雖自謂得伊川一語之救，不入禪學。（附記：上蔡自謂：二十年前曾往見伊川。伊川曰：『近日事如何？』某對曰：『天下何思何慮？』伊川曰：『是則有此理，賢卻發得太早。』……當初若不得他一語救拔，便入禪家去矣！」東發蓋指此事而言）「而終身常以禪之說證儒，未見其不入也。」[98]又曰：「上蔡語錄第一條云：『問學佛者，欲免輪廻，超三界，於意云何？』于終一條云：『總老嘗問默識是識箇甚？無入不自得是得個甚？』以禪證儒，錄者何人，而注意如此？」[99]

再看上蔡高足弟子曾恬（字天隱，「上蔡語錄」卽其所記）曾自述見上蔡，問佛說「直下便是、動念卽乖」之義。而上蔡卻認爲是「乍見孺子以前底事」，是「見得太高」，「須是顏雍以上底資質始得。」[100]

---

[96] 見「宋元學案」「上蔡學案」黃宗羲語。
[97] 見「宋元學案」全祖望案語。
[98] 見「宋元學案」附記引「黃東發日鈔」。
[99] 同[98]。
[100] 見廣文版「和刻近世漢籍叢刊」「上蔡語錄」卷之上頁十三。

「顏雍以上底資質」，當然指孔子了，此語不啻是須天資如孔子，方可學禪。黃東發卽據此以責之。

朱子始學二程，從「上蔡語錄」入，也說：「上蔡說仁說覺，分明是禪。」[101]

次就楊時（字中立，學者稱龜山先生）而言。龜山爲二程弟子中所謂「程門四學士」之一，最爲明道所喜，而其學卻多傳伊川。「程門立雪」的典故，卽出於龜山和游酢。其受學於二程而南歸，明道目送之，曾有「吾道南矣」之歎。因此龜山之傳，稱之「道南之傳」，爲洛學大宗，三傳而有朱熹。然而全祖望曰：

「龜山之夾雜異學，亦不下於上蔡。」

慈溪黃氏曰：「龜山氣象和平，議論醇正……豈不誠醇儒哉！乃不料其晚年竟溺於佛氏。如云，總老言經中說十識：第八庵摩羅識，唐言白淨無垢。第九阿賴耶識，唐言善惡種子，『白淨無垢』，卽孟子之言『性善』。又云，龐居士謂神通及妙用，運水及搬柴；此卽堯舜之道，在行止疾徐間。又云：圓覺經言『作止任滅是四病』，『作』卽所謂『助長』，『止』卽所謂『不耘苗』，『任滅』卽是『無事』。又云，『形色爲天性』，亦猶所謂『色卽是空』。又云，維摩經

[101] 見「宋元學案」「上蔡學案」引朱熹語。

云，『眞心是道場』，儒佛至此，實無二理。……如此數則，可駭可歎。」[102]

孟子思想之大端，如「性善」之旨、「堯舜之道」、「揠苗助長」之喻，「形色天性」之說，龜山先生一概以禪語解釋之。難怪黃東發先生站在儒家的立場，認為「可駭可歎」了。

上蔡司敎荆南，傳明道「仁學」，遙領陸王，爲程門之精粹者；龜山醇厚，開道南一派，傳「理一分殊」之說，並以「觀喜怒哀樂未發時之氣象」爲入道之門徑，三傳而爲朱熹。然而晚年皆不免入佛。程門弟子其他更無論矣。

游廌山（名酢，字定夫，福建建陽人）在程門，與謝楊鼎足爲三，惜其學多不傳，然而五峯有言曰：

「定夫爲程門罪人！」

蓋指其溺入於禪也。昔日程伊川卽說：

「游酢、楊時先知學禪，已知向裏沒安泊處，故來此。卻恐不變也。」[103]

伊川先生有先見之明，知其終不變於禪。呂紫薇（本中）早年與游酢交遊，他說：

---

[102] 全文見「龜山學案」，總老見「五燈會元」「南嶽下」卷十七「東林總禪師」廣文版頁一六八五。

[103] 見「宋元學案」「龜山學案」引伊川語。

「定夫後更學禪。大觀間，吾嘗以書問之云：『儒道以爲順此父子君臣夫婦朋友兄弟，則可至於聖人。吾丈既常隨二程學，後又從諸禪遊。鄉二者之論，必無滯閡，敢問所以不同，何也?』游答云：『佛者所說，世儒亦未深考。往年嘗見伊川。伊川云，吾之所攻者迹也。(附記，伊川「攻迹」之說，前章已有說明) 然迹安所從出哉?要之此事須親至此地，方能辨其同異。不然，難以口舌爭也。』……。」[104]

廌山以「前輩往往不曾看佛書」。所謂「前輩」，當然是二程了，此處明指伊川而言，因爲明道「讀得禪書透」，伊川則自言「不曾讀佛書」。「攻迹」之說，也出於伊川。廌山不以爲然，認爲「必須親至此地」。是相當客觀而公允的話，似不必責其爲「程門罪人」。然而亦可見其「入佛」之深，與謝、楊相同。

程門四學士中以尹焞(和靖，洛陽人)入道最晚，從學於伊川，守道也最堅。宋高宗曾讚其所言所行爲「一部活論語」。其本人雖不「入佛」，但每晚必爲其母讀一篇「光明經」，由此也可見習俗移人之深。佛學至宋代，對宋人而言，已是積習難改，非一二學者言詞之「闢」所可奏功矣。

[104] 見「宋元學案」「廌山學案」引呂本中語。

至於程門再傳弟子，「入佛」更深更多了。比較著名的有王蘋（字信伯，福建福清人，師事伊川兼師龜山，有「震澤學案」）。胡五峯評之曰：「王學士說佛『實見道體』，只是差之毫釐，不可入堯舜之道。若佛氏『實見道體』，則途轍何容有差？」。又王信伯自己也說：「余非是於釋氏有見處，乃見處似釋氏。」105 若非「入佛」甚深，何以自知「見處似釋氏」？

其他如呂本中（紫薇先生，宋元學案立有「紫薇學案」）、陳淵（默堂先生，龜山愛婿，有「默堂學案」）皆溺於佛。而龜山之門溺佛最著者爲張橫浦。

張橫浦（名九成，字子韶，錢塘人，有「橫浦學案」），其入佛之深，致使朱熹斥其書「比之洪水猛獸之災」106。他和臨濟宗的大慧宗杲禪師交遊頗深，曾因與宗杲批評朝政，犯口語下獄，宗杲也毀牒放逐。這是宋明理學家的一段軼事。107 黃東發於日鈔中批評他：

「交遊杲老，浸淫佛學。於孔門正學，未必無似是之非。」又說：

「其有「心傳錄」者，首載杲老以『天命之謂性』爲『清淨法身』、『率性之謂道』爲『圓滿報身』，『修道之敎』爲千百億『化身』。」

以中庸開宗明義的「三句敎」比擬爲佛敎之「三身」，入佛之深可知。故東發繼之云：

105 見「宋元學案」「震澤學案」。

106 見「宋元學案」「橫浦學案」全祖望引朱子語。

107 見「五燈會元」「南嶽下」卷十九「宗杲大慧禪師」廣文版頁一八一五。

「上蔡言禪，尤為直情徑行，杲老教橫浦改頭換面，借儒談佛，而不復自認為禪。是為以偽易眞，鮮不惑矣。」[108]

這樣一來，不僅是「援佛入儒」，而且是「援儒入佛」。「援儒入佛」，在佛家中以唐末的圭峯宗密為最成功，其所著之「原人論」，灼然可見。在儒者來說，張橫浦的「橫浦心傳」算是很有名了。

「援儒入佛」的模式，一直發展，到了明中葉而後，如王學泰州之傳之羅汝芳、顏鈞、何心隱、李卓吾等，乃至明末文學大家如袁宏道、焦竑等人，已分不清他們是儒是佛了。

（乙）二程弟子之「闢佛」

二程弟子之「闢佛」，約有三途：

㈠依循明道先生之途徑，直從義理之當然，與佛家正面相抗者。但如此非高才不易為。是故，親炙弟子中，以「上蔡為第一」，亦以上蔡為明道「闢佛」之嫡傳；再傳弟子中以出於龜山門下之胡五峯成就最高，其「闢佛」也最明銳。

㈡依循伊川「遠佛」及「迹上求」之途徑者，以胡寅之「崇正辨」最為得體，此書為宋明儒

108 見「宋元學案」「橫浦學案」引「黃氏日鈔」。

「闢佛說」中組織最完整的一部著作。

㈢折衷於明道、伊川二者，偏重於義理，兼及於社會、歷史的層面，特有新說，卓然成一代宗師者，厥爲朱熹。「闢佛說」至朱熹，規模底定，宋明理學流傳之六百年中，辨異端，首推朱熹爲「集大成」者。

然而，朱熹「闢佛」之說，在「朱子語類」中，列有一百卅六條，間接者尚不止此，此處不及說，擬另文研究之。

是故，本文以謝上蔡、胡五峯、胡寅爲敍述之重心，而兼及於其他程門學裔。

上蔡「入佛」也深，「闢佛」也力。其立論雖大體不出於明道先生之範圍，然時有新見，據朱熹改定的「上蔡語錄」中，列有「闢佛」或「分別儒佛」之語凡十三條。其中灼有新見，足可與明道先生相發明，且爲後世理學家所認可者，大致有下述三點：

1.爲「格物窮理」建立新界說，並建立「天理」卽道德本心的明確概念，成立其「絕對義務」之說，用以分判儒佛之根本差異。他說：

「所謂格物窮理，須是識得天理始得。所謂天理者，自然底道理，無毫髮杜撰。……天理與人欲相對：有一分人欲，卽滅卻一分天理；存一分天理，卽勝得一分人欲。人欲才肆，天理滅矣。任私用意，杜撰做事，所謂人欲肆矣。……所謂天者理而已。……識得天理，然後能爲天之所爲。聖門學者，爲天之所爲，故敢以天自處。佛氏卻不敢，恁地做大。……」又說：

「學須從理上學，盡人之理，學斯達矣。……人心與天地一般，只爲私心自小了。任理因物而已無與焉，天而已。豈止與天地一般，只便是天地。」[109]

這種說法很有點像邵康節的「我性卽天天卽我」。所不同的是邵康節的「天」是「理性之天」，而謝上蔡的「天」卻與「理」、「天理」成爲同義語，而是「德性之天」。「理性之天」與「德性之天」都有「自然」之意義，都是「心之發用卽是自然」。然而，如果是「道德心的發用卽是自然」，那麼這個「德性自然之天」便成爲道德上的「至高無上的命令」了。在人而言，卽是「絕對的義務」——是「自然的道理，無毫髮杜撰」。於是，「我」便成爲「道德的自我」——「眞心」或是「本心」。

「眞心」，本是佛教的名詞。謝上蔡是宋明理學家中用「眞心」爲「道德本心」的第一人，也是王陽明所謂的「良知」之所本，他說：

「人須識其眞心。見孺子將入於井時，是眞心也。非思而得也，非勉而中也。」[110]

陸王學派的思想，遙出於上蔡。上蔡卽爲朱熹中年以後所不喜，於此可見。同時，他以此分判儒佛。就在這「道德良知」之上。他說：

---

[109] 分見「上蔡語錄」卷之上頁十、卷之中頁六十二（廣文）。

[110] 見「上蔡語錄」卷之中頁四十二。

「釋與吾儒有非同非不同處。蓋理之精微處，才有私意便支離了。⑪」
非同而非不同，所不同者正是此「理之精微處」。儒家常說佛家「自私」。所謂「自私」，卽是缺少此「絕對的道德義務心」也。

從這一點說來，上蔡確有些像康德。其實也不盡然。

2.「道德本心」的自然流露，就在念念關心的日常生活的彝倫事務中，絕不是徒呈形式，寂然不用。由此而分別儒佛。他說：

「血氣之屬，有陰陽牝牡之性而釋氏絕之，何異也?釋氏所謂性，乃吾儒所謂天。釋氏以性爲日，以念爲雲，去念見性，猶披雲見日。釋氏之所去，正吾儒之當事者。吾儒以名利關爲難透，釋氏以聲色關爲難透。釋氏不窮理，以去念爲宗。釋氏指性於天，故蠢動含靈與我同性。明道有言：以吾儒觀釋氏，終於無異，然而不同。」⑫

這一條言語，把明道「闢佛」的思想，發揮得淋漓盡致。名利者，乃夾雜人欲的私心，絕非純粹的道德本心，故儒者涵養省察，務必透過此關，以「克己復禮」。而聲色者，人情之自然，當理而不失中卽可。釋氏「喪天眞」，卻亟意去此爲「披雲見日」，以「明心見性」。儒佛分際

---

⑪ 見「上蔡語錄」卷之中頁四十八。

⑫ 見「上蔡語錄」卷之上頁三十六。

有如此者。

「今心」爲「念」，心遇物則感，遇事則應，卽身家國天下而念念在心，何去之有？

所以說，「以吾儒觀釋氏，終於無異，然而不同。」

至於上蔡曰：「透得名利關，便是小歇處。」[113]此言稍欠透徹。蓋人之「積健爲雄」，無有「小歇處」也。天道亦如此。

3.就心、性、意等名詞，分判儒佛立義之不同。並爲之確立界說。他說：

「佛之論性，如儒之論心；佛之論心，如儒之論意。循天之理便是性，不可容些私意。才有意便不能與天爲一。」[114]

上蔡如此分判，可符合於邵康節「性天合一」之旨，而稍有違於明道「心性不二」之說。蓋依上蔡之說，則性大而心小。卽是以「性」爲普遍流行之道體，「心」爲知覺意識之作用。佛家以所緣境相，皆識體所變現，業識流轉，故視天地爲幻化。張橫渠卽以此辨儒佛，斥佛家有用而無體，甚且用也不是。明道先生因之，合心、性、天、道，貫通爲一。所謂「道外無性，性外無道。」「心外無事、事外無心。」一心所起，卽性體之普遍流行也。儒佛之分別，據明道先生所

[113] 見「上蔡語錄」卷之下頁八十六。

[114] 見「上蔡語錄」卷之中頁六十四。

言，不在心性大小之分，而在心性本質之差異。蓋儒家之「心」不僅是「識心」，且是道德本心；儒家之性不是「佛性」，且爲道德創造之性也。上蔡先生才華高絕，言簡意賅，設若分別不清，毋乃太簡乎？

次之，「以佛之論心，如儒之論意。」而且此意爲「私意」。上蔡先生曾有言曰：「心本一，支離而去者，乃意耳！」[115] 因此，上蔡此說，可生二疑：㈠佛之所謂「心」者，如「清淨如來心」、如「涅槃妙心」、如「菩提心」等等，皆是「私意」乎？皆屬支離而去之「心」乎？稍明佛學者，必不如此說。㈡意爲「私意」爲「支離」其心者，大學誠意章所謂「意誠而后心正」、所謂「誠於中，形於外，故君子必愼其獨。」將作何解？[116]

是故，以後之陸象山、王陽明乃至明末大儒劉蕺山等皆不認可上蔡釋「意」之說。劉蕺山更有「主意」之說，以之爲「獨體」——心之獨知獨行的絕對自體。

同時，以佛之「心」爲儒私意之「意」，恐未必妥當。上蔡於此似欠審愼。

然而，以比較儒佛，而爲心、性、意等概念建立實質的界說。在方法的運用上，影響後世之理學家甚大。如胡五峯、朱熹等爲其著名者。

---

[115] 見「上蔡語錄」卷之中頁七十九。

[116] 見「中庸」首章及第六章「釋誠意」。

總之，謝上蔡之「闢佛說」着重於判儒佛之分際，所見有超越諸儒而不愧於乃師者。

次述胡宏（五峯先生，爲安國季子，福建崇安人）之「闢佛」。

程門再傳弟子中，遊於龜山之門者，人才甚衆，然以五峯所造爲最高。全祖望曰：

「中興諸儒所造，莫出於五峯之上。」[117]

五峯幼承家學，乃父胡安國（有「武夷學案」）於程門爲私淑。交游徧程門高弟子，而所得於謝上蔡者爲最多。[118]是故五峯先生亦從乃父間接得聞上蔡之學。況其質性高明英決，亦似上蔡。故其思想造詣，亦似與明道、上蔡爲一路者——特重全體觀念，以全體之各部份彼此相關，一氣流通，同歸於一宇宙精神，卽所謂「生生之仁」者——今所謂「絕對唯心論」是也。

然而，五峯先生終於嶷然自立，特建立一思想系統——所謂「湖湘學派」，並遙遙影響於明末清初諸大儒，如劉蕺山、王船山等。所以然之故，在於善用此一全體觀念：首「以誠立天下之性」，明宇宙之大本大原。從而以心顯性、以事見理、以器明道、以用卽體。乃至於「天理人欲，同體而異用，同行而異情。」一言以蔽之曰：客觀的彝倫典則、文物制度，卽所以爲宇宙主

[117] 見「宋元學案」「五峯學案」全祖望案語。

[118] 於「武夷學案」中全祖望曰：「先生（胡安國）之學，後來得於上蔡者爲多」。

體之精神之呈顯也。

劉蕺山、王船山之「器道合一」、「理氣合一」的精神，其心眼所在，淵源於五峯先生者實多。

其實，五峯先生此種哲學精神，多淵源於家學之春秋精神——胡安國先生以治春秋著稱於世，有「春秋傳」。春秋之精神，在以天道下濟人事，且卽以人事以見天道者也。

職是之故，五峯先生有「闢佛」之說曰：

「道外無物，物外無道。晨昏之奉、室家之好，嗣續之託。此佛家所謂幻妄粗迹不足爲者。曾不知此心本於天性，不可磨滅，妙道精義，具在於是。聖人寂然不動，感而遂通，百性則日用不知爾。……萬物皆備於我，反身而誠。仁爲體要，義爲權衡，萬物各得其所，而功與天地參，此道之所以爲至也。釋氏狹隘褊小，無所措其身，必以出家出世爲事。絕滅天倫，屏棄人理，然後以爲道，非邪說暴行之大哉乎？」又曰：

「釋氏與聖人大本不同，故末亦異。五典，天所命也；五常，天所性也。天下萬物皆有則，吾儒步步著實，所以允蹈性命，不敢違越也。退可以立命安身，進可以開物成務。……釋氏毀性命，滅典則，以事爲障……縱使身心休歇，一念不生，以至成佛，乃區區自私其身，不能與天下大同。……」[119]

---

[119] 皆見「宋元學案」「五峯學案」。

這種「闢佛」之說，皆本前述之哲學精神。語語破的，實為前人之所未發。卽天性之彝倫典則以見天道性命之理。誠如戴東原所說「本乎自然而成於必然。」非明識於儒家「天人合一」之旨趣者，不克臻此。

他又有「和馬大夫闢佛詩五首」，其一曰：

「三綱亡有辨夷華，一處分明萬不差；可怪棄君逃父客，妄談心印自雄誇。」⑫⓪

五峯本其哲學思想，有「心跡合一」之說。「跡」卽所以見其「心」者，故以此責佛家，而有「一處分明萬不差」之句。

三談胡寅之闢佛：

胡寅，胡安國長子（一說為其弟之子，寄養於安國者），受學於龜山，所造亦高。與其父安國，其弟五峯。在「宋元學案」中，一門三學案。宋代家學之盛，惟東萊呂氏差可比擬（東萊呂氏七世傳家，共立四學案），然一時並茂者，推胡氏為第一。

胡寅質性剛方，樸實而不鶩高遠。全祖望稱其：

⑫⓪見「五峯先生文集」卷四。

「當洛學陷入異端之日，致堂獨皭然不染，亦已賢哉。故朱子亦多取焉。」[121]

胡寅之「闢佛」，係循伊川「迹上求」者，即所謂「由迹以明心」——從佛教外在的事迹以推論其內心的思想。爲睹洛學流裔紛紛入於異端，特著「崇正辨」一書以闢佛見道，且以矯正俗學末流之誤入葱嶺也。此書傳世者雖非完本[122]，然規模猶在，仍不失爲宋儒「闢佛」之作中，組織最爲完整的一本專書。

此書撰寫的方式，是先從歷史文獻及佛典的記載中，選錄其特殊的事迹，然後再以歷史的、社會的、邏輯的及哲學的眼光，予以嚴格的批評，以著顯佛家的誤謬。批評的標準，當然是儒家的標準，特別是儒家倫理學的標準。這種批評的方式，是淵源於胡氏家學的精神——春秋褒貶的精神。我們知道胡氏家學的貢獻與成就，不僅在哲學上，同時也在歷史上。胡安國的「春秋傳」、胡五峯的「皇王大紀」、胡寧（茅堂先生，胡安國次子）之「春秋通旨」，以及胡寅本人之「讀史管見」，皆史學名著，斐然成章者也。是故「崇正辨」一書，特具歷史家的精神，醇正嚴明，一字不苟。其這方面的成就不僅迴出宋代諸儒，且遠邁伊川「闢佛」之言。嗣後之朱熹「闢佛」之方式及言論，亦多有取諸致堂先生者。全謝山業已有說，此處不贅。

---

121 見「宋元學案」「衡麓學案」全祖望案語。

122 見「宋元學案」馮梓材案曰：「謝山于『崇正辯』標目上記云：宜再采擇，知其修補未完。又案『五峯文集』：謝山節錄之「致堂集」，亦當補采，惜盧氏藏底未全」。

玆選錄「崇正辨」之言數則，以窺一二云。

（一）其一

「釋曇延著『涅槃義疏』，疏畢，恐不合聖理，乃于塔前以火驗之。其卷軸並放光明，通夜呈祥。」

致堂先生辨之曰：「理之所在，先聖後聖，其心一也。曇延造經疏……若有未盡，更須進學。……乃驗之于火，以卜中否，可笑甚矣！復云經軸放光，則又妄之極也。火無不化之物，今以大乘經典投之火中，應乎煨燼。曇延獨以何道，使疏不可焚，無乃幻術耶？自達摩而後，凡參禪悟徹者，必求人印證。夫得道不得道，在我而已，人何預焉……必待人言而後以爲是，是信否在人而不在己。與對塔焚疏者何以異乎？」[123]

（二）其二

「靈潤十三出家。二親既終，兄弟哀訴，曾無動容。但爲修冥福而已！」

致堂先生辨曰：「靈潤割父母天性之愛，棄兄弟哀訴之言；自以世網超脫，慧忍能斷，然良心終不可忘也。何以驗之？靈潤雖無動容，而爲修冥福，則其心於父母有絲毫不忍之意。當其回向之時，必曰資薦父母，終不曰資薦道路他人也。即此絲毫不忍者，乃是人之本心。佛敎以爲幻

[123] 見「宋元學案」、「衡麓學案」所錄之「崇正辯」。

妄，掃而去之。儒教以爲惻隱，保而存之。其係如此。或者謂儒佛同歸，是冰炭可以共器乎？」⑫④

（三）其三

「釋道安，天和四年三月，敕召有德衆生名儒道士文武百官二千餘人，量校三教之優劣。……安乃著『本二教論』：『有客問曰：優柔宏闊，于物必濟曰儒；用之不匱，于物必通曰道；老嗟身患，孔歎逝川。因欲後外以致存生，感往以知物化。何異釋典厭身無常之說哉？主人曰：救形之教，教稱爲外；濟神之教，教稱爲內。釋教爲內，儒教爲外。教惟有二，寧有三？』

致堂先生辨曰：「客與主人問答之言，皆出道外之手。道安所見，蹇淺若是哉？儒之爲名，學者之通號耳！非爲稱名爲儒，卽是賢也。故孔子謂子夏曰：『汝爲君子儒，毋爲小人儒。』不知道安所謂『優柔宏闊，于物必濟』之儒，何所本乎？稽之書傳，無是言也。子在川上曰：『逝者如斯，不舍晝夜。』蓋言存神過化，闔闢如古，變而常存之道，如此何嘗有厭身之歎哉？……釋教爲內，而釋徒自處則曰『方外之人』。儒教爲外，如鄙薄儒者則曰『方內之士』。吾未知道安所以區別內外之限者何如也。今以地言之，天子所居曰京師，千里曰王畿，推而廣之至於要荒，則京師爲內，而要荒爲外矣。人之所居曰奧阼，然後有堂有庭有門有垣，則奧阼爲內，而垣

---

⑫④ 同⑫③。

為外矣。名者實之賓也。有此實然後有此名，無其實則名何從生。不知道安所謂內外者，何以限之。吾不得聞其實說也。」⑫⑤

由以上摘錄之文，可見致堂先生乃具理性思考，特富邏輯精神及「做學問」之興趣這一類人。與伊川質性相當，重於分析事理、客觀判斷，不徒托空言而從事上見理。

這一種伊川先生「迹上求」的「闢佛」模式，到致堂先生手裏，已發揮到極致。以後「闢佛」的總成績，就要等待朱熹來完成了。

朱熹之「闢佛」，「義理」與「求迹」二者兼備，於哲學、歷史、社會乃至心理等方面，涵蓋極廣，為「集大成」者。擬另文探討之，此文不贅。

總之，二程弟子及再傳弟子之「闢佛」，有以上二種型態，乃分別遵循明道先生及伊川先生者，踵事增華，亦有可取之處。此乃「後進者易巧」。論功力渾厚，識見閎闊，原創力強，依然未有過於二程先生者。

（五）結　論

⑫⑤ 同⑫③。

在中國哲學思想中，幾乎任何一個概念或是一個論證，都涵蓋了兩個層次：一是形上學方面的，一是生活實踐方面的。而且對這兩方面都要賦予價值性及目的性的思考。換言之，所有人生的行爲都要從宇宙論、本體論及人性論上，去尋求價値的根源，去確定它根本的意義。同時，中國哲學思想，幾乎都具有下列的五種特性：一是全體性，二是系統性，三是連續性，四是目的性，五是主體性。簡單的說，我們往往是從宇宙全體方面來觀察，深切體會到宇宙中的萬事萬物，彼此密切相關，一氣通流，而形成一個賡續創造，生生不已的宇宙統一體。同時這個宇宙統一體，本身就是一個價値的統會，朝向一個「至善」的目的。而且，這個宇宙具有普遍人格性的精神主體，我們可以稱它爲「宇宙之心」或簡稱爲「道心」，也就是人的「天命之性」。

就儒家來說，這個宇宙全體，或者稱之爲大化流行的「易體」，或者稱之爲生生創造的「仁體」。這個創造流行的主體，就稱之爲「乾元」或是「太極」。「乾道變化、各正性命」——於是，宇宙萬物各自獲得其差別性，但是性命的根原是「乾元」或是「太極」，由此而不失其同質的或同類的普遍性。宇宙是一個賡續創造的過程，是創造生命，進而創造生命中的「靈明之秀」——「人」。由「人」產生道德創造、文化創造，行健不歇，以求「止於至善」。「至善」就是全體宇宙創造活動的最高目的，是由「人」去參與而全般實現的。

人，可以出現「理想人」，卽所謂「聖人」。「聖人」，不是宇宙之目的之終點，而是起點。他可以啓導全體人類的創造精神，一致向上，奮進不已！

因此，儒家生活實踐的宗旨，在涵養崇高的道德人格，一方面是培養社會中的「理想公民」——彬彬君子；一方面是誕生「宇宙人格」——偉大的聖人。

宋明理學的基本動機是「回到儒家」。在八百年的佛教思想籠罩下，回到儒家！在這個純正的動機下，它必須「闢佛」。無論一個宋明理學家受了多少佛家的影響，無論他在生活習俗上受了多少佛教的感染，他內心中一觸及這一純正動機，就挺身而起，毅然排佛！

何以故？因爲佛教思想無論是如何高妙，它依然是消極出世的，是在「苦觀」思想熏染下而形成的捨離精神。那些大菩薩們「悲智雙運」，所觀照的世界相，依然是在無邊苦海中掙扎浮沉的芸芸衆生。儘管人人都有高潔神聖的本心，如同「火中蓮花」，受如火焚身般的煎熬，也不能夠消毀他向上奮鬪的決心，祇要他一念頓悟，就可以「放下屠力，立地成佛。」然而，這顆與佛不二之「心」，是「佛心」，是「菩提心」，也是空寂無住的「涅槃妙心」——這顆心脫盡世緣，一塵不染，全無差別相，不可思議。當然，它也不可能產生任何文化價值創造，像儒家之「心」一般。

「人人皆可以爲堯舜」與「人人皆可以成佛」，是完全不同的兩個思想層次。只要認清了這兩者的差異，一個儒者的「排佛」是理所當然之事，前面我已說過，無論一個眞正的儒者受到什麼程度的佛教思想和習俗的感染，只要他內心一觸及這純正的動機，他就立即起而排佛。

所以，宋明儒既「排佛」而「入佛」，不是不可理解之事。

但是，排佛不是反宗教。儒家思想的根柢裏，本來就有極深摯的宗教情操。因之，排佛不如說是企圖修正佛家的宗教觀。使它更接近於「參贊化育」的中國人文主義思想。

佛教在中國流行，到了宋代，已近九個世紀。在此漫長的過程中，有形無形的已經過三次重大的改變：一是鳩摩羅什、竺道生、「大乘起信論」以後的佛教中國化（人人皆有佛性）；二是六祖慧能以後的佛教禪宗化（不立文字，直指人心）；三是明代以後佛教世俗化（三敎合一的多神觀）。時至今日，由於社會生活環境的改變，百丈紅塵中的碌碌衆生，即使最虔誠的佛教徒，也很難離世逃俗到深山野寺中去靜度修行。甚至於在喧囂擁擠的都市生活中，想在禪靜之中享受一天純粹的精神生活也不可能。而且社會也逐漸喪失了對寺廟及僧衆支持的熱情，如果佛教徒們要堅決維持寺廟爲修行膜拜的中心，要堅決信守剃度出家的生活，勢必不可能剝離了社會經濟的背境，必須要以一種更自然更勇敢的心態，投身到社會生活中來。社會上也沒有任何理由，反對一個剃度出家的僧尼，做一個教師，做一個科學家，甚至做一個企業家、實業家。換言之，一個僧尼必須以他的學識和技能去適應生活，而不再是受社會的供養；是以他個人的能力去面對社會而不是完全依賴僧團組織。

但是，投身到現實社會中的僧衆，如何來維持他純潔高尚的宗教與道德生活呢？這卻是非常困難的問題。

因此，佛教很可能還要再進一步的世俗化。它的前途是寄託在「在家修行」的信徒大衆身上。

也許，儒家「參贊化育」的人文創造精神，也要更進一步的深透到佛教教理之中。以「生生不已」的「天德流行觀」，取代「業識流轉」的「緣起性空觀」，是二程先生乃至宋明理學家們的根本構想。在宗教的層次上來說，那並不是完全相反的觀念，依然有其契合的可能性。因爲，儒佛二家的宗教態度都是講究「正知」——以眞知眞見契入宇宙的實相實理。那麼，孔子所說的「知及之，仁守之，蒞之以莊，動之以禮。」[126]從宗教精神一以貫之而落實到道德生活的實踐上，那就未有不善的了。

時至今日，世變日亟，利心熏灼，人慾橫流。宗教、道德精神，皆一時衰微。就中國人而言，以儒家的人文創造精神融通世界上最進步的宗教——基督教與佛教的精神，堅立於正知、正見的理性基礎上，啓導善心，力挽狂瀾，實爲哲學學者之天職也。

二程及程門弟子之「闢佛」，其歷史的意義及哲學的意義已如前述。關於時代的意義，特附議於上，以結此文云。

---

126 見「論語」「衞靈公」十五。原文爲「知及之，仁能守之，蒞之以莊，而未能動之以禮。未善也。」茲據其原意而改寫。

比論二程子理學思想之同源異流

——兼論楊龜山及謝上蔡之思想發展

(一)

宋明理學是我國哲學發展史中一個重要階段。理學發展的初期，歷仁宗、英宗、神宗、哲宗四朝，迄於宋徽宗大觀年間，其開創的人物有周濂溪、邵康節、張橫渠及二程子，卽所謂「北宋五子」。他們大體依據「易傳」和「中庸」以建立宇宙論及道德形上學的思想，復融會道佛，旁通兩漢魏晉以來之「氣化論」以及「崇本息末」、「絜情復性」等思想，充分借用新道家及大乘佛學所成立的有無、動靜、體用、一多等哲學範疇，逐漸將理學推進至「致廣大而盡精微」的境界。而後「極高明而道中庸」，落實到倫理生活之中，發展了以「論語」，「孟子」爲中心的道

德實踐哲學。❶

在此發展的過程中，他們以「天命流行」的世界觀取代了佛家的「緣起性空」；以「踐仁盡心」的人生哲學代替了「明心見性」，以「誠明」的道德實境取代了佛家「涅槃」的宗教寄託。儘管儒佛的分際在觀念和語言上有時混淆不清，在方法的運用上也常有借徑於佛老之處；但是，在立論的宗旨上，他們肯定人生的道德責任，也肯定了現實世界中的價值增進，企圖重建人文創造的周孔文明，實現禮樂教化的儒家社會理想。庶幾「伊洛」與「洙泗」同源而共流，「濂洛」與「鄒魯」一派而同宗。❷他們思想的成果，在中國哲學史上是顯明易見的：他們以及後起的宋明理學家們，共同建構了中國有史以來，也是人類近世紀以前，規模最龐大也是體系最完備的「哲學人類學」與「哲學人性論」。

尤其是二程昆仲，聯手倡明「道學」。將「生生」、「盡性」的易庸大旨，「踐仁」、「盡心」的孔孟微言，一切攝歸於「天理」。以「天理流行」的內在目的論，闡釋「氣化流行」的現

---

❶ 北宋理學家所著重的經典，大致說來，北宋五子，都著重「周易」，濂溪、橫渠與二程皆兼重「中庸」，而橫渠兼及於「禮」，二程子滙通「易」「庸」落實於「論」、「孟」。小程子始兼重於「大學」。

❷ 理學始於周濂溪、二程世居洛陽，故合稱「濂洛」；二程居於伊水、洛水之濱，故稱「伊洛」。朱熹著「伊洛淵源錄」即歷記二程學派。「洙泗」、「鄒魯」乃孔孟所居之地，亦為儒家的發源地。

實世界觀。所謂「體用一源，顯微無間。」❸於是，本體界與現象界，理性世界與感性世界，統一於既超越又內在的「天理」實體。從而，「天地萬物一體」、「道德性命之源」、「變化氣質之方」等主要哲學課題，由是而建立。

二程子以來，在儒家經典的憑藉上，又著重於「大學」，「大學」之三綱領八條目，不僅被視爲「初學入德之門」❹，也允稱爲「內聖外王」之道。『大學』之「絜矩之道」與「大戴禮」「小辨篇」的「內恕外度」❺，皆可直承孔子的忠恕一貫之旨，爲儒門進德修業，求仁得仁的不二法門。「大學」以「修身」爲本，由內而外，從本至末，自「明明德」、「親民」而「止於至善」，自「格物致知」、「誠意正心」以至於「治國平天下」，層層推進，步步擴充，其工夫次序，條理井然。大程子早歿，小程子獨任傳道既久，因此，伊川先生於「理氣」、「心性」等哲學問題外，在道德實踐的工夫門徑上，創立所謂「涵養須用敬，進學在致知」之程門宗旨。「主一」之謂敬，致知在格物。「易傳」有謂「敬以直內、義以方外」。「敬義立而德不孤」❻。

❸ 見「伊川易傳」序。
❹ 見朱熹「四書集註」中「大學章句」序。
❺ 分見「大學」第十章及「大戴禮」「小辨篇」。
❻ 見「易傳」坤文言。

敬，爲吾人道德理性之凝聚，道德意志之貞一不二。「在物爲理，處物爲義」。❼理爲事物之本然，義爲事物之應然。換言之，「格物窮理」乃「集義」之實功。伊川先生由之而力倡「敬義夾持」之說。嗣後南宋之朱熹因之，稱之爲「靜中存養，動時省察」。❽實則，「存養省察」不外乎「居敬窮理」，而「居敬窮理」即以「格物致知」爲首學之要務也。

程門宗旨既立，宋明理學的理論基礎已形完備，此後各種類型的「理氣論」、「心性論」、「修養論」，以及存養省察等所謂的「工夫門徑」等問題，即在這個基礎上迤邐展開，形成六百餘年來綿延不斷的盛大思潮。在這個思潮中，重要的如五峯學、朱子學、象山學、陽明學及明末理學殿軍蕺山學等，彼此各擅勝義，紛紛詰難。因此產生了朱陸異同，朱王異同，朱陸和會，朱王折衷，乃至反朱學、反陸學、反王學等種種不同的思想傾向。然而從其思想系統方面來看，其分歧最大，爭執最力的爲程朱理學與陸王心學。從歷史上觀察，其形成分歧的時代，是在南宋期間，有朱子學與象山學的尖銳對立。但是追溯其發生的原因，卻在二程子思想的本身。因爲一方面由於二程子人格風範的不同，反映在學術思想上，就有高明與沈潛，疏通與篤實的差異。如朱子卽嘗說：「明道語宏大，伊川語親切。」❾劉蕺山曰：「叔子篤信謹守，其規模自與伯子差

---

❼ 見「二程粹言」卷一中華書局「四庫備要」版頁五。

❽ 見「宋元學案」「晦翁學案上」「中和說」三。

❾ 見「朱子語類」卷九十三漢京版頁九三六。

別，然見到處更較穩實。」❿黃百家曰：「二程子雖同受學濂溪。而大程德性寬宏，規模濶廣，以光風霽月爲懷。二程氣質剛方，文理密察，以削壁孤峯爲體，其道雖同，而造德自各有殊也。」⓫

再方面，專就思想的內容而言，其宗旨雖同而造詣各異，其差異處，早已潛伏了日後宋明理學思想內部分歧的種子。這個情形，黃宗羲在「宋元學案」「伊川學案」中就提示出：『自周元公主靜立人極開宗，明道以靜字稍偏，不若專主於敬，然亦唯恐以把持爲敬，有傷於靜，故時時提起。伊川則以「敬」字未盡，益之以「窮理」之說。而曰：「涵養須用敬，進學在致知。」又曰：「只守一個敬字，不知集義，卻是都無事也。」……自此旨一立，至朱熹又加詳焉，於是窮理主敬，如水火相濟。非是，則隻輪孤翼有一偏之義矣，後之學者，不得其要，從事於零星補湊，而支離之患生。……』⓬黃梨洲從持敬集義，居敬窮理的程門要旨中，看出其思想自身的發展，即已暗伏了思想分歧的種因，然而這只是從修養論的一端來看。明儒唐一庵則從世界觀的較寬廣的角度說：「明道之學，一天人，合內外，已打成一片；而伊川居敬，又要窮理工夫，似未

---

❿「宋元學案」「伊川學案下」世界版頁三七六。

⓫「宋元學案」「明道學案上」世界版頁三一七。

⓬「伊川學案下」頁三七六。

合併，尚欠一格。」⑬是故，清儒全祖望以較接近陸王學的立場在「明道學案敍錄」中說：「大程子之學，先儒謂其近於顏子，蓋天生之完器；然哉！然哉！故世有疑小程子之言若傷我者，而獨無所加於大程子。」⑭

是以，本文卽從二程先生思想的比較之角度上，從多方面去觀察其同源異流之處，從而敍述二程學的分化與發展。

（二）

首從「道」體上辨二程學的差異。

「理學」又稱「道學」。「宋史道學傳」橫渠本傳曰：『嘉祐初、（橫渠）至京師，見二程子，……先生與語「道學」之要，厭服之，固渙然自信，於是盡棄異學，淳如也。』⑮是以，「道學」之名，於此爲首見。道，也就是二程子宇宙論思想中的根本觀念。二程子皆十分重視「易

⑬「伊川學案」頁三七七。
⑭「明道學案上」頁三一四。
⑮「橫渠學案上」頁三八三。

經」，因此他們的道論所根據的前提卽是「易傳」中的「形而上者謂之道」、「一陰一陽之謂道」、以及「三極之道」⑯，也是中庸「三句教」中的「率性之謂道」。並且融揉了「中庸」的「誠道」，「論語」的「仁道」。二程子同受業於周濂溪，但由於資質不同，造就各異，他們的道論，細察之，就有顯著的不同。現根據「宋元學案」、「二程遺書」、「伊川易傳」中較確定可靠的資料，扼要的分析其差異。

1.「道」的涵義之歧異——明道先生以爲「道」卽是自然的天道，乃普遍流行，無內外，無物我，是永恆的存在，卽本體卽現象。故云：「言天之自然者，謂之天道。天之賦予者謂之天命。」⑰所謂「自然」者，卽不待外緣，自因而有，其賦予人物者皆自性自足，故云：「道卽性也，若道外尋性，性外尋道，便不是聖賢論天德。蓋謂自家元是完全自足之物。」⑱此道非他，卽生生之易道也。他說：

『生生之謂易，是天之所以爲道也。天只是以生爲道，繼此生理者。只是善也。善便有一個元的意思。元者，善之長也。萬物皆有春意，便是「繼之者善也」。』⑲

⑯「易」「繫辭下傳」「立天之道曰陰曰陽，立地之道曰柔曰剛，立人之道曰仁曰義。」合稱「三極之道」。

⑰「明道學案上」頁三二〇。

⑱「二程遺書」卷一中華書局「四部備要」版頁一。

⑲「二程遺書」卷二上頁四。

宇宙中生機洋溢，一片春意盎然，創化不已而生生不歇，由此展現了一片蓊勃芳菲的繁華盛景，那卽是天地間萬物資生的「乾元」，也是生生之仁。故云：「天地之大德曰生，天地絪緼，萬物化醇，生之謂性。萬物之生意最可觀，此元者善之長也，斯所謂仁也。」[20]

此生機洋溢的現象，其無窮的創造變化的過程，不是物質自然界的機械之變化，也不是物質自己的規律，它有一個內在的精神原動力，貫徹在一切現象之中。他說：

「天地設位，易行乎其中者，神也。」[21]又說：

「生生之謂易，生生之用則神也。」[22]

天地萬有是生生之仁的客觀呈顯，天人之際，「上下與天地同流。」感性世界之一切具體事象，也就是普遍理性的自我實現之眞象。所以他說：「形而上爲道，形而下爲器，須着如此說。器亦道，道亦器。但得道在，不繫今與後，己與人。」[23]這就是「天地萬物渾然爲一體」的境界，這種唯心的，汎神的見解，也可稱之爲「天德流行」的世界觀。他說：

「『一陰一陽之謂道』，陰陽亦形而下者也，而曰道者，惟此語截得上下最分明。元來

[20] 見「二程遺書」卷十一頁三。
[21] 同[20]。
[22] 同[20]，頁八。
[23] 「明道學案上」頁三二〇。

只此是道，要在人默而識之也。」㉔陰陽是氣，是「形而下」的；但一陰一陽是道，所謂「一陰一陽」，指陰陽的絪緼化醇，也就是所謂「氣化流行」，它就是「易道」、「天道」，也是生生的「仁道」。就陰陽氣化所生成的羣生萬有的事象而言，那是「器」，但是從「天德流行」的普遍理性的自我呈顯而言，依然是「道」。天人不二，道器合一。其中微妙的消息，不是「聞見小知」可以瞭解的，必恃「天德良知」的洞察慧見，「默而識之」了。

伊川先生對「道」的解釋就顯然不同了。在伊川先生的語彙中，天道、理、命、性、心，常常一義相轉，他也講「生生」，也講「易」，也講「乾元」，與明道先生有異曲同工之妙，不加細察，往往是分辨不清的。其實，他所說的「道」，是把明道先生的「道」更推高一層，成爲超越的抽象法則，也是絕對的精神實體。雖然他並未排除這個「道」與感性世界的內在關聯性，但是卻更像一個亞里士多德式的「最高形式因」。他的「道」也就是「天理」，是萬物之本，是道德性命的根原，也是羣生萬有共相奔赴的至上目標，然而卻不免類似於朱熹所稱的「不會計謀」，「不會造作」的「淨潔空濶的世界」。㉕他說：

㉔ 「二程遺書」卷十一頁三。

㉕ 「朱子語類」卷之三漢京版頁五。

「離了陰陽更無道，所以陰陽者是道也。陰陽氣也，氣是形而下者，道是形而上者。形而上者，則是密也。」㉖

陰陽是材料，是「形而下」的；陰陽之所以能運作，要仰賴「道」。「道」是形式，要靠陰陽來造作，來實現。它所以稱爲「形而上」，即因爲它是超越的，隱微的，居於一切現象背後的「密」。換言之，它就是絕對的本體，它與形成現象界的陰陽之氣的關係，是體用的關係。從這個關係上，二者可獲得內在的關聯性。但是「體」依然是「體」，它是絕對的權威，永恆的法式，「伊川易傳」中有云：

「乾者，天之性情。乾，健也。健而無息之謂乾。夫天，專言之則道也，天且弗違是也。」㉗

以「乾爲天之性情」爲伊川先生戛戛獨造的創見。乾是「大生之德」，是生育萬物，健動不息的原創力。天是義理之天，也就是天道。這個「天道」猶如「天心」，有性與情的兩面。性卽是理，是「體」，是寂然不動的；情是性之動，屬於「用」，是感而遂通的。以乾統天，有性有情，猶如心有寂感的兩面，通透在感性世界中，卽體起用，化隱爲顯而生育萬物。因之伊川先生

㉖「伊川學案上」頁三五四。
㉗「伊川易傳」卷一「乾彖傳」。

在「易傳序」中嘗謂：「體用一源，顯微無間，」這句話經常爲宋明理學家引用，有認爲是揭露了造化的奧秘，是不可一語說破的。然而，這個「一心開二門」的天道之「乾」，無疑具有「大乘起信論」的佛學影響。㉘同時，這個「天道」依然是絕對的權威，永恆的法式。因爲，「天且弗違」。

在這裏，就看出他與明道先生的差別了。明道先生具有唯心性格的「天德流行觀」，變成了伊川先生唯理性格的「天理緣起說」。明道先生的「萬物一體」、「神氣合一」的生命一元論，變成了伊川先生理氣二元的體用一貫說。明道先生說「易道」，說生生之「仁道」，是圓融無礙的說「天人不二」、「天人一本」。伊川先生則顯然的以人從天，而有天人之分。他說：「形而上曰天地之道，形而下曰陰陽之功。」㉙又說：「易變易也；隨時變易以從道也。」㉚他把「易」從生生變易的天地之道，落實爲「隨時變易以從道」的人事之理。這種思想更具有道德實踐的倫理特性，以人從道，是人生高尚的道德目的，具有很嚴肅的生命情調。但是，與明道先生的思想意境就顯然不同了。伊川先生又說：

㉘ 見唐君毅先生「中國哲學原論」「原教篇上」學生書店版頁一六六—一八六所謂「一心兩面」之說。
㉙ 「伊川易傳」卷一「坤文言傳」。
㉚ 同㉙。

「心，生道也；有是心斯有是形以生。惻隱之心，人之生道也。」㉛

先有生物之心，而後有萬物之形。而此「生物之心」又夐絕於天人之表，爲絕對超越的存在形式，落實於人心之中，成爲人心之純粹道德理念，寂然不動，淨潔無塵。這種「客觀唯心論」的觀點是唯理的「超越目的論」，也是與明道先生唯心的「內在目的論」的觀點，大異其趣的。

2. 理氣之辨——二程子皆以「天理」立宗，他們「天理」與「天道」二辭，亦常通用。不過，「道」是泛指，「理」有定則，南宋朱子之高足弟子陳北溪的「北溪性理字義」曰：「道與理大概只是一件物，然析爲二字亦須有分別……道字較寬，理字較實，理有確然不易底意。故萬古通行者，道也；萬古不易者，理也。」㉜

明道先生說「理」，與他的「天道觀」是一致的，常稱爲「天理」。道是自然之道，天理，也就是自然之理。所謂「自然之理」者，卽謂它是本然的，自足的，自因而有的，他說：「天地萬物，各無不足之理。」㉝又說：「天理具備，元無少欠。」㉞「一陰一陽之謂道，自然之道也。……亦無始，亦無終；亦無因甚有，亦無因甚無；亦無有處有，亦無無處無。」㉟

㉛ 「伊川學案上」頁三五七。

㉜ 「北溪字義」世界版頁三十二。

㉝㉞㉟ 「明道學案上」頁三二九。

從宇宙界來說，天地萬物是一氣流行。就此變化流行的內在目的因來說，那是「神氣合一」，不妨稱之爲「天命流行」；就其變化流行是生生之仁的客觀實現來說，則可稱之爲「天德流行」。就此流行變化的內在律則來說，則可稱之爲「天理流行」。總之，「天地設位，易行乎其中。」都是「易道變化，各正性命。」所以明道先生說：「天理便是易也。」㊱換言之，「天理」便是「易理」。這個「易理」的特質是陰陽相運，生生不已。而且是氣中有理，理氣不二，卽氣見理。於是，明道先生自然之天理便也具有兩個特性：一是「生生」，一是「對待」。他說：「天地萬物之理，無獨必有對，皆自然而然，非有安排也。每中夜以思，不知手之舞之，足之蹈之也。」㊲又說：「生生之謂易，是天之所以爲道也，天只是以生爲道，繼此生理者，只是善也。」㊳這個「對待」與「生生」的特性，有一句話說得甚爲明白：

「質必有文，自然之理，必有對待，生生之本也。有上則有下，有此則有彼，有質則有文。一不獨立，二則爲文。非知道者，孰能識之。」㊴

質，指內在的本質，在這裏指本體。文，外在的文采，在這裏指現象。質與文的對待關係猶如體與用的對待關係，有體卽有用，有理卽有氣，有本體卽有現象，未有有本體而無現象者，故

㊱「明道學案上」頁三三〇。
㊲㊳「明道學案上」頁三二一、三二九。

謂之「一不獨立，二則爲文。」劉蕺山先生說得好，他說：

「不獨立，便是二。不是以一生二，正如月落萬川，處處皆圓。……才看是一個，隨看是千萬個，千萬個卻是一個，在天非一，在川非萬。一者是質，萬者是文。」㊵

蕺山先生用「月印萬川」的比喻，說明本體與現象的「一卽是多，多卽是一，一中有多，多中有一。」㊶也正是朱熹「一本萬殊」之說。要言之，是體用一如也。

這個「生生」而「對待」的自然的天道，同時也是人生界的常理。他說：「事有善惡，天理也。」又說：

「天下善惡皆天理，謂之惡者，非本惡也，但或過或不及。便如此者，楊墨之類。」㊷

人稟氣而生，具自然之理，自然之理有「生生」，有「對待」。就「生生」而言，「天只是以生爲道，繼此生理者，只是善也。」（同見註⑲）「天生烝民，有物有則，民之秉彝，好是懿德。」明道先生爲此大雅「烝民」之詩下一按語曰：

「民之秉彝也，故好是懿德。萬物皆有理，逃之則難，各循其理，何勞於己力者。」㊸

㊴㊵「明道學案上」頁三二一。

㊶ 見「華嚴經」「華嚴義海百門」。

㊷「明道學案上」頁三二二。

㊸「二程遺書」卷一頁二。

生，是故，有「生生」則有「對待」，「對待」統一於「生生」，則「惡非本惡也。」人之求生，常有不循理之時，有求生太過者淪爲楊朱之「爲我」；有求生不及者，流爲「摩頂放踵，利天下而爲之」的墨氏之「兼愛」。據此，則倫理世界中之道德現象固層出不窮也。

至於伊川先生之「理」或「天理」，也是與他的「天道觀」相呼應的，他首先把「理」抽象出來，成爲萬物構成的普遍形式，然後與氣相對立又相依存，形成他著名的理氣二元一貫之說。這是他與明道先生的天理說基本不同的地方，也是周濂溪、張橫渠等，前所未有的創見。他這種說法，乃是順着他的「體用一源，顯微無間」的思想模式，鋪陳出來的，所謂「形而上曰天地之道，形而下曰陰陽之功。」而且「離了陰陽更無道，所以陰陽者是道。」他的「道」即是「理」理氣有形上形下之異，而彼此相依，同時並存。他說：

「一陰一陽之謂道，此理固深，說則無可說。所以陰陽者道，既曰氣，則便有二；既二則便有感。所以開闔者道，開闔便是陰陽。」㊹

這段話最大的特色，是以開闔爲陰陽，而開闔爲「感」，所以能感的根本原因，便是「道」，便是「理」。理是能感，氣是所感。構成了一套因果關係。理在先爲原因，而氣在後爲結果。所

㊹ 「二程遺書」卷十五中華版「四部備要」頁十三。

謂「寂然不動，感而遂通天下之故。」氣充塞於天地之間，變化萬端，而理爲其能變的根本原因，是超越在萬有之上的絕對體，這與明道先生不分先與後，已與人的「器亦道、道亦器。」相差很遠了。

同時，伊川先生又把一理散爲萬理，他說：「萬物皆是一理，至如一物一事雖小，皆是有理。」㊺又說：「天下物皆可以理照，有物必有則，一物須有一理。」㊻理是一，是根本；萬物是多，是氣化造成的。理是宇宙間普遍的法則，永恆不變而統攝一切。「伊川易傳」中有曰：「乾道變化，生育萬物，洪纖高下，各以其類，各正性命，天所賦爲命，物所受爲性。」㊼

天下萬物，氣化所生，各從其類，各有定則，氣有淳漓清濁之別，而皆有一貫之理。萬物所受之理，卽萬物所禀之性。所以他說：「性卽理也，所謂理性是也。」㊽這種「理一氣殊」，或「一本萬殊」的思想，雖語焉不詳，方具雛型，以後朱子因襲而發揮之成爲一個有系統的理論，是程朱理學最重要的宇宙論的理論架構。與明道先生渾淪一元的「天理流行觀」，大異其趣。同

㊺「二程遺書」卷十五頁十一。
㊻「二程遺書」卷十八頁九。
㊼「伊川易傳」卷一。
㊽「伊川學案上」頁三五六。

時，明道先生以「天理」中有「生生」，有「對待」。因其有「對待」，所以「天理中元有善惡」，而「對待」統一於「生生」，繼之者善也，所以人順理而行，卽可以自去其惡，不流於惡，「不勞己力」，自然而然的得其天理。但是，伊川先生本於他理氣二元的理論，說「氣有善有不善，性則無不善。人之所以不知善者，氣昏而塞之耳。孟子所以養氣者，養之至斯清明純全，則昏塞之患去矣！」[49]性是善的，氣則有善有不善。去惡向善必須「養氣」，猶如橫渠所謂的「變化氣質」。橫渠的「變化氣質」，是基於他「天地之性」與「氣質之性」的見解。當人尙未復其「天地之性」時，是「性未成則善惡混，故亹亹然而絕惡者斯爲善矣！」[50]因此，「變化氣質」的修養工夫，就落在「知禮成性」和「大心體物」之上[51]。前者主於禮敬，後者主於明理。伊川先生的居敬窮理，推本所從來，橫渠先生實啓導於先也。然而明道先生固然也談居敬窮理之事，但其實義卻不盡相同，容後申述。明道先生的涵養工夫主要在「定性」與「識仁」。「定性」，要在「內外一本」，任直覺而行其所無事，應物而不逐物[52]。「識仁」，則爲識得此物我同體的生生之德，卽是吾人生而有之的道德本心，不忍人之心。識得此心，順其自然，擴而充之，勿忘勿助，周流不息，故曰「不須窮索，不須防檢。」[53]「以誠敬存之而已」。這種思想也

[49] 「二程遺書」卷廿一下頁一。
[50] 張載「正蒙」「誠明篇」。
[51] 張載「正蒙」「誠明篇」曰：「知及之而不以禮受之，非己有也。故知禮成性而道義出。」又「大心篇」曰：「大其心可以體天之物。」義正此。
[52][53] 見拙著「讀程明道定性書略論」臺大「哲學論評」第四期。

正是從他的物我合一的天理自然觀中推衍出來的。這種察識本心的「識仁」，也正是他與伊川先生的思想，最主要的分歧點，以後由謝上蔡、胡五峯及其湖湘學派，一脈相承，而至於陸九淵及明代的王陽明。恰與伊川朱子學分途。

伊川的理氣二元論，直接推衍出他人心道心，天理人欲的二元對立之說，後文詳之。

(三)

次言「心」與心之存養之差異。

二程子思想分流的起點，首在道的涵義與理氣之辨。然而最重要也是影響到日後宋明理學發展最大的，卻是二程先生的心學及心的存養。大程子的心學大致根據於「孟子」的良知良能，收放心及四端之說；而小程子則著重於人心的現實狀態，而發展出一套治心之說，以居敬窮理爲要端，逐漸轉依於「大學」。尤其他把「大學」中「格物致知」的條目，發展出一套「合內外之道」。所謂「合內外之道」就如同他在「四箴」篇中所揭示的「以內應外，制外養內。」[54]即是如何克制外物對內心的牽引與紛擾，以及如何合理的處理外物及產生正確的判斷的問題。這種問

[54] 見「宋元學案」「伊川學案下」引黃東發語，頁三六九。

題的本身並非新創，但卻開拓了極寬廣的可資探討的餘地。譬如判斷的主體的問題，判斷對象的問題，判斷的性質的問題，以及工夫的門徑與先後次序的問題等等。於是長期而複雜的辯論陸續展開，理學內部的分歧也日益明顯了。

要言之，二程先生都把「心」看做是普遍而先驗的天地之心。大程子在「識仁」篇中卽以其爲生生之仁的本心。他嘗說「只心便是天，盡之便知性，知性便知天。」55又說：「心是理，理是心。」小程子也說「一人之心卽天地之心。」56又說：「自理言之謂之天，自稟受言之謂之性，自存諸人言之謂之心。」57但是由於二程先生的「天理觀」不同，大程子以「易理」說「天理」，以生生流行之仁，說自然之天理。因此心物不二，天人一本，心性理氣渾淪不分，一以貫之。但是小程子則理氣二元、性氣二元，如此則心外有氣。氣有淳漓，則心有清明與昏蔽。換言之，大程子的道是自然之道，理是自然之理，心也是自然之心，他常從樂觀理想方面，看待這個積極能動的主體心。而小程子則嚴肅而冷靜的從現實人生的實際處境上，觀察心的消極被動的一面。這種情形在二程先生青年時代的著作中卽充分顯露出來。譬如大程子二十五六歲時所著的「

55 「明道學案上」頁三三二。
56 「明道學案上」頁三四二。
57 「明道學案上」頁三四六。

定性書」，即以「有爲應迹」、「明覺自然」爲因物付物之道；以「內外兩忘」、「澄然無事」爲應物無累之旨。以「廓然大公，物來順應」爲君子之學的勝境。所成就的「定性」（也就是定心）是「動也定，靜也定。」㊿如此則外不滯於物，內不執於我，動靜自然，發而皆中節。

然而，十九歲時的伊川先生，在他所著的「顏子所好何學論」，意境則迥異其趣。他認爲人心必然受到外物的牽引，動於中而形於外，會產生喜怒哀懼愛惡欲的「七情」之情緒反應。「情既熾而益蕩，其性鑿矣！」所以人必須約束情緒使其受內心的主宰，以此來正心養性，他稱爲「性其情」。反之，不知克制，縱情任欲，必然至於邪僻放侈而亡失其本性，他稱之爲「情其性」。[59]

這種思想的趨向，一直延伸到他晚年的「語錄」中，他說：

「人心作主不定，正如一個翻車，流轉動搖，無須臾停。所感萬端，又如懸鏡空中，無拘不入。……心若不做一個主，怎生奈何？」[60]

又說：「人心緣境，出入無時，人亦不覺。」「懈心一生，便自暴自棄。」[61]

[58] 見程明道「定性書」，同[55]，頁三一九。
[59] 見程伊川「顏子所好何學論」，「伊川學案下」頁三七二。
[60][61] 「二程遺書」卷二下頁四。

這種現實人生中的自我反省所產生的心理實感，這是極大多數人所深切感受到的事實。如果不正視這個問題，任何道德理想都不免落空。性善，是所有儒者一致的肯定。但是如何使此善性落實到倫理行爲中來，可沒有那麼容易！具有完美品格的「聖人」，只是一個高懸的道德儀型，要做到「從心所欲不逾矩」，也不過提示了一個人生之鵠的而已。絕大多數的人，即使有了清晰的道德自覺，也不過「學做聖人」而已。伊川先生與乃兄最大不同的地方，是他正視人生實際的處境，特別重視學做聖人的「學」字。他提供了「學」的方法與工夫次序。「如何學做聖人？」就是伊川先生在哲學思想上的最大貢獻。他提供的方法即是「居敬窮理」。「居敬」，是道德意志的自我訓練；「窮理」，是道德知見的自我培養。他提供的工夫次序是「涵養於喜怒哀樂未發之前」、「察識於喜怒哀樂已發之後」。[62]

明道先生也講居敬，也講窮理，也講工夫次序與門徑，但是與乃弟的差別就大了。

首先說二程子「居敬」的差異：

明道先生說「敬」，意境甚高，乃基於他「天人一本」之說以立論，先抄錄下列幾句語錄中的話：

---

[62] 綜述伊川語，略見「伊川學案上」頁三三四所引「與蘇季明論中書」。

「天地設位，而易行乎其中，只是敬也。敬則無間斷。」[63]

『體物而不可遺者，誠敬而已矣！不誠則無物也。詩曰：「維天之命，於穆不已。於乎不顯，文王之德之純。」純則無間斷。』[64]

「毋不敬，可以對越上帝。」[65]

在以上的三段話中，他把「敬」字，全作形而上學的陳述。以「純則無間斷」與「敬則無間斷」，來相互對比。「純則無間斷」，是明道先生對周頌「維天之命」之詩所做的按語。純，純一不雜。是說文王德性純美，闇然而日彰。宜乎天命攸歸，猶如天德流行，生生不已，其美善不可勝言也。明道以「純則無間斷」做按語，取「純一」之義，指意志的凝鍊，精神的專一。配合上「體物不可遺」，同時誠敬並稱，「誠」，就成了天的意志的貫徹，流注於天地之間，是一種化育萬物的「純粹活動力」。因爲，「體物不可遺」出於「中庸」第十六章，是敍述「鬼神之爲德的。」[66]「誠者天之道，敬者人事之本。」誠敬並稱，卽是天人合德。於是「敬則無間斷」與「至誠無息」，相提並論，都是「天地設位而易行乎其中」。這種生生不已的精神創造活動，貞一不二的徹注在天地之間，務使崇美的價値與萬有合而爲一，普遍流行，那就是「敬」，也是「

[63][64][65] 見「明道學案上」頁三二五。

[66] 全文爲「鬼神其爲德其盛矣乎！視之而弗見，聽之而弗聞，體物而不可遺。使天下之人，齊明盛服，以承祭祀。……」

誠敬」。天德如此，人德也是如此。所以「毋不敬，可以對越上帝。」這種說法，極富宗教的情操。具有這樣的信念與精神成就，內心是無滯無礙充滿了悅樂之情的。他說：

「敬須和樂，只是中心沒事也。」[67]

「中心沒事」的境界，適心任運，自在逍遙，是道德主體心的純粹活動，化入於無滯無著的審美的境界中，是道德美感，同時也是宗教美感。明道先生把做人的禮敬，提昇到這樣崇美的境界，令人歎美不置！

伊川先生可沒有這樣宏美悅樂的生命情調。他始終憂心忡忡的專注在人類內心中善惡掙扎之道德困境上。他認爲「大抵人有身，便有自私之理，宜其與道難一。」[68]「記中曰：『君子莊敬自強，安肆日偷。』蓋常人之情，才放肆則日就曠蕩，才檢束則日就規矩。」[69]人情如此，故必須時加檢束，片刻放鬆不得。「敬」的主要意義就在這自我檢束的消極之目標上。他說：

「敬是閑邪之道。……天下有一個善，一個惡，去善卽是惡，去惡卽是善。譬如門不出便入。」[70]

[67] 「明道學案上」頁三二四。
[68] [69] 「伊川學案上」頁三五一、三六一。
[70] 「二程遺書」卷十八。

因爲，「人心不同如面，正如私心。」71人在道德奮鬪的過程中，一毫不可假借，必須嚴格劃清善惡的界線：「不是天理，便是私欲。……無人欲卽是天理。」72閑邪窒欲，爲善去惡，決不可意志薄弱，必須堅持到底。精神專一，凝定不二，決不稍有動搖。他說：

「大凡人心不可二用，用於一事，他事便不能入者，事爲之主，尙無思慮紛擾之患，若主於敬，又焉有此患乎？所謂敬者，主一之謂敬。所謂一者，無適之謂一。」73

「主一」，一方面指道德意志的自我訓練，期於擇善固執，堅毅恆久；另方面指精神上的高度集中，期於心智統一，於外界紛紜雜亂的物象中，內心凝定於一事，絕不散漫，務使綱紀物理，以內制外，以求事必有成。終於以內應外，制外歸內。所謂「至當歸一，精義無二。」亦卽「易」所云：「天下之動，貞夫一者也。」74他說：

「且欲涵泳主一之義，一則無二三矣。言敬無如聖人之言，易所謂『敬以直內，義以方外。』須是直內，乃是主一之義，至於不敢欺，不敢慢，尙不愧於屋漏，皆是敬之事也。存

71 72 「伊川學案」頁三五九。
73 「伊川學案上」頁三四六。
74 見「易」「繫辭上傳」。

此涵義，久之，自然天地明。」[75]

因此，主一之「敬」也有積極的意義，卽涵養心體，去欲明理，以期理性清明，而達到「久之天地明」的人格修養境界。這是箇懲忿制欲，以理絜情的自我磨鍊過程，處處可見人道之艱難，與明道先生大爲不同。

「敬以直內，義以方外。」二程先生皆本此義以建立「合內外之道」。但伊川先生更賦以切實的內涵，他稱之爲「集義」。「敬」者中有所主，以內御外，期於所必然；「義」者，事得所宜，順理而行，知其所當然。這就是有名的「敬義夾輔」。伊川先生說：

「問敬義何別？曰：敬只是持己之道，義便知有是非。順理而行，是爲義也。若只守一個敬，不知集義，卻只是都無事也。且如欲孝，不成只守個孝字？須是知所以爲孝之道：所以奉侍當如何？溫凊當如何？然後能盡孝道也」。[76]

不僅此也。伊川先生並不完全拘束在「義內」之說，他認爲「義」一方面是道德的內律，同時也是道德行爲的合理的規範。換言之，一方面吾人要遵從良心的命令，他方面也要以我們理智的理性，冷靜的分析吾人在社會集體生活中的道德經驗，尋繹出共同可以遵守的行爲規範——這

[75]「伊川學案上」頁三四六。
[76]「二程遺書」卷十五。

雖然是觀察於外，卻是抉擇於內。伊川先生把道德實踐與理智的抉擇，配合運用，所以他常常「理義」並稱——把「窮理」與「集義」，當做一個工夫的兩個節目——卽一體兩面，都認爲是道德涵養中的事情，也都是「治心」之事。如此，也唯有如此，道德生活才有可能，道德生活才不是徒有理想而不切實際！這樣，人才有可能從天理人欲的道德困境中脫身出來，面對眞實的人生，做自己應該做的事。所以，他的「義」，同樣也具有內外兩面。

這就是伊川先生與明道先生截然不同的地方，試看二先生說「敬」，一者高明，一者篤實；一者從宏濶處建立規模，一者從踐履中指示途徑。二程先生聯手倡道數十年，所開極大，影響深遠。我們一方面受到大程子的精神鼓舞，一方面受到小程子的諄諄善誘。後人誠不可妄定是非而厚此薄彼也。

窮理，在於致知，致知在格物。「格物」，也就是窮至事物之理。事物之理，有在內的，如吾人的觀念和動機；有在外的，如人的行爲和自然的物理。所以伊川說：

「格，至也。如『祖考來格』之格。凡一物物皆有理，須是窮致其理。」[77]

---

[77] 「二程遺書」卷十八。

「問：格物是外物，是性分中物？曰：不拘！凡眼前無非是物，物皆有理。」[78]
「又問：致知先求之四端如何？曰：求之性情，同是切於身；然一草一木皆有理，須是察！」[79]

如何格物窮理呢？他的答案一是經驗的積果，一是內心的推理。他說：「須是今日格一件，明日格一件，積習既多，然後脫然有貫通！」[80]

「人要明理，若止於一物上明之，亦未濟事，須是集衆理，然後脫然自有悟處。」[81]

甚且，聖賢經傳是理，前言往行是理，典章制度文物無不有理，正如同以後朱熹的「卽物窮理」。總之，他拓廣了知識的領域，擴展了理性的運用，打開了精神的視野。但是他主要的宗旨，還是借「窮理」以「集義」而期於輔「敬」，皆是涵養之事。他稱之爲「以義制心」。他說：

「不動心有二：有造道而不動者，有以義制心而不動者，此義也，此不義也；義吾所當取，不義吾所當舍，此以義制心也。」[82]

質言之，伊川先生涵養此心的方法，卽在「居敬窮理」，他卽此喝破了道德實踐的二大綱領，後世稱爲「程門宗旨」：

[78][79][80][81] 分見「二程遺書」卷十九、卷十九、卷十八、卷十九。
[82][83] 「伊川學案上」頁三四七。

「涵養須用敬，進學在致知。」83

至於明道先生之「窮理」就簡截明瞭了。他說：

「窮理盡性以至於命，三事一時並了，元無次序。不可將窮理作知之事。若實窮得理，即性命亦可了。」84

天理，人性，以及終極根原之「命」，三者渾然不分；從宇宙界，人生界以至於宗教世界，打成一片，透悟了其中一事，則「三事一時並了，元無次序。」明道先生的境界就是這樣「渾淪煞高」（朱熹的評語）。所以「窮理」不是對客觀知識的探求，而是直觀體悟，當下認取。他說：

「只心便是天，盡之便知性，知性便知天矣！當處便認取，不可外求。」85

當下認取，直指本心，不可外求。雖借徑於禪，但歸宗卻在儒家，他說：

「先聖後聖若合符節，非傳聖人之道，傳聖人之心也。非傳聖人之心，傳己之心也。己之心，無異聖人之心，廣大無垠，萬善皆備，欲傳聖之道，擴充此心耳！」86

這不可諱言的是借用了禪宗「以心傳心」的「教外別傳」的方法。但根本的差別，在此「心」不同於「如來清淨心」，此「道」不同於「菩提道」。就明道先生來說，此「心」是「天地

---

84 「明道學案上」頁三二二。

85 「明道學案上」頁三三二。

86 「明道學案上」頁三二六。

之心」，也是不歇地創造宇宙美善的「生生之仁心」。此道是堯舜相傳的「聖人之道」。「聖人之道」是承天之命，建立人類社會禮樂教化的美善文明。所以這樣的「以心傳心」，所傳的當然不是不染一塵，脫盡世緣的「涅槃妙心」，所以他是借徑於禪，而歸宗於儒。儒佛之間的大分大際是不可混淆的。這種思想的「話頭」，此後在謝上蔡、胡五峯、王信伯、張橫浦、林光朝……等語錄中，時時出現。陸九齡在「鵝湖會」詩中就有「古聖相傳只此心」之句，王陽明「良知詩」中也說「個個人心有仲尼」。[87]其他陸王一系的理學家們，紛紛此言，不必贅引了。

因此，明道先生的「窮理」，跟伊川先生比較起來，差別很懸殊，思想的分別也很大。所謂「理學」——伊川朱熹一派的「理學」，所謂「心學」——明道以至於象山陽明一派的「心學」，眞是各有所本，不可同日而語呀！

既然所謂「居敬窮理」，在二程先生來說，差別是這樣大，那麼所謂「程門宗旨」，只是伊川「理學」的宗旨，而不是明道「心學」的宗旨。雖然，我們常常籠統的稱爲「理學」，其實是應該分辨清楚的。

惟其如此，二程先生在工夫門徑與次序上也就有了很大的差異。因爲明道先生的「識仁篇」

[87] 分見「梭山復齋學案」頁一〇六〇、「陽明全案」、「詩錄」卷三「詠良知四首示諸生」。

開頭便說：「學者須先識仁。仁者渾然與物同體。……識得此理，以誠敬存之而已，不須防險，不須窮索。……」[88]這是採取直覺親證，認取本心，不假外求的途徑。由於「識仁」於先，「誠敬存之」於後。這在宋明理學上有個專門的術語，稱之爲「察識先於涵養」。此後由謝上蔡，轉手於湖湘學派，由陸王學派承啓之。

而伊川先生卻以居敬窮理爲涵養之事，主張「存養於未發之前」，朱熹復補充了「省察於已發之後」。這稱之爲「先涵養而後察識」。此說開啓於伊川，由楊龜山繼承之於後，一脈相傳由羅豫章，李延平而至朱熹。「於靜中觀喜怒哀樂未發之中是何氣象？」就成爲「閩學」的入道門徑，後人稱之爲「道南心訣」。[89]

「先察識後涵養」、「先涵養後察識」，這次序不同的工夫門徑，在朱熹的早期思想中引起很大的疑難，從他卅九歲以前參究中和的一段曲折，可以看出來。這段史實，今賢牟宗三先生在「心體與性體」第三冊二、三兩章中有很周詳的剖析，可參看。

綜言之，明道先生說「心」的特色，是「活用此心」，無繫縛，無滯礙，自然明覺，適心任運，卽「天理流行」而此心此理上下同流，圓融無礙。他說：「人心不得有所繫」，又說：「人

---

[88] 「二程遺書」卷二上中華版頁三。

[89] 見「龜山學案」頁五五二，曰：「學者當於喜怒哀樂未發之際，以心體之，則中之義自見。」羅豫章承之，傳之李延平。

心常要活，則周流無窮，不滯於一隅。」又說：「涵養到著落處，心便清明高遠。」⑽

而伊川先生的特色是「持守此心」，要「整齊嚴肅」、「主一無適」，要「閑邪存誠」、「去欲明理」。著重在自我克制，自我磨練。

因爲他們的世界觀不同，資質不同，趣味不同，從而談「心」說「理」的風格也大異其趣了。

（四）

再次言二程先生「仁」與「性情之辨」的差異：

以上所說的二程先生思想的差異，是關於「天地萬物之本」「道德性命之源」等所謂「本原論」的差異；以及「存養省察」、「居敬窮理」等所謂「修養論」的差異，並兼及於他們傳思設想之特具的風格及造境之異趣等。從這些差異，亦已具見其思想分歧之所在，足見歸趣異途。然而尚未涉及到人性基本結構的問題，及儒家最重要的元德——「仁」的定義。談人性的基本結構，自必牽涉到善惡的來源；說「仁」的定義，也必牽涉到儒家的世界觀及人生哲學。關於人性

⑽ 皆見「明道學案上」三三二頁。

的基本結構，明道先生只是泛泛談過。在在可見伊川先生獨創的見解。至於「仁」的定義，伊川先生之識見也是迥異前人，可說是伊川先生一家之言。復經南宋大儒朱熹的組織和發揮，程朱理學的系統終於有了完備而嚴密的組織。因爲這些見解新穎與原儒顯有不同，因此所受的批評也愈形嚴刻，理學內部思想的分歧也更加明顯，基於這一理由，因此我在此先述伊川先生，再以明道先生的思想作結論。

扼要的劃分伊川獨創的新說爲以下三點：

(1)從天理之公與人欲之私的兩端對立上，「以公言仁」。但公是仁，公並不等於仁。蓋人之爲公去私方稱之「仁」。茲引下列伊川先生諸語以證之：

「人心私欲故危殆，道心天理故精微。滅私欲則天理明矣！」[91]

「公則一，私則萬殊。至當歸一，精義無二。人心不同如面，只是私心」。[92] 「公則自同，若有私心便不同，同卽見天心。」[93]

「周伯溫問：『回也三月不違仁。』如何？曰：不違處，只是無纖毫私意，有少私，便

---

91 「二程遺書」卷二十四頁一。

92 「二程遺書」卷十五頁一。

93 同91。

是不仁。……又問：如何是仁？曰：只是一個公字。」94

「仁之道，要之，只消道一個公字。公只是仁之理，不可將公便喚做仁。公而人體之。故爲仁只爲公，則物我兼照。」95「仁者公也，仁之者也。」96

從這幾段語錄中，所謂「以公言仁」，確是「仁」之新義。從他立論的過程中看他分別「仁」和「仁之」，如同「中庸」分「誠」和「誠之」，一是天道，一是人道（中庸曰：「誠者天之道也，誠之者，人之道也。」）。他又把「爲公」（爲公去私）和「爲仁」（行仁）當做同義語。「仁」，就是「無纖毫私意」，「有少私便不仁」。換言之，「人欲淨盡，天理流行」之人格極詣，才配稱做「仁者」。這是聖人境界，一般人充其量只是個「仁之者」，如此一來，他把「仁」架空在理想世界中，只是人間仰企奔赴的聖城，是純粹的理境，止於至善的目標。這與孔子在生活切近處，心理平常處說仁，全然異趣。伊川先生以前的儒者也從沒有這樣說的。眞是獨創而嶄新的見解，只有朱子的「心之德、愛之理」差可近之。因爲既是心之本質（德），愛之理念（理）。那麼「仁」就不是流露在日常生活中的寬恕同情，溫情摯意。難怪陸象山說：「看伊川

94 「二程遺書」卷二十二上頁六。
95 「二程遺書」卷十五頁八。
96 「二程遺書」卷九「二先生語」，應爲伊川所說。

言，若有傷我者！」

但是，說句公道話。如前所說，伊川先生正視人生實際的處境，充滿了道德憂患意識。人，只是個道德奮鬪者，一個「仁之者」。時時刻刻，內心中都在天人交戰，要「克盡私欲，以明天理」他勉勵人要立志「學做聖人」。學，當然是一個刻苦自勵的過程。

⑵以「道」與「心」都有體用二面。道以理爲體，以氣爲用；心以性爲體，以情爲用；性以仁爲體，以愛爲用；仁以忠爲體，以恕爲用。故爲仁者有愛，愛非仁；愛親爲大故有孝弟，而孝弟非仁。玆引下列伊川先生諸語以證之：

「問：仁與心何異?曰：心是所主處，仁是就事言。曰：仁是心之用否?曰：固是，若視仁者心之用則不可！心譬如身，四端如四支，四支固是身所用，只可謂身之四支；四端固具於心，然亦未可便謂之心之用。……心譬如穀種，生之性便是仁也。」[97]

「孟子曰：『惻隱之心，仁也。』後人遂以愛爲仁，惻隱是愛也，愛自是情，仁自是性。豈可專以愛爲仁?……退之言：『博愛之謂仁』非也！仁者固博愛，然便以博愛爲仁則不可！」[98]

「孝弟是仁之一事，謂之行仁之本可，謂之是仁之本則不可。蓋仁是性也，孝弟是用

---

[97] 「二程遺書」卷十八頁二。

也。性中只有仁義禮智四者，幾曾有孝弟來？仁主於愛，愛孰大於愛親？故曰：『孝弟也者，其爲仁之本與！』[99]

「忠恕只是體用。……須是忠爲體，不忠何以能恕？」[100]

「仁義禮智信於性上，要言五事，須要分別出。若仁則一，一所以爲仁。惻隱則屬愛，乃情也，非性也。……因其惻隱之心，知其有仁。」[101]

「伊川易傳」中嘗言：「乾者天地之性情。」[102]乾，是大生之德，亦卽天地生物之心。心主性情，「性卽理」，「性」是寂然不動的，感於物而後動，動卽是「情」。「性」是心之體，「情」是心之用。伊川先生卽從這一「體用」的範型中，層層推論下來。根據他的說法，可以推論出：仁是性之體，也是寂然不動的，感於事而後動，有四端之情，愛——「惻隱之心」是四端之一。從外延上看，愛不是仁，只能從愛見有仁。同理，孝弟之情只是愛的一種，當然更不是仁了。充其量，祇是「愛親爲大」，可作爲「爲仁之本」而已！(爲仁便是行仁)。

於是，活活潑潑的生生之仁，在日常生活中卽事而在的仁，愛人利物，欣然溫厚的仁，在這

---

[98][99]「二程遺書」卷十八頁一。

[100]「二程遺書」卷十八頁二。

[101]「二程遺書」卷十五頁十九。

[102]同[27]。

裏變成了一套語言分析的邏輯架構，說什麼也不像「孔孟微言」，「先聖不傳之秘」。不過把事情說清楚了，雖失去了深奧的韻味，但總比含渾的美感好。朱熹就喜歡這種理論的方式。不過平心而言，理學到了程朱手裏，才有了嚴密的論證，清晰的語言。以現代的標準來講，才像個哲學。至於是不是受到別人的喜愛就不必管它了。

更且，依伊川先生「以公言仁」的定義來推論，「仁」既然是天理至公無私的究極境域，孝悌忠恕只是人之爲仁以學聖的一段工夫，怎麼配當爲「仁」呢？

(3)性落於氣質中而爲「氣質之性」，氣有淳漓清濁稱之爲「才」，性動於中而發爲情。「性」善，「氣」有善有不善，「才」也有善有不善。「情」必受氣之「才」的影響，見於事也，則亦有善有不善。人物所稟之性皆「一」，而受形氣所拘則「多」。理一氣殊，萬象森然已具，然而「多」中不失有「一」也。人性本善，爲氣質所拘則有善有不善，學可變化氣質，而可以爲善，期於無不善。玆引伊川先生言以證之。

「性無不善，而有不善者才也。性卽是理。理則堯舜至於途人，一也。才稟於氣，氣有清濁，稟其清者爲賢，稟其濁者爲愚。……性只是一般，卻被他自暴自棄，不肯去學，故移不得；使肯學時，亦有可移之理。」[103]

「性出於天，才出於氣。氣清則才清，氣濁則才濁。」[104]

---

[103][104]「二程遺書」卷十八頁十八。

「氣有善有不善，性則無不善。人之所以不知善者，氣昏而塞之耳。孟子所以養氣者，養之至，斯清明純全，而昏塞之患去矣！」[105]

「犬、牛、人、……，其性本同，但限以形故不可更。如隙中日光方圓不移，其光一也。」[106]「形易則性易，性非易也，氣使之然也。」[107]

性情才三分結構，是程朱理學的「人性論」之特色。他們用這種理論來解釋「孟子」中的「人性論」，當然是不合孟子的原義。孟子曰：「乃若其情，則可以爲善矣，乃所謂善也。若夫爲不善，非才之罪也。惻隱之心，人皆有之……仁義禮智，非由外鑠我也，我固有之也。弗思耳矣！故曰：求則得之，舍則失之，或相倍蓰而無算者，不能盡其才也。」[108]

照孟子的說法，明明是性善、情善、才也善。伊川先生則是性善、情有善有惡，才有善有惡。朱熹也是同樣的論調。但他們不承認自己解釋錯了，反而說「孟子不知氣質之性」（見朱子語類卷九十三）。換言之，是認爲孟子說得不對或者是不夠妥當周密。因而朱熹贊美張橫渠與程

---

[105] 「二程遺書」卷廿一下頁一。

[106] 「二程遺書」卷廿四頁一。

[107] 「二程遺書」卷廿五頁六。

[108] 「孟子」「告子上篇」，朱熹「四書集註」臺灣書店版頁二七六。

伊川，說「氣質之說，起於張程，極有功於聖門。」⑲這種自我作聖的氣魄，是很令人贊佩的。哲學思想，貴在有新見解，不徒然依循古人。朱子爲「大學」「格物致知」章補傳，也是這種氣魄。「論性不論氣不備，論氣不論性不明。」⑩在事實上，性氣不離，性落在氣中爲「氣質之性」，現實世界中也只有「氣質之性」；在邏輯上，性氣不雜，性爲氣本，應該在氣中抽離出一個超越的「性」來，但是那只是個理念的存在，不是事實的存在。性雖「寂然不動」，但是「感而遂通」。性動而爲情，情受到氣的牽引，不同的氣的才質，使情受到不同的影響，表現在實際的行爲上也就有種種的差別了。根據他們對「性」「情」「才」的定義，產生這種推論，並無錯誤，至於合不合孔孟大義及傳統的儒家宗旨，那是不遑討論的。

我想，伊川先生眞正的旨趣，在正視現實人生的境遇。人性深層結構中的二元矛盾性，是人人都可以體會到的，爲善爲惡的自我掙扎，眞是「如人飲水，冷暖自知。」一個眞正的道德自我自覺，應是自覺到道德的眞我，力求衝出定命的網羅，而向善去惡，以求自我實現。這種艱苦的道德大業是做人的天職，「己欲立而立人，己欲達而達人。」孔聖栖栖皇皇，知其不可而爲之，所以「掩袂涙沾巾」者，豈不爲此？「我不入地獄，誰入地獄？」三界佛悲智雙運者，也豈不爲

---

⑲ 見「橫渠學案上」頁四〇〇。

⑩ 見「二程遺書」卷十五頁一。

此？吾人深思及此，伊川先生的貢獻豈可云小？切不可以爲他是平鋪着說道理而等閒視之也。

明道先生的「仁」說，逈然不同於乃弟，他高陳理想，鼓舞人心，慧悟照人，渾融無跡。他說：

「學者須先識仁，仁者渾然與物同體。義禮智皆仁也。」(111)

「良知良能，皆無所由，乃出於天，不繫於人。」(112)

「醫書言手足痿痹爲不仁，此言最善名狀。仁者以天地萬物爲一體，莫非己也。認得爲己，何所不至？若不有諸己，自不與己相干。如手足不仁，氣已不貫，皆已不屬己。」(113)

「若夫至仁，則天地爲一身，而天地之間，品物萬形，爲四肢百體。夫人豈有視四肢百體而不愛哉？聖人，仁之至也，獨能體是心而已！」(114)

「民受天地之中以生，天命之謂性也。人之生也直，意亦如此。」(115)

這種把價値與存有統一起來，消融了一切二元對立的矛盾，以爲宇宙是一大生機體，一切存

(111)(112) 「二程遺書」卷二上頁六、頁七。

(113) 「二程遺書」卷二上頁二。

(114) 「二程遺書」卷四頁五。

(115) 「二程遺書」卷十二頁一。

有在本質上彼是相因，交融互攝，而形成一個廣大悉備的整體和諧。宇宙的美善與人道的美善，天人無間，融合為一。天地之心，聖人之心，一己之心，同是一心。羣生萬有，彼此同情交感，猶如一身，痛癢相關。這宇宙眞是生命的宇宙，心靈的社會，最高的價值理想充分呈顯於人類的「心體」之中，當下認取，不假外求。「認得為己，何所不至?」仁，就是愛，惻隱之心無所不在，它就是最眞實的生命本質。聖人，卽是完全契悟到這生命本質的人，他的心昭明呈顯了宇宙的心。明道先生不愧是有卓越心靈的哲學家，也最能把握原始儒家的生命精神。他的思想和伊川先生比較起來，具有全然不同的風格和神韻。

因此，明道先生的思想啓發了後世許多與他有相似心靈的理學家們，如謝上蔡、胡五峯、陸象山、王陽明等。謝上蔡的「一切從廣大的心中流出」、胡五峯的「性立天下之有」、陸象山「宇宙卽是吾心，吾心卽是宇宙。」王陽明「天地萬物俱在我良知發用流行中」。(116) 尤其陽明先生的「大學問」，風格神韻肖似明道，像是明道先生「識仁篇」的擴大翻版。

二程先生的思想風格有如許大的不同，思想內容也顯有差異。但是他們的差異正好互相補足；一者高明，一者篤實；一者從宏濶處想，一者從踐履中入；一者中心欣然而鼓舞人心，一者

---

(116) 分見「上蔡學案」、「五峯學案」、「象山學案」及「陽明全書」「語錄」卷二「答陸原靜書」。

充滿憂患而循循善誘。兄弟二人，聯手倡明聖道，終使洛學盛行天下後世者，良有以也。

然而，也就是因爲他們有如許大的差異，終於使洛學分流，各有所歸，至南宋朱熹與陸象山，分歧擴大，各立門戶，有「朱學」與「陸學」之異。更形發展，而有「理學」與「心學」不同的宗派。下文卽略述分化與發展的歷史過程。

（五）

二程先生聯手倡道旣久，大程子歿後、小程子獨任傳道逾二十年、程門弟子遍中國。遂使洛學昌盛，爲天下所宗仰，惟二程先生思想之內容與風格，頗有歧異，其門弟子亦以其資質與才情之不同，各有所宗。二先生早年之弟子最著者爲劉絢、李籲、劉立之等，（見「劉李諸儒學案」），皆不幸早卒，故其流未廣。關中橫渠弟子於乃師卒後，復受業於二程門下者，如呂大忠、呂大臨、蘇昞、范育等。（見「呂范諸儒學案」）。其中呂大臨天資最高。朱子曰：「與叔惜乎其壽不永，如天假之年，必所見又別。程子稱其深潛縝密，資質好，又能涵養，某若只如呂年，亦不見得到此田地了。」⑰其他諸儒皆恪守關學，以推行禮教之實務爲先，於發揮二程學，

⑰ 以上分見「劉李諸儒學案」（卷三十世界版頁六一三－六二〇）「呂范諸儒學案」（卷三十一頁六二九－六三九）。

實無成就。此外有浙江永嘉之周行己、許橫塘等，傳道於浙東，亦聲光甚微，影響殊鮮。入蜀之謝湜、馬涓等皆不振。[118]繼劉李諸儒之後，亨譽甚高，有所謂「程門學士」者——謝良佐、楊時、游酢、尹焞。游酢早卒，入禪甚深，其學亦不傳。（見「廌山學案」）尹焞「於洛學最為晚出，而守其師說最醇。」（「和靖學案」全祖望評語）其門人有呂本中（見「紫微學案」）、陸子正者，皆有所守，再傳有林光朝（見「艾軒學案」）為當時名儒。然而，和靖先生其人「守拙如愚」、「專功靜度」（引黃百家語），故持正有餘而實乏開創，其著作幾無可稱述者，故其門下雖衆，卻另有所學，所傳實鮮程門遺旨也。

二程學之所以推廣流衍而聲光益顯，開六百年理學學統者，實有賴於二大門弟子——楊時（龜山先生）、謝良佐（上蔡先生）。上蔡資質鄰於明道先生，故所傳為明道學，下開湖湘及陸王二大學派。龜山所見相似於伊川先生，故所傳為伊川學，由羅豫章而李延平，三傳而有朱子。

楊時（西元一〇五三——一一三五）字中立，號龜山，南劍將樂人。廿九歲時偕游定夫酢往見明道先生於潁昌，遂受業焉。資稟甚高，深受明道先生喜愛，當其歸時，明道先生目送之曰：「吾道南矣！」（事見「龜山學案」）故龜山所傳，又稱「道南之傳」。明道卒後，復受業於伊川先生。與伊川先生商酌「格物致知」、「理一分殊」、「中和未發已發」之學。至於「說仁」、

---

[118] 見「周許諸儒學案」頁六四九——六五四。

「理氣」及「天理人欲」等說，則折衷於橫渠、明道與伊川之間。（請參閱拙文「楊龜山先生哲學思想述評」，臺大「哲學論評」第七期七十三年六月出版）其思想所以能上承伊川而下開朱熹者有以下四點：

1. 以橫渠之「氣化說」補充伊川之「理氣觀」，正式建立「理一氣殊」的宇宙論，爲朱熹的「一本萬殊」之說的先驅。[119]

2. 與伊川討論橫渠的「西銘」，得「仁體義用」之說，以仁爲一，義有分殊；心爲一，事有分殊。從倫理的觀點建立「理一分殊」之說，爲日後朱熹思想之最重要的哲學範疇。[120]

3. 以格物致知而修身立誠。確定「格物致知」的倫理學方向，重內心的修養，輕外物的知識。形成了宋明理學的基本性格。朱熹亦不免乎此。[121]

4. 從「中和未發已發」的問題，成立了著名的「觀中」說——「於靜中觀喜怒哀樂未發時是何氣象？」，是爲「道南心訣」，以後羅豫章、李延平承之，延平傳予朱熹，朱熹疑而未悟，於是引發了朱熹與「湖湘學派」參究中和的一段曲折。此「中和未發已發」的問題，滲透入六百年

[119] 見拙著「楊龜山哲學思想述評」臺大「哲學論評」第七期頁一七四—一八〇。
[120] 同[119]，頁一八四—一八六。
[121] 同[119]，頁一八一—一八四。

的理學思想中，陽明學派最喜談論。[122]

楊龜山的道南之傳，嫡承者爲羅豫章（見「豫章學案」），豫章所傳者卽爲「格物致知」、「理一分殊」、「觀中」諸說。豫章先生之嫡傳爲李侗（延平先生，亦見「豫章學案」），延平先生有所謂「默坐澄心，體認天理。」[123]亦承龜山學旨。朱子受業於延平，實蒙啓發。龜山、豫章、延平皆閩南人，朱熹亦喬居於閩南之尤溪，故此學系號稱「閩學」。楊龜山卽閩學之創始者，後世尊稱爲「程氏正宗」——爲程朱理學建立過程中的重要參建者。[124]

謝良佐（西元一〇五〇—一一〇三）字顯道，壽春上蔡人。黃宗羲在「宋元學案」「上蔡學案」中說：「程門高弟子以上蔡爲第一。」又說：「上蔡在程門中英果明決，其論仁以覺、以生意；論誠以實理，論敬以常惺惺，論窮理以求是。皆其所獨得，以發明師說者也。」[125]黃宗羲的這段評語，相當深刻，已扼要的舉出了上蔡先生思想的要點。謝上蔡是在明道先生知扶溝事時，

[122] 見牟宗三先生「心體與性體」第三册第二章「朱子參究中和問題之發展」，及劉述先「朱子理學思想之發展與完成」第一部第三章諸節，及拙文「楊龜山哲學思想述評」頁一九一—一九四。

[123] 見「豫章學案」頁七三四。

[124] 見「楊龜山全集」卷首引「宋史」本傳學生書店版頁一二二。

[125] 見「上蔡學案」頁五三一、五三五。

前往從學的，明道謂人曰：「此秀才拓展得開。」明道歿後，亦曾受教於伊川先生。然其所得，為明道之思想，所發揮者亦為明道的思想。因其與胡安國先生交誼甚深，介於師友之間，他唯一流傳後世的作品——「上蔡語錄」即由胡安國先生整理抄錄，後由朱熹參校他書，而成定本，付梓行世的。⑫⑥同時，他與胡安國先生質性相近，氣味相投，因此他的思想即深深影響到胡氏父子叔侄們，如胡五峯、胡伯逢、胡大時等。經所謂「湖湘學派」（即胡氏父子叔侄們所建立）的宣揚，間接影響到陸九淵，因而成為陸王心學的啓導者。⑫⑦也是明道學流傳後世的，一個最重要的中介人。與龜山先生為程門之雙璧。二程先生思想的分化與發展，即以此為轉捩點，由二位先生分出。

上蔡發揚明道的思想而影響後世「心學」者，有以下三點：

(1)以知覺言仁，以生意言仁，以察識本心為其實下手處。具體闡述了明道先生的仁學思想，以宇宙生生之仁，瑩明昭顯在人類的心靈主體中，隨心而感，即事而應，當下透徹，不假外求。後世「心學」之言仁者，皆宗此說。同時，亦本明道先生「學者必先識仁」之旨，以察識先於涵養，湖湘學（以胡五峯為主）、陸王學皆奉此為工夫門徑。⑫⑧

---

⑫⑥ 見「朱文公文集」頁七十五、頁七十七。
⑫⑦ 見拙著「讀上蔡語錄所見」臺大「哲學論評」第八期頁一四八—一五一。
⑫⑧ 同⑫⑦，頁一五一—一五五。

(2)以仁者人心，作用是心。「天理」即是我「心」，「明天理」即是「識本心」、「格物窮理」即是「即事明心」。係直承明道心學之奧旨，無疑的，爲後世心學綱領。陸象山之「發明本心」，王陽明的「知行合一」、「致良知」，實啓源於此。[129]

(3)以義理悅心，和樂養心，敬爲常惺惺法。一方面化道德體驗爲審美的直觀；一方面以自然的明覺爲道德主體的自我自覺。化除了主客的對立與心理的矛盾，使道德生活充滿了美感的趣味。這是自明道以來以至陸王心學，一致的思想格調，與程朱理學殊途。[130]

總之，二程學之流行與推廣，要在有嫡傳高足弟子——楊龜山與謝上蔡。楊謝二先生所開甚大，影響後世匪淺。要言之，龜山學之流傳，波濤壯濶，由羅豫章、李延平，三傳而有朱熹，朱熹爲理學之集大成者，爲儒學之宗師。上蔡學之流傳，源遠流長，由胡安國父子之湖湘學的轉手，影響到陸象山，輾轉流衍，至明代的王陽明。猶如千里來龍，而綿延不絕，迤邐曲折，終於結穴於此。細繹宋明理學的歷史源流，不由驚歎中國哲學慧命之貞美，以及造化之工也。

二程先生不同的思想本質，也終於層層拓展，地地昇進，而明朗顯豁出來了。

---

[129] 同[127]，頁一五五—一六〇。

[130] 同[127]，頁一六一—一六六。

楊龜山哲學思想述評

——二程子思想之分流之一

(一)

自北宋理學之興，歷宋仁宗景祐年間，發展至宋神宗熙寧、元豐之際。初期理學由周濂溪、邵康節、張橫渠開宗立說，迄於二程。二程先生自幼受學於濂溪，及長皆以昌明儒學爲己任。世居洛陽，家學淵源；復薰習風雅，切磋於賢士大夫之間。與邵康節比鄰而居，通家往來；與張橫渠爲姻表叔侄，時相過從。遂能汲其源而沿其流，識於微而成其大；復以夙學早慧，力學任道。誠所謂「清明在躬，英華發外；嗜欲將至，有開必先。」❶理學至於二程先生，乃發揚顯盛，蔚然成風。是以，北宋理學以二程先生爲中心，宋明理學復本二程先生爲宗趣，殆非虛言也。

二程先生世居伊洛，爲中原文化薈萃之地。二先生之施教，特重口語指點，當機接引；直截

---

❶「禮記」「孔子閒居」世界版「禮記集說」頁二八三。

簡易，頗類禪門。在生活切近處體悟，於人格輝映處印證；由靜中體會，在事上磨鍊。是以程門教法，天趣洋溢，活潑明要，易知易從。復以大程子溫良和粹，小程子莊重清肅，相輔爲教，相得益彰。遂使青年學子，翕然歸嚮。程門弟子徧天下，良有以也。

二程學派之流衍，大要有六。簡列如下：

1. 入秦——呂大忠（晉伯）、呂大鈞（和叔）、呂大臨（與叔）、范育（巽之）、蘇昞（季明）等。

2. 入楚——緣於謝上蔡司教於荆南，再傳而有朱震（漢上）、朱巽（子權）、曾恬（天隱）。

3. 入蜀——如謝湜、馬涓等。

4. 入浙——如周行己（浮沚先生）、許景衡（橫塘先生）。（又宋室南渡後，遷徙入浙之東萊呂氏亦二程苗裔也。）

5. 入吳——王蘋（震澤先生），又尹焞（和靖）世爲洛人，爲伊川高足，亦於宋室南渡後輾轉入吳。

6. 入閩——如游酢（廌山）、楊時（龜山）、胡安國（文定公）等。

此外劉絢（質夫）、李籲（端伯）早逝；張繹（和叔）晚學有成，爲伊川高足；侯仲良（師聖）於宋室南渡後，游學於川湘吳閩之地，傳介洛學；譙定（天授），兼宗儒道二家，門下有劉

白水勉之，胡籍溪憲，皆爲朱熹啓蒙師。此其犖犖大者，不一備述。❷

大要言之，二程學之傳播以入楚、入閩者爲最重要。所謂「入楚」者，以謝良佐（上蔡）司教於荆南，藉胡安國爲轉手，間接影響於陸九淵，嗣後發展爲明代之「陽明學」。所謂「入閩」者，由楊時（龜山先生）立其宗，發展爲「道南」、「湖湘」兩大學派。「湖湘學派」有胡安國、胡寅、胡宏（五峯先生）父子，再傳張栻（南軒先生），皆爲南宋理學大儒。至於楊龜山先生之「道南之傳」，一傳爲羅從彥（豫章先生），再傳爲李侗（延平先生），三傳而有朱熹❸。朱熹爲宋明理學之巨擘，爲天下所共仰者。是以「道南之傳」，爲洛學正傳，以其多爲閩人，又皆傳道於閩，故特稱爲「閩學」。而開「閩學」之宗派者爲龜山先生。

因此，楊龜山先生在宋代理學傳播發展的過程中，一方面上接濂溪、二程之傳，下開延平、朱熹；居於十分重要的中介地位。再者，宋室南渡後，二程高足弟子惟先生爲碩果僅存者。於是，二程學派惟賴先生之傳，一時天下共仰，極富時望；治二程之學者，皆取正於先生，仰爲圭臬。宋元學案黃百家案語曰：

「二程得孟子不傳之秘於遺經，以倡天下。而升堂覩奥號稱高弟者，游楊尹謝呂其最也。顧

---

❷ 分見「宋元學案」之「上蔡學案」、「龜山學案」、「和靖學案」、「呂范諸儒學案」、「劉李諸儒學案」等。

❸ 見「宋元學案」之「豫章學案」。

諸子各有所傳。而獨龜山之後，三傳而有朱子；使此道大光，衣被天下。則大程道南目送之語，不可謂非前讖也。」

（二）

楊時（一〇五三—一一三五），字中立，號龜山先生，南劍將樂人。朱熹稱其學由莊列入。據「年譜」所載：於熙寧九年（一〇七六）中進士，調官不赴。又四年，以師禮見明道先生于潁昌。於受學明道之前後，曾著「列子解」及校所著「莊子解」❹。宋元學案據宋史道學傳有曰：明道甚喜龜山，每言「楊君會得最容易。」及其歸也，目送之曰：「吾道南矣！」明道歿，又見伊川于洛。時年已四十，事伊川愈恭。一日，伊川偶瞑坐，先生與游定夫侍立不去；伊川既覺，門外雪深一尺矣。橫渠著西銘，先生疑其近於兼愛。與伊川辯論往復，聞「理一分殊」之說，始豁然無疑。由是浸淫詩書，推廣師說❺。歷任荊州、餘杭、蕭山等邑。所至有政聲。南渡後，年近八十，召爲侍講，旋告老還鄉，卒於家，年八十三歲❻。

❹ 見「楊龜山先生全集」臺北學生書局版頁一四七。
❺ 見「楊龜山先生全集」卷十六頁七四一—七四六。
❻ 見「宋元學案」「龜山學案」世界版頁五四二。

龜山之著作，據宋史道學傳本傳及「楊龜山先生集」中「年譜」所載，於廿一歲時作「禮記解義」。廿五歲未見明道先生前曾作「列子解」。卅歲既見明道後，返鄉，又校所著「莊子解」。今此三書已不復得見。四十六歲時在鄉著「周易解義」，六十二歲在餘杭作「中書解義」，今此二書，俱已散佚，惟散見於「朱子遺書」中略示一二而已。今據「龜山先生集」卷廿五，載有「書義序」、「論語義序」「孟子義序」、「中庸義序」，則知先生原有「書義」、「論語義」、「孟子義」、「中庸義」等書傳世者。然而，就「全集」觀之，亦僅存「孟子解」四十三章，未悉即先生之「孟子義」否？餘書除於「朱子遺書」（藝文書局五十七年版）中及「通志堂經解」中略見一二外，悉無從窺其全豹矣。惜哉！

「楊龜山先生集」中，又收有其「語錄」四卷，其中「荆州所聞」成於先生五十三歲官荆州教授任內；「京師所聞」成於翌年餘杭知縣任內；「餘杭所聞」成於五十五歲官餘杭時，五十七歲赴南京，有「南都所聞」；六十歲任浙江蕭山知縣，有「蕭山所聞」。「語錄」亦見於清張伯行之「正誼堂全書」（臺北藝文書局五十九年版），龜山先生思想之精華，皆萃集其中。

現存「楊龜山先生集」，梓於清康熙四十五年（西元一七〇六年），係由福建將樂知縣余瀍鳩集該邑士紳，捐資成版者；並由龜山先生嫡裔楊繩祖贊成付梓而印行傳世⑦。

⑦ 見「楊龜山先生全集」揭翰績「文集序」，同書頁八十四。

（三）

龜山先世務農，至其父楊明❽始督促其子求學。故非如書香門第，有家學可循。幼學啓蒙，亦無明顯師承可資記述者。其鄉先輩之賢者如游執中（游定夫之族父），於四十九歲任建陽縣丞時，方得從遊。唯知其青年時際，相與切磋共學，同赴潁昌詣明道者，游定夫一人而已❾。

據宋史本傳及「年譜」所載，復參考其「楊龜山先生全集」，約略可述其學述思想之淵源如下：

一、沈潛於經史——據龜山全集附「年譜」所載，先生十五歲卽潛心經史。廿二歲著「禮記解義」❿。此後終身由之，涵泳其中。綜觀其一生所得，要在孟子、中庸及周易。宋史本傳稱述先生曰：

「時德器早成，淵源有自。其推本孟子性善之說，發明中庸大學之道。渡江以來，東南學者

❽ 見「楊龜山先生全集」卷卅頁一二五九「楊母朱氏墓誌」。

❾ 見「楊龜山先生全集」卷卅一頁一一六七「游執中墓銘」。

❿ 見「楊龜山先生全集」卷首「年譜」頁一四六。

推爲儒氏正宗⑪。」

黃東發氏「黃氏日鈔」有云：

「蓋先生平生最用工於易，於程門理義之學多有發明⑫。」

朱熹亦曰：「熹讀公（龜山）『上伊川先生論易』第二書，則喟然歎曰：是所謂發微詣極，冰解的破者耶⑬！」

先生四十六歲時歸自瀏陽，作「周易解義」；五十一歲在荆州教授任內作「書序」、「孟子序」，六十二歲在餘杭作「中書解義」、「中庸序」、「校正伊川易傳後序」。八十一歲時又有「三經義辯」、「目錄辯」、「字說」等書，以正王安石經學之非。其他與胡安國往復書疏討論春秋、性善之旨；向二程子問春秋、問易義；與門人談仁等不一而足⑭。可知先生於經學鑽研之深、用功之勤也。

二、出入於莊列——宋明理學家對本體有無之辨、萬物一體之說；以及修養論之主靜去欲，用心如鏡、「行其所無事」等思想，多有本之於道家者。至於適性自然、尊身養生之說，所受魏

⑪ 見「楊龜山先生全集」卷首引「宋史」本傳頁一二三。
⑫ 「楊龜山先生全集」卷十一頁五三五。
⑬ 「伊洛淵源錄」新增卷十廣文版頁三五〇。
⑭ 「楊龜山先生全集」卷首「年譜」頁一四七—一四八。

晉以來王弼、郭象等新道家之思想更無庸細說；甚且有受道教修眞養性之說者。如周濂溪、邵康節之於陳摶、种放；張橫渠之於莊子；程明道之「定性書」更與莊子內七篇及新道家之說，有密切之關係⑮。楊龜山未見明道之前，於廿五歲著「列子解」；既見明道之後，於卅一歲又校正其自著「莊子解」；是故朱熹謂其「學從莊列入」，實不誣也！今此二書雖不復可尋，然此等思想散見於「全集」之中，猶灼然可見。今舉其犖犖大者，臚陳於後，以見一斑。他說：

「莊子『逍遙遊』一篇，子思所謂『無入而不自得』；『養生主』一篇，孟子所謂『行其所無事⑯』。」

按莊生寓言，託意於逍遙者，在明其兼忘物我，無功無名的解脫人生觀。乃蔑棄世事，輕唾人倫者，正與中庸所說者相反。其養生主「庖丁解牛」說亦然⑰。由此可見龜山先生受莊子影響之深。又於答問中曰：

「原壤蓋莊生所謂『游方之外』者也，故敢以夷俟。孔子切責之……。然謂之爲賊而叩其脛，不已甚乎！而彼皆受之而不辭，非自索於形骸之內而不以毀譽經其心，孰能如是⑱？」

---

⑮ 見拙著「讀明道先生定性書略論」臺大「哲學論評」第四期頁二四〇。
⑯ 「楊龜山先生全集」卷十學生版頁四六八。
⑰ 見「莊子」「養生主」、「人間世」等篇。
⑱ 「楊龜山先生全集」卷十四頁六八九。

按原壤落拓不遜，見老友至而箕踞無禮。孔子切責以人倫之道，謂其「老而不死之謂賊！」事見論語憲問篇。而莊生「游方之外」，語出「大宗師」⑲乃讚其脫落形跡、遊於世外，不以毀譽經其心者也。相比之下，孔子則不免拘於禮教而責人求全的世俗中人了。如此尊原壤而輕孔子，已失儒家本色，龜山先生不自覺的深受莊學習染，其深有如此者。

再舉一例以證之。龜山先生於「中庸義序」中有言曰：

「孔子歿，羣弟子離散分處諸侯之國。……子貢之後有田子方，子方之後有莊周⑳。」

以田子方爲儒裔，典出於漢書「儒林傳」㉑。而漢書明明說田子方爲「受業於子夏之門」，到了龜山先生手裏變成了「子貢之後」。實不知何所據而言。原來莊子外篇中有「田子方」一篇，爲東郭順子之徒，又爲魏文侯之師，乃講究「人貌而天虛，緣而葆眞」之人㉒，爲十足之道家。魏文侯又與子夏同時。莊生寓言，任情而談。而龜山先生臆測之以爲信史。把莊子編派爲儒家嫡傳，固可存此一說，然而頗有商量，不可遽以論斷者也。

---

⑲「莊子」「大宗師第六」有「彼游方之外者也，而丘游方之內等也。」憨山注曰：「言彼超脫凡情，遊於世外者也。」又注曰：「言未能超脫世網，故云遊方內。」

⑳「楊龜山先生全集」卷廿五頁一〇三一。

㉑見「漢書」「儒林傳」第五十八洪氏出版社頁三五九一。

㉒見「莊子」「田子方」第廿一卷卷首之語。

其他可舉證者甚多，如「論語義序」中以「伯樂相馬」影射「養生主」中之「目無全牛」諭示後學之讀論語者務必取徑於此。實在不免以「雜學」誤正論，難怪朱熹累言其非了㉓。

三、雜染於佛家——佛教自漢末流行於中國以來，迄於北宋中葉，已近千年。就其教理內容而言，由小乘而大乘而一乘，以至於教外別傳之禪宗。深深的影響了中國人的文化生活，其「佛教中國化」的結果也幾乎使「中國佛教化」了。雖然佛教的思想創造的活力，到了宋代已經是強弩之末，但是其思想意識的型態，即使是強烈排斥佛教的新儒家亦不能外乎此。其談心說性，言道明理，乃至於工夫門徑與修持方法，莫不與佛教之思想戚戚相關。儒家中之高才者固能明辨儒佛之異同而「入乎其內、出乎其外」。其他則不免於既溺佛又排佛，而陷於自相矛盾。

北宋理學家之思想，大抵均「從駁雜中來」。出入於佛老十數年而後歸宗於儒家者。然而亦有始終以佛釋儒而陰稽禪學者：如謝上蔡、楊龜山、王信伯、張九成都是有名的例子，充其量祇是程度上的區別而已。㉔

茲就「龜山文集」及「語錄」略舉數端，以見其與佛家思想之牽涉。語錄中說：

「形色天性也，有物必有則也。物卽是形色，則卽是天性。唯聖人然後可以踐形：踐，履

㉓ 見「楊龜山先生全集」卷二十五「論語義序」頁一〇二七。

㉔ 見「宋元學案」之「震澤學案」，「橫浦學案」之全祖望按語。

也；體性故也，蓋形色必有所以爲形色者，是聖人之所履也，謂形色爲天性，亦猶所謂『色卽是空』。」㉕

「形色天性」之說，語出孟子盡心篇。此章以漢趙岐所注爲最諦當。龜山以「物」詮「形色」，以「則」詮「天性」；純是一家之言，不僅二程不如此說，朱熹亦不採此義。至於「形色必有所以爲形色者，是聖人之所履也。」此採「體性盡理」，乃本二程之說，爲不背師門教誨，可以無過。㉖然而謂「形色爲天性，猶所謂『色卽是空』。」則不免以佛解儒。蓋龜山先生甚喜「圓覺經」，以「性」爲「圓覺淨性」，乃隨順現象而起，現止現行，不自生滅，亦無體可循，故謂之「空」。如此一來，踐形之聖人，則與大覺之佛陀無異。又龜山先生於蕭山所聞有曰：「性則具足圓成，本無虧欠，要成此道，除是性也。」㉗乃龜山先生心中常有「圓成實性」、「圓覺淨性」之影子，故不覺如此說。與伊川「性卽理」，大相逕庭。

又龜山先生五十一歲時之「荆州所聞」有曰：

「君子之治心養氣，接物應事，唯直而已，直則無所事矣！……維摩經云：直心是道場，儒

㉕ 見「楊龜山先生全集」卷十三頁六六四「蕭山所聞」。

㉖ 見朱熹「四書集註」之「孟子集註」同條下所引，臺灣書店版頁三〇四。

㉗ 「楊龜山先生全集」卷十三「毗陵所聞」頁六七一。

佛至此，實無二理。」㉘

按，「人之生也直」，此「直」字爲孔子思想中主要之本性觀念，爲「言忠言，行篤敬」之先天內心之根據，隱指道德自覺心之價值主體。此「直心」不同於佛教之「直心」。佛教之「直心」指現起現行之「如來清淨心」，此心卽起卽滅亦不起不滅，隨順而生起萬法，無留無住；所謂「空寂無住」之「涅槃妙心」是也，與儒家聖人之「直心」迥然不同。龜山謂之「儒佛至此，實無二理。」他老師二程子闢了一輩子佛，到了龜山身上竟無着落，可見入佛之深。所以他又有所謂：

「孟子所言皆精粗兼備，其言甚近而妙義在焉。如龐居士云：神通與妙用，運水與搬材。此自得之言，最爲適理。」㉙

儒家講「洒掃應對進退」、講「下學上達」，全在道德訓練，以期養成優美的道德情操，涵養君子之人格。無何「神通」可說，無何「妙理」可言，不必附會到禪宗的機趣方面去做說明。龜山此言，可謂大失本眞。龜山又說：

「圓覺經言作、止、任、滅是四病。作，卽所謂助長，止，卽所謂不芸苗，任、滅，卽是無事。」㉚

㉘ 「楊龜山先生全集」卷十「荆州所聞」頁五三一。
㉙ 「楊龜山先生全集」卷十三頁六七九。
㉚ 「楊龜山先生全集」卷十三頁六五九。

按，圓覺經「四病」之說，載於此經末章，乃指修證法門的四種心智偏差：「作」指心智之造作以求必成，「止」指心智之止息力求清淨，「任」指任其自然而轉物宛轉，「滅」指滅盡煩惱而寂無生機。四者都是病態。龜山先生用以附會孟子的「宋人揠苗」章，與「必有事焉而勿正，心勿忘，勿助長。」相互印證。不過「圓覺經」旨在勉修行者遠離「四病」，以養成清淨之正觀，入於平等之「圓覺」。圓覺者，以圓滿之智慧所成就之實證妙境，處處實證此「如來清淨心」是也。[31]與孟子所喩之「揠苗助長」，意義之層次全然不同。蓋孟子所實指者爲「道德主體之自覺心」，所謂「良知良能」是也。佛家意在解脫，取境不同，不可混淆。龜山先生雜染於佛學者，即此可見。

此外龜山又以孟子「性善」與禪師常摠所謂之「庵摩羅識」（唐言「白淨無垢」）相附會。是故黃東發氏喟歎曰：

「附會至此，可怪可駭。人心一至陷溺，是非即成顚倒，前輩尚不能免，後學可不自懼乎？」[32]

今日觀之，儒佛各有勝義，平等體察，固毋需「可怪可駭」。然龜山先生任意比附，遂致儒

[31]「圓覺經今譯」第十章天華出版社頁一三一—一三四。

[32] 黃東發著「黃氏日鈔」卷四十一中文版頁五三七。

佛不分。雖時代因素使然，亦自難辭其咎也。其他入佛處極多，茲不贅言。

四、取資於張橫渠——龜山先生師出程門，最喜談說「萬物同體」之論。此論雖受明道先生「識仁篇」之「仁者渾然與物同體」之說的啓發，然而在理論的內容上，實多受橫渠的影響。此外因人氣稟之不同，有偏正昏明之差異，所謂「氣質之性」是也。變化氣質，反於太和，乃有所謂「天地之性」。總而言之，橫渠之「氣化一元論」爲龜山「萬物同體論」之形上依據。關於此點，在形式上與伊川先生相同，在實質上又不同於伊川先生之「理氣二元論」。蓋伊川陰陽爲氣，爲「形而下者也」；而龜山先生以「陰陽皆善」，「繼之者善」乃所謂「道」，即是天理。此說實宗橫渠，在理論的內容上較之伊川先生更接近於周易「生生之德」之要旨。爲先生「青出於藍」者也，茲簡介如下：其踵息庵記曰：

「通天下一氣耳，合而生，盡而死，凡有心知血氣之類，無物不然也。知合之非來，盡之非往。則其生也漚浮，其死也冰釋，如晝夜之常，無足悅戚者。」㉝

橫渠曰：「太虛無形，氣之本體，其聚其散，變化之客形耳！」㉞又曰：「海水凝則冰，浮則漚。然冰之才，漚之性，其存其亡，海不得而與焉。推是足以究生死之說。」㉟此即龜山之所

㉝　「楊龜山先生全集」卷二十四頁九七五。
㉞　張子「正蒙」「太和第一」中文出版社頁八十六。
㉟　「楊龜山先生全集」「動物篇第五」頁一一〇。

本，並無二異。故羅仲素問曰：「橫渠云氣質之性如何？」龜山先生答曰：

「人所資稟固有不同者，若論其本則無不善。蓋一陰一陽之謂善，陰陽無不善，而人則受之以生故也。……橫渠說『氣質之性』，亦云人之性有剛柔緩急彊弱昏明而已，非謂『天地之性』然也。今夫水清者其常然也，至於汨濁則沙泥混之矣；沙泥既去，其清者自若也。是故君子於『氣質之性』必有以變之，其澄濁而永清之義歟！」[36]

橫渠曰：「神，天德；化，天道。德其體，道其用；一於氣而已。」又以「天之不測爲神，神而有常爲天」。[37] 由此而成「泛神論」的主張。呼應着易傳「一陰一陽之謂道，繼之者善也，成之者性也。」於是人之本性無不善，氣稟所生則有昏明之別。所謂「形而後有氣質之性，善反之則天地之性存焉。」[38] 於是在「經學理窟」一書中，倡「變化氣質」之說，曰：

「惟其能克己，則爲能變化卻習俗之氣，性制得習俗之氣，所以養浩然之氣。是集義所生者，集義猶言集善也。義須是常集，勿使有息，故能生浩然道德之氣。」[39]

楊龜山曰：「通天下一氣耳，天地其體也；氣，體之充也。人受天地之中以生，均一氣耳，

---

[36] 「楊龜山先生全集」十二卷「餘杭所聞」頁六一四。

[37] 張子「正蒙」「天道篇第三」同上頁一〇二。

[38] 張子「正蒙」「誠明第六」頁一一六。

[39] 「張子全書」卷七「經學理窟」「學大原下」頁二一四。

故至大；集義所生故至剛。氣之剛大以直養而無害則塞乎天地之間。……㊵論養氣之道，以謂體、心、氣、神，人之所同也，四者合於無，則天地與我其一乎！夫天地其體也，氣、體之充也，養而無害則塞乎天地之間，理固然矣。」㊶

可知龜山先生好爲萬物同體一原之論，所本在橫渠。（日儒宇野哲人在「中國近世儒學史」中頗及見此）。此宇宙根原之說，爲其心性論之主要論據，以此推論而成就其整個哲學之思想系統，橫渠之於龜山之影響亦大矣！

五、歸宗於二程子——程門高弟，「明道喜龜山，伊川喜上蔡，蓋其氣象相似也。」龜山先生於廿九歲時，調官不赴，與游定夫見明道於潁昌。及其歸也，明道目送之，有「吾道南矣」之歎。嗣後道南一脈，由龜山開其宗，三傳而有朱熹。明道歿後，龜山於四十一歲時，又以師禮見伊川於洛陽，因而有「程門立雪」之千古佳話。龜山先生於仕事冗雜之際，猶不忘向二先生奉書請教。明道告之以春秋大義，又授中庸㊷。伊川解西銘之疑、中和之說，理一分殊之理。㊸伊川之「易傳」，卽由張繹轉交龜山，校訂而付梓者。龜山之於程門，猶如子夏之於孔子。二程學之

㊵「龜山全集」書頁四〇五。

㊶「楊龜山先生全集」卷二十四「養浩堂記」頁一〇〇八。

㊷「楊龜山先生全集」卷十六「寄明道先生」二書頁七三四—七四〇。

㊸「楊龜山先生全集」卷十六「寄伊川先生」頁七四一—七四六。

流傳，龜山先生居功最偉。設無龜山「道南之傳」，伊洛淵源絕非後日之源遠流長而波濤壯濶也。

龜山學之於二程學，雖有出入莊列，雜於佛老之弊，然而不失大旨。「中和位育」、「理一分殊」、「涵養用敬」、「格物致知」、「天人一本」、「性卽理」等程門正統思想，龜山先生無不推尊而發揚之。清康熙帝尊先生爲「程氏正宗」，無論就歷史地位、學術地位，龜山皆當之無愧也。㊹

龜山先生於明道極爲尊崇。於「見明道先生」一書有云：

「某嘗悲夫世之人，自蔽曲學，不求有道者正之，而又自悲其欲求有道者而未之得也。調官至京師，於朋游間獲聞先生之緒言，鄙俗之心固以潛釋，於是慨然興起。……此區區所以有今日之請也。先生其將哀其愚、憫其志而進之，使供洒掃於門下，則千萬幸甚！」㊺

明道歿，龜山聞訃，設位於寢門而哭之，祭文中曰：

「嗚呼！道之無傳也久矣。孟子沒，千有餘歲……其智足以窺聖學門牆者，蓋不可一二數也，況足以語道而傳之哉？……先生於是時乃獨守遺經，合內外之道，默識而性成之。其學之淵

㊹「楊龜山先生全集」卷首廖騰煃序頁六十九。

㊺「楊龜山先生全集」卷十六「見明道先生」頁七三一。

源蓋智者不能窺，而善言者所不能稱述也。……夫由堯舜而來至於湯文，孔子率四百餘歲而後得一人焉。孔子沒……百年而後孟子出。由孟子而來迄漢唐千有餘歲，卒未有一人傳之者。……今幸有其人……而先生及用而死，則予之慟哭，豈特以師弟子之私恩而已哉！」㊻

推崇明道先生爲孔孟之後唯一傳人，可謂至矣盡矣，不可加矣！

龜山先生於「中庸義序」中有言曰：

「伊川先生有言曰：不偏之謂中，不易之謂庸，中者天下之正道，庸者天下之定理。中庸之書蓋聖學之淵源，入德之大方也。……予昔在元豐中嘗受學於明道先生之門，得其緒言一二，未及卒業而先生歿。繼又從伊川先生，未幾先生復以罪流竄涪陵。其立言垂訓爲世大禁，學者膠口無敢復道。政和四年夏六月，予得請祠館，退居餘杭，杜門卻掃固得溫尋舊業，悼斯文之將墜，於是追述先生之遺訓，著爲此書，以其所聞推其所未聞。雖未足盡傳先生之奧，亦妄意其庶幾焉！……」㊼

政和四年，先生六十二歲矣，睽隔卅年後，猶思追尋二程先生之遺訓，溫尋舊學，志業亦可稱爲「擇善固執者」矣。其「校正伊川易傳後序」，亦作於六十二歲時，其稱道伊川先生爲「先

㊻「楊龜山先生全集」卷二十八「哀明道先生」頁一一〇一。
㊼「楊龜山先生全集」卷二十五頁一〇三一。

生道學足爲世師，而於易尤盡心焉，其微辭妙旨，蓋有書不能傳者，恨得其書晚，不及親受旨訓。……」㊽

龜山先生晚年，於八十歲之後，尙孜孜不倦，著「三經義辨」、「日錄辨」等書，推尊道學之傳，駁斥王學之非，庶幾無愧師門。瀕死之年，猶校錄胡文定公寄來的「伊川語錄」。有曰：「伊川先生語錄，在念未嘗忘也……深愧鄙拙，不足以發揚其美……近因傷冷，嗽大作，累日不能興，咋稍平，然飲食猶未復，常倦甚，作書不及一二。」㊾

未幾，龜山先生逝矣！其歸宗程門，發揚師學，終身不倦，死而後已。於玆觀之，感慨亦深矣！今日士風澆薄，觀此得無愧乎？

（四）

龜山先生宇宙本體論之思想，源出周易，然而所得於橫渠與伊川者實多。蓋橫渠以太虛氣化爲宇宙萬象之起源，復以陰陽不測之神化行於一切現象之中，爲美善之價值的根源，從而成就其

㊽「楊龜山先生全集」卷二十五頁一〇三三。

㊾「楊龜山先生全集」卷二十「答胡康侯書」其九頁八八三。

「泛神的宇宙目的論」。伊川主「性卽理」，復由橫渠之「天地之性」與「氣質之性」轉化為理氣二元之說。以性立天下之大本，為普遍之形式因；氣之流行成就一切事物，為萬物之實質因。以此而建立其「一本萬殊」之理論體系。理氣二元，合一流行。萬物「各一其性」，莫不具此理氣二者。嗣後朱熹發揚此說，更增益以濂溪之「太極生化論」。以「太極」在萬物之上，復在萬物之中。「一物一太極，總體一太極。」太極卽是理，此「理」旣是超越的又是內在的。成立了一個類如近代系統神學的「萬物在神論」(Panen-theism) 的思想型態。

龜山先生介乎程張朱熹之間，朱熹的「一本萬殊」或「理一分殊」之說，實由龜山轉介而來，明瞭了龜山的思想，則有助於明瞭朱熹的思想。基於此點，特簡述如下：

龜山宇宙本體論的思想首在乾、坤、陰、陽之觀念，乃本乎周易，折衷於橫渠、伊川而有者，他說：

「夫易與乾坤豈有二物？孰為內外？因其健順而名之耳。乾坤卽易，易卽乾坤。」㊿

易，泛指此周流不息，變動不居之全體宇宙。充滿在整個宇宙間的為乾坤之創造力與孕育力，特以健順形容其特性。乾坤又稱為陰陽。故語錄云：

「問：『乾坤卽陰陽之氣否？』(按，問者為薛宗博，龜山門人。)

㊿「楊龜山先生全集」卷十三「南都所聞」頁六五三。

曰：『分明說乾陽物，坤陰物。』

問：『旣是陰陽又曰乾坤，何也？』

曰：『乾坤正言其健順爾！識破本根，須是知體同名異，自然意義曉然。』」51

乾坤卽是陰陽，二者「異名同體」。此陰陽之氣動靜屈伸，變易無窮，產生宇宙萬象，也就是宇宙自身。此宇宙卽是變易的宇宙，一切變易皆是陰陽之氣之動靜屈伸。所以他說：

「陰陽之氣有動靜屈伸耳！一動一靜，或屈或伸，闔闢之象也。……夫氣之闔闢往來，豈有窮哉？有闔有闢，變由是生，其變無常，非易而何？」52

易傳曰：「闢戶謂之乾，闔戶謂之坤。」又曰：「一陰一陽之謂道。」「闢戶」卽是此宇宙創造力的開展流行，「闔戶」卽是此宇宙孕育力的涵養與成就。一闔一闢，整個宇宙也就是這個創造變化的歷程。所以他說：

「天地乾坤亦是異名同體。其本一物，變生則名立：在天成象，在地成形，亦此物也。但因變化出來，故千態萬變，各自呈露。」53

51 「楊龜山先生全集」卷十三頁六五五。
52 「楊龜山先生全集」卷十三頁六五三。
53 「楊龜山先生全集」卷十三頁六五五。

龜山先生的「萬物一體同源論」的宇宙觀，由此建立。他特別用橫渠先生「氣化一元論」的方式陳述出來，他說：

「通天下一氣耳。天地，其體也；氣，體之充也。人受天地之中以生，均一氣耳。」54

於是，天地之通極於氣。乾坤陰陽爲天地之同體，一氣流行，爲萬物之一源。物之分合聚散、人之生死存亡，可一律作平等觀，這與橫渠思想一致，也通於莊子的思想。莊子「齊物論」中「天地一指，萬物一馬」的思想，隱隱之間也有這種「氣」的觀念作前提的。55於是先生說：

「通天下一氣耳。合而生，盡而死。凡物有心知血氣之類，無物不然也。」56又曰：

「天地之間，一氣而萬形，一息而成古今。達觀之士，會物於一己！通晝夜而知，則雖死生之變，無怛矣！」57

這種隨物順化的達觀思想，是橫渠的也是莊子的。瞭解了龜山思想的淵源，此處可不必深論。總之，在他一氣流行的宇宙觀中，這個宇宙是自然而生、自因而有。沒有任何外在的動力因，或是超越的形式因。換言之，這個宇宙本身既是「能造」，也是「所造」；但絕不是由超越

54 「楊龜山先生全集」卷八「孟子解」頁四〇五。
55 見莊子「齊物論」及「天地」、「天道」、「天運」諸篇。
56 「楊龜山先生全集」卷二十四「踵息庵記」頁九七五。
57 同56「歸鴻閣記」頁九九八。

的原因所創造的。所以他不採取濂溪的「太極生化說」，不採取「無極而太極，太極動而生陽，靜而生陰……。」這種「宇宙發生論」的描述方式。他的「太極」觀念，是他自己的新顯思想，甚至與邵康節把太極當作「在動靜有無之間」的神妙之物也不同。語錄云：

「問：『易有太極，莫便是道之所謂中否？』曰：『然！』『若是則本無定位，當處卽是太極耶？』曰：『然！』『兩儀四象八卦如何自此生？』曰：『旣有太極，便有上下，有上下便有左右前後，有左右前後四方便有四維。皆自然之理也。」58

以太極爲自然之理，「當處卽是太極」，成了自然宇宙中之內在的律則。龜山先生的宇宙論思想發展到這裏，似乎可以把他說做一個「自然主義」者了。其實不然。因爲龜山先生的「陰陽之氣」不是物質性的，卻含有精神意味的價值意識。這當然是受了「易傳」與橫渠先生「神化」的影響。他說：

「變化，神之所爲也。其所以變化孰從而見之？因其成象於天，成形於地，然後變化可得而見焉！……無象無形則神之所爲隱矣！有象有形變化於是乎著。」59又說：

「人所資稟固有不同者，若論其本則無不善。蓋一陰一陽之謂善，陰陽無不善，而人則受之

58 「楊龜山先生全集」卷十三頁六五七。
59 同58，頁六五六。

以生故也。」[60]

既云「變化神之所爲也」，又云「陰陽無不善」。這與張橫渠一樣，趨向於富有價值意識的宇宙目的論了。張橫渠的這種思想主要發揮在他的「神化」、「誠明」、「天道」篇中。而龜山先生則發揮在他的「道論」與「性論」上。同時，也可以從他這些思想中看出一些「華嚴宗」之「萬法皆善」及「圓覺經」之「圓覺淨性」的影子。現在先談談他的「道論」與「性論」。

（五）

中國儒家的「道論」，建立在兩個主要的本體論前提上。一是易繫辭上傳的「一陰一陽之謂道，繼之者善也，成之者性也。」另一是中庸首章的「天命之謂性，率性之謂道。」宋明理學家在「道論」上的歧異，要在本體論上的歧異。換言之，卽對前面兩個命題解釋不同。譬如朱熹對「一陰一陽之謂道」的解釋，卽本之於伊川先生，以陰陽爲形而下之氣，「所以爲陰陽」則謂之「道」，道卽是「理」，也就是「太極」。[61]而且，又依據周濂溪的說法，以「一陰一陽」爲「

[60] 「楊龜山先生全集」卷十二「餘杭所聞」頁六一四。

[61] 見「二程全書」「遺書十五」程伊川語中華書局版頁十四，及「朱子語類」卷一「理氣上」。

陰陽迭運」。所謂「陰陽迭運」，就是「太極動而生陽，陽極復靜，靜而生陰，靜極復動，兩儀立焉。」62如此陰陽二氣交相迭運，伊川先生稱之爲「動靜無端，陰陽無始。」於是陰陽相繼迭運不已，以成就造化之功，則稱爲「繼之者善」；萬物稟受陰陽而生，則各具有其特有的質性，則稱爲「成之者性」。

其實，從濂溪、伊川到朱熹這個系統下所綜合而成的解釋，並不合周易的原義。其中有一個原因，就是程、朱二人對「謂之」與「之謂」的語法結構不盡瞭解，而混淆誤用，這一點戴東原在「孟子字義疏證」卷中「天道」篇中，說得很淸楚。據他的說法，凡曰「之謂」乃「以上所稱解下」；凡「謂之」者，乃「以下所稱之名辨上之實」。63由此可知，「一陰一陽之謂道」即是以「一陰一陽」作爲「道」的謂詞，如同說：「道也者，一陰一陽是也。」所以說，「一陰一陽」乃形上之道，流行在未有形質之前。並不如程伊川與朱熹所說，乃是形下之器，而生於既有形質之後。

何謂「一陰一陽」呢？龜山先生本諸周易原旨與橫渠「正蒙」太和，說得旣明白也合理。他以陰陽爲一氣流行中的兩種原動力，所謂「一闔一闢」。「闢」爲創生的力，「闔」爲孕成的力。一闔一闢，往來不窮；它們共同作用，一齊成就，造成了紛紛芸芸的宇宙萬象。這一點，我

62 見周敦頤「太極圖說」。
63 見戴東原「孟子字義疏證」卷中「天道篇」廣文版頁二。

在前面一章中已舉證說明了，此處不贅。於是「道」，便是這宇宙自我創造、自我實現的整體歷程。他說得好：

「夫盈天地之間，孰非道乎！道而（不）可離，則道有在矣。[64]」又說：「無適而非道。」從宇宙的全般事象來觀察，無不在這宇宙創立的全體歷程之中。故曰：「萬物得陰陽而生，皆可言『繼之』。[65]」

於是「道」的作用，落實在人倫道德上，涵蓋了一切倫理的德目。所以他說：「道固有義，義不足以盡道。」[66]又如：「忠恕違道不遠，則忠非盡道也。」[67]又曰：「道固有仁義，仁義不足以盡道。」[68]

同時，這種「道」的作用，也實際涵蓋了一切人倫日用的範圍，於是他說：

「今天所謂道者，無適而非也。況君臣父子乎？故卽君臣而有君臣之義，卽父子而有父子之

[64]「龜山全集」卷廿「答胡康侯書」頁八五六。
[65]「楊龜山先生全集」卷十三頁六七一。
[66]「楊龜山先生全集」卷廿一頁九〇〇。
[67]「楊龜山先生全集」卷廿一頁九〇六。
[68]「楊龜山先生全集」卷十七頁七七三。

仁，卽夫婦而有夫婦之別。此吾聖人所以無適而非道也。」[69]

「無適而非道」的觀點，是龜山先生一個很重要的論題。他修養論中的「行其所無事」、「直養而無害」、「必有事焉而勿正」、「性不假修」等，都是順此論題而演繹得來。「無適而非道」語出孟子，本來是指稱聖人「從心所欲不踰矩」的境界。但是，龜山先生把它引申運用到道體的作用流行上，成爲一個本體論的命題。有「道之流行，無所往而非善」的意味。換言之，道無不善，卽道是善。原來他認爲「一陰一陽之謂善」、「陰陽無不善」。於是，陰陽之氣有了價值意義，它的流行又有了目的性。這種思想說起來頭緒極多，相當複雜。不過從易傳與橫渠的思想上來看，也不是不可瞭解的。一言以蔽之，爲宇宙的「內在目的論」、宗教的「泛神論」是也。所以他說：「夫古之大學之道，必先明天德，知天德則死生之說，鬼神之情狀，當自見矣！是道也，聖人詳言於易。……孟子曰：盡其心者知其性，知其性則知天矣。」[70]

從「道」的觀念可以瞭解到「性」的觀念，所謂「道外無性，性外無道」。這是宋明理學家共通的觀點。

龜山先生說「性」，依然是本體論的立場。從經學的來源上說：一是易繫辭上傳的「成之者

[69] 「楊龜山先生全集」卷十八「與陸思仲書」頁七八八。

[70] 同[69]。

性」，一是中庸首章的「天命之謂性」。從理學的來源上說，則是淵源於明道先生。明道先生的性說，也是從易傳與中庸來的。所以，如果要瞭解龜山的「性」，先須瞭解明道的「性」：

1. 道卽性——明道先生言「道」，大抵指「天道」，也就是「天之生道」，卽是天之創生的整體歷程。此創生歷程中所顯現的價値性及目的性，通貫於天人之際而「天人不二」；故天之性卽人之性。所以明道先生說：

「道卽性也。若道外尋性、性外尋道，便不是聖賢論天德。」[71]

2. 氣卽性——明道先生所謂的「氣」，卽陰陽交感化醇之氣。道乃無形，氣則可見；乃是道之客觀實現而成爲宇宙萬有。人物皆稟氣而生，故所賦之性卽因氣而有。他說：

「生之謂性。性卽氣，氣卽性；生之謂也。」

3. 卽生言性——天有生生之德，創生不已以成就宇宙人生中美善之價値，此爲天道之善。人繼承這個神聖之目的，發揚這個目的，便是人道之善。故謂之「繼之者善」。然而，就現實人生而言，由於氣稟之差異，在適應環境的生活過程中，不免有「過與不及」的差失。這種差失相對於「善」而言，姑且稱之爲「惡」。然而那不是根本惡。如果從「生生不已」的宇宙大方向來看，有些「惡」，往往也是順應人類求取生存的意向上而產生的，如同孔子所謂的「觀過知

[71] 見「二程遺書」二上「東見錄」。

仁」。所以明道說：「天地之大德曰生，天地絪縕，萬物化醇，生之謂性。」[72]又說：

「告子云生之謂性，則可。凡天地所生之物，須是謂性。……天命之謂性，率性之謂道者，天降是於下，萬物流形，各正性命者，是所謂性也，循其性而不失，是所謂道也。」[73]

又說：

「天下善惡皆天理，謂之惡者非本惡也；但或過或不及便如此。」[74]

於是，明道先生把天、道、性、命、理，綰合在一個主體概念上，那便是「仁」。由此而泛言「仁者與天地萬物爲一體」。如果我們瞭解了明道先生的中心思想中的「性論」，我們就可以瞭解楊龜山先生「性」的觀念，因爲那是薪火相傳，一脈相承的。龜山先生說：

「中庸言天命之謂性，性卽天命也，又豈二物哉！……性命初無二理，第所由之者異耳！」[75]

命者，天道所賦予人物者也。龜山又說「天理卽所謂命」這裏的「命」在龜山的詞彙中，係自然之賦予，不是神明之所授。理、道、性、命可以通一無二。

---

[72] 見「二程遺書」十一。

[73] 同[72]。

[74] 見「二程遺書」二上。

[75] 「楊龜山先生全集」卷十三頁六〇二。

他說：「性、命、道，三者一體而異名，初無二致也。故在天曰命，在人曰性，率性而行曰道。特所從言之異耳。」[76]

同時，在「生之謂性」的觀念上亦與明道相同，以區別於告子。他與楊仲遠書中說：

「告子知生之謂性，而不知生之所以謂性，故失之。非生之謂性有二說也，特告子未達耳。」[77]

「生之所以謂性」即明道與龜山所謂之「天理」，亦即天道與天命也。道既是「無適而非」，性自是渾然天成。蓋道卽性，性卽道。道無不善而性亦無不善也。於是在這一方面，龜山先生超軼出了明道論性的範圍。因爲他把「性」祇看做宇宙間普遍流行的絕對而完全的存有之性，卽是價值創造的內在根原，於是他成立三個重要的論題：

1. 「性則具足圓成，本無虧欠。要成此道，除是性也。」[78]

2. 「性不假修。」[79]「人性上不可添一物。」[80]

---

[76] 「楊龜山先生全集」卷十四頁六八四。

[77] 「楊龜山先生全集」卷十六頁七五二。

[78] 「楊龜山先生全集」卷十三頁六七一。

[79] 「楊龜山先生全集」卷十二頁六〇三。

[80] 「楊龜山先生全集」卷十二頁五八九。

3.「性無變壞。」㉛

要言之，它是完美無缺的，純粹至善的，永恒不滅的「性」。如果再加上前面所說的普遍流行，生生不已等特質，那麼也祇有佛敎的「圓成實性」、「圓覺淨性」、「眞如法性」等可以比擬。如果就儒家而言，乃是指恒久不已的宇宙之主體創造性和內在目的性了。

（六）

龜山先生有關知識論的主張，具見於他的「格物致知」之說。「格物致知」，語出於「大學」。千餘年來，並未受到中國儒家學者的重視，直至宋代的二程子，始加以注意；而小程子伊川先生更盛張其說，有所謂「涵養須用敬，進學在致知。」以之爲進德入道之門。玆後朱熹更於「大學章句」中作「補傳」，有「卽凡天下之物，莫不因其已知之理而益窮之，以求至乎其極」之言。於是「程朱格物」之學，歷八百年之久，爲中國理學家最熱心討論的項目，爭辯也最激烈，程朱、陸王之爭，爲其中最著名的辯論。

其實，無論那一派的「格物致知」說，都較少涉及客觀的實質的事理之探求。其主要的宗旨

㉛「楊龜山先生全集」卷十二頁六〇三。

在「窮理」——「窮理盡性以至於命」——窮天命之性的「性理」，或者是窮「心卽理」的心之理。質言之，皆不過是「明善」、「明心」、「明明德」。卽使有所謂客觀實質的知識與事理的探求，也不過是手段而已。

龜山先生也是這思想潮流中的一個中堅份子，他開宗明義的揭示出「格物致知」的路向。他說：

「無非道也。……然而爲是道者必先明乎善，然後知所以爲善也，明善在致知，致知在格物。」[82]

道，在龜山先生而言，是爲卽事而見的「無適而非」的天道；泛指宇宙人生中創造美善價值的整體歷程。道之相繼而生生不已，便是至善。伊川先生也說明：「致知，但知止於至善。」[83]「致知」是「明善」的手段，而「格物」必先於「致知」。

何謂「格物」？明道先生說：「格，至也；窮理而至於物，則物理盡。」[84]伊川先生也說：「格，至也，如祖考來格之格。」龜山先生對「格」的詮釋同於二程先生，他說：

[82] 「楊龜山先生全集」卷十八「答李杭書」頁七九九。
[83] 「二程遺書」第七伊川語。
[84] 「二程遺書」二上。

「格物而至於物格，則知之者至矣！」[85]又說：

「致知格物，蓋言致知當極盡物理也。」[86]又說：

「致知必先於格物，物格而後知至，知至斯知止矣。此其序也。……所謂止者，乃其至處也。自修身推而至於平天下，莫不有道焉。……然而非格物致知，烏足以知其道哉！」[87]以「格」爲「至」，又以「窮理」釋「格物」。這樣一來，把「格物」、「致知」、「窮理」，構成一個條理的系統。以「窮理」爲「格物」的根本內容。而「窮理」者，實際便是「明善」。推而言之，便是明天道之善。在龜山的學說中，道與性合一。於是，「窮理」便和「盡性」相當了。

這在思想的路向上，是與明道先生相似而不同的。明道先生說：「窮理盡性以至於命，三事一時並了，元無次序。」明道先生的「窮理」，往往採取直觀體證的方式，並不需要取徑於客觀事理的探求。而龜山則以「致知」作爲「格物窮理」的實現過程。他雖然着重在道德生活之實踐的體驗，但是並不排斥客觀事物之理的探求。這是伊川先生的路子。因此他說：

「承問格物。……六經之微言，天下之至賾存焉。古人多識鳥獸草木之名，豈徒識其名哉？

[85] 「楊龜山先生全集」卷廿一「答學者書」頁九〇〇。

[86] 「楊龜山先生全集」卷廿「答胡康書」頁八五五。

深探而力求之，皆格物之道也。……孟子曰：博學而詳說之，將以反說約也。」88

從「格物致知」的縱深度來說，是「窮理盡性以至於命。」從「格物致知」的範圍上來看，則爲「六經之微言」、「多識鳥獸草木之名」包括了書本的知識與自然的知識，都是客觀的事物之理。現在我們進一步的探討他「物」的概念。他說：

「形色，天性也。有物必有則也。物卽是形色，則卽是天性。……謂形色爲天性，亦猶所謂『色卽是空』。」89

以物爲形色，形卽指可見之形體，色卽指可感知的現象。佛教所謂「色」泛指一切形象世界，凡是知覺及意想所及的範圍之內的世界，統稱之「色界」。

但是，龜山先生所謂的「物」的範圍，尤不止此。尙且包含事世界與理世界在內，所謂「有物必有則」是也。他說：

「詩云：『天生烝民，有物有則。』凡形色之具於吾身，無非物也。目之于色，耳之于聲，口鼻之于嗅味，接于外而不得遁焉者，其必有以也。知其體物而不可遺，則天下之理得矣。天下之理得，則物與吾爲一也。……由是而通天下之志，類萬物之情，贊天地之化，其則不遠矣。則

87 「楊龜山先生全集」卷廿一頁九〇〇。
88 「楊龜山先生全集」卷廿一頁九一二。
89 「楊龜山先生全集」卷十三「南都所聞」頁六六四。

其知可不謂之至乎！」⑳

因此，格物致知，知至則窮理，窮理則「物與吾爲一」，他所窮之理，卽是天下共具而普遍之理。所謂物我一理。正如同伊川先生所說「天下物皆可以理照，有物必有則，一物須有一理。」又說「格物窮理，非是要窮盡天下之物。但於一事上窮盡，其他可以類推。……所以能窮者，只爲萬物皆是一理。」㉑由此可見二程先生與龜山先生之薪火相傳。龜山先生也嘗說：「學始於致知，終於知止而止焉，致知在格物，物固不可勝窮也，反身而誠，則舉天下之物在我矣。」㉒又曰：「天地萬物一性耳，無聖賢知愚之異。㉓」

是以龜山先生的「格物致知」，在方法上同時採取兩個方向，一是「下學上達」的逆知的過程，由知一物一理，而推至萬物同理。他說：

「大學所論誠意正心修身治天下國家之道，其原乃在乎物格，推之而已。」㉔

推，就是類推及推論，是由「見聞之知」窮究物理，以求豁然貫通，以達於「德性之知」的

⑳「楊龜山先生全集」卷廿六「題蕭欲仁大學篇後記」頁一〇五七。
㉑「二程遺書」第十七。
㉒「楊龜山先生全集」卷廿六頁一〇五七。
㉓「楊龜山先生全集」卷廿四頁九八五。
㉔「楊龜山先生全集」卷廿一「答學者書」頁九〇一。

物我一理。

另一個方式，是由上而下的順知的過程。由直悟所謂物我一理，悟此則明彼，而知所謂萬物之理。如同伊川所說：

「物我一理，明此則盡彼，盡則通。此合內外之道也。」㉕

龜山也嘗說：「誠者，合內外之道，成己所以成物也。」㉖又說：「格物之多至於萬，則物蓋有不可勝窮者，反身而誠，則舉天下之物在我矣。」㉗

孟子曰：「萬物皆備於我矣，反身而誠。」中庸也說：「誠則明矣，明則誠矣。」龜山遠體先賢，近法二程，從形象世界的經驗領域中，脫落形跡，滌蕩心胸，溯流而上於天理世界的超經驗領域。遊心於這個領域中，不僅是理趣上的玩味；同時也獲得對自我的肯定，生命的自信。從而由此精神上的自由解放，立身處世，從容中道，豈謂小補哉！

龜山就此「格物致知」之說，得到一個光輝的論證。這個論證，是他對橫渠「西銘」的懷疑，而求教於伊川先生，經過往復開導之後而深造自得者。這個論證就是有名的「理一分殊」之說。以後朱熹把它用在本體論上，就稱做「一本萬殊」。現在，先從伊川與龜山師生二人修書答問，

㉕「二程遺書」第十七。

㉖「楊龜山先生全集」卷十九「與劉器之書」頁八二九。

㉗「楊龜山先生全集」卷十八「答李杭書」頁七九九。

討論「理一分殊說」之緣起：

據「年譜」所載，龜山先生於宋哲宗紹聖三年（西元一○九六年）於官瀏陽任內，因讀橫渠「西銘」，致疑「西銘」之言「發明聖人微意至深，然而，言體而不及用，恐其流遂至於兼愛。」於是修書請教伊川先生，「願得一言推明其用。」並且希望「庶乎學者體用兼明而不至於流蕩也。」[98]伊川的答覆可歸納簡述為下列四點：

一、「西銘」擴前聖之所未發，「與孟子性善養氣之論同功」，非墨氏之可比。蓋西銘明「理一而分殊」墨氏則「二本而無分」。

二、從西銘之「老幼及人」可見所謂「理一」，從墨氏之「愛無差等」可見所謂「二本」。（按：伊川認為「西銘」即從仁心的發露上以成立道德行為的自律，從而老老幼幼，推己及人，使一切倫理行為皆得其宜；明體達用，一以貫之，故謂之「理一」。而墨氏兼愛無義，乃是有體無用；在實際的倫理生活中無法適應複雜的人際關係，勢必另取社會上的外在的規範使彌補「兼愛」之不足。如此「仁內義外」是謂之「二本」。）

三、設非「理一」則「分殊」亦可能形成「私勝失仁」的流弊；設非「分殊」，「理一」也不過是一空泛的原則，無從落實到實際的倫理生活中，正好墮入墨氏「兼愛」的弊病。

[98]「楊龜山先生全集」卷十六頁七四二。

四、因此，「理一而分殊」恰可對治「二本而無分」。正是體用合一而並行，與墨氏截然分別，不可混同。⑲

伊川先生之說，正所謂「由仁義行，非行仁義。」「親親而仁民，仁民而愛物。」伊川自稱「在物爲理，處物爲義」正是儒家的眞血脈。龜山先生憬然醒悟。終身以之爲啓導後學的工夫門徑。因此他在「答伊川先生書」中，除了複述伊川先生的敎訓，以見瞭解之外；又增加了兩點深思之後的心得：

一、他以「聖人稱物而平施之」來解釋「理一而分殊」：所謂「稱物」，卽是「親疎遠近各當其分」；所謂「平施」，卽是「其心一也」。完全做到這個地步，他稱爲「仁至義盡」。

二、「老吾老以及人之老，幼吾幼以及人之幼。」善推其所爲而已；孔子曰：「老者安之，少者懷之。」則無事乎推矣。無事乎推，理一故也。

按：前面的一段，用來詮釋伊川的「理一而分殊」，可謂十分諦當，若合符節。但是後面的一段話，顯然的把孟子的境界與孔子的境界，做了差別的評價。他特別強調了「理一」，認爲如果得其「理一」，則自然的「而分殊」了，（「而」字不可省略）當然也就「不待乎推」了；這是第一義境。而「待乎推」是落於第二義境。換言之，後者是格物致知以窮理的過程，前者則已

⑲「楊龜山先生全集」卷十六頁七四四。

窮究「萬物一理」而豁然貫通，達到「天德良知」的境界了。

這當然與龜山先生的本體論思想有關。因爲他認爲性命合一流行，無所不善，所以有不善，人之氣稟之異有過與不及而已。於是「心不可無，性不假修。」[100]「事事循天理」、「行其所無事」，就成爲龜山先生常說的話頭了。這一類話頭，在儒家的思想中，就價值意識的主體或道德自覺的主體方面而言，也都可以說得通。但是過於強調了這些話頭，就很容易混入了佛家無人相、無我相，境空心不空的說法；或是雜染了「無爲而無不爲」的道家思想。這樣一來，就不免與伊川先生異趣了。

由於龜山先生主要興趣，在窮「理一」之理，於是他把「理一而分殊」之說，轉入到知識論的討論中去。

他在五十三歲「荆州所聞」語錄中曰：

「安得句句不離乎仁？曰：須是知一以貫之之理。……一者何？曰：仁也。……今之學者仁之體亦不曾體究得。」[101]

於五十五歲「餘杭所聞」語錄中曰：

[100]「楊龜山先生全集」卷十「荆州所聞」頁四六八。

[101]「楊龜山先生全集」卷十頁四九二。

「河南先生言『理一而分殊』。知其『理一』所以爲仁，知其『分殊』所以爲義。所謂『分殊』猶孟子言『親親而仁民，仁民而愛物』，其分不同，故所施不能無差等。……用未嘗離體也。……則卽體而言，分在其中矣！(102)」又語羅仲素曰：

「西銘只是發明一個事天的道理，所謂事事循天理而已。」(103)

於答胡康侯（胡安國）書中曰：

「天下之物，『一而分殊』。知其『理一』，所以爲仁；知其『分殊』，所以爲義。權其分之輕重，無銖分之差則精矣。夫爲仁由巳耳，何力不足之有？」(104)

爲仁，卽是爲仁之方；爲義，卽是爲義之道。都是屬於行爲方法之瞭解。其所以然之理，卽在「理一而分殊」。因此致「理一而分殊」之知，務求達到「權其分之輕重，無銖分之差」的程度，則是惟精惟一，我欲仁斯仁至矣。苟能窮此「理一」之理，才可達到「事事循天理」的修養境界。他說：

「行其所無事，則由智行，非行智也。……聖人之於智，見無全牛，萬理洞開，卽便是從容

(102) 「楊龜山先生全集」卷十一「京都所聞」頁五五四。

(103) 「楊龜山先生全集」卷十二頁六二一。

(104) 「楊龜山先生全集」卷廿一頁八五七。

處，豈不謂之妙！」[105]

龜山先生把孟子的「聖人由仁義行，非行仁義。」改寫成「由智行，非行智也。」又以「行其所無事」作爲它的充分條件。且以「見無全牛，萬理洞開」作爲其究極境界，而稱妙不置。他所說的「聖人」，實在不像是儒家道德世界中的聖人，卻有點像是道家的「微妙眞人」或是佛家的「大覺眞人」了。

思想本來是有容乃大的，實在不必涇渭分明而定其輕重。在這裏，細細品味一下龜山先生的思想，似如妙手調酒，芳醇可人的。

（七）

中國哲學裏談「心」，在先秦時代最有名的有三家：一是孟子的，二是莊子的，三是荀子的。孟子的「性善論」實際上就是心善論，直從人之生命之切實感受處來體驗人心的善端，並且從人之倫理生活的切近平易處去涵養善端的根苗。乃是由自然性情的眞誠惻怛而見道德主體的自主自律，所謂「仁義禮智根於心」、「大人者不失其赤子之心」。「仁，人心也。」此心爲德性

[105]「楊龜山先生全集」卷十三頁六七四。

本心，即是道德的自我。由此自我的實現而盡性知天，去實證「上下同流」的道德形而上的境界。

龜山先生的修養論宗師孟子，嘗謂「孟子言：『仁，人心也。』最爲貼切。」又說「孟子以惻隱之心爲仁之端，平居但以此體究，久久自見。[106]」於是他提出一個「直」字來做爲養心之道，也就從這個「直」字上來實證本心。

所謂「直」，卽指人心的眞純不雜，直見本體。易傳謂「君子敬以直內，義以方外。」孔子謂「人之生也直」，孟子則謂「直養而無害」。龜山對「直」字的詮釋如下：

「易曰：君子敬以直內，義以方外。夫以盡其誠心而無僞焉，所謂直也。」[107]又曰：「葉公以證父之攘羊爲直。而孔子以爲吾黨之直者，父爲子隱，子爲父隱。夫父子之眞情豈欲相暴其惡哉，行其眞情乃所謂直。反情以爲直，則失其所以爲直矣。」[108]「人之生也直。是以君子無所往而不用其直。直則心得其正矣。……所謂直者，公天下之巧惡而不爲私焉耳。」[109]

[106] 「楊龜山先生全集」卷十一頁五三八。
[107] 「楊龜山先生全集」卷十一頁五四八。
[108] 「楊龜山先生全集」卷十頁四七四。
[109] 「楊龜山先生全集」卷十頁五五八。

可知龜山之直，一方面從父子間依戀廻護的純情流露上見「直」，一方面從正直無私的道德勇氣上見「直」。無論那一種「直」，都是訴之於道德情感的直接流露，依於道德自覺心的直接判斷。不須要像程伊川一樣，以「理」爲轉手，提出「性卽理」的觀念而去欲明理。換言之，以心去欲而明理，以心從理而見性；實不如直下本心，卽心卽理。這是程朱與陸王的思想分際，由此而有「心宗」、「性宗」之異趣。可見龜山先生在心的涵養工夫上主「心宗」之說與伊川分途。於是他說：

「君子之治心養氣，接物應物，唯直而已。直則無事矣！維摩經云：『直心是道場』。儒佛至此，實無二理。」㊂

如果我們把「儒佛之辨」的問題撇開，直心卽直下本心，是「乍見孺子之心」，全無計較，不假思索，是道德直覺發見處的「第一念」。因此，他對「心的涵養」就以「直養而無害」作爲工夫門徑中積極與消極的二向。他說：

「『必有事焉而勿正，心勿忘，勿助長。』旣不可忘，又不可助長，當如何着力？孟子固曰：『至大至剛，以直養而無害。』雖未嘗忘，亦不助長。」㊃

㊂「楊龜山先生全集」卷十頁五三三。
㊃「楊龜山先生全集」卷十一頁五四九。

所謂「以直養而無害」，即是以直養心而毋以人謀害心。也就是說，我們的行爲要順從道德直覺（本心）的第一念，不要牽就習癖計較（習心）的第二念。因爲第一念爲直承本心，第二念則溺於物欲。溺於物欲則放失本心矣。伊川先生也嘗說「心有所向便是人欲」。心有所向，就是心中有了現實利害的實用目的。伊川臨歿時，門人問他：「心有用否?」伊川曰：「道着用時便不是!」⑫——談到實用之目的便不是「本心」了。

要言之，以直正心，以直處世，爲龜山先生人生哲學的主要綱領。如果能以直正心，就能以直處世。以直正心則爲仁，以直處世則爲義。居仁由義爲君子立身之大本。仁爲「理一」，義有「分殊」。「理一而分殊」，直從道德的本心而成立倫理行爲的規範，龜山先生就稱之爲「事事循天理」。他說：

「孟子一部書，只是要正人心。……千變萬化只說從心上來，人能正心則事無足爲者矣。……心得其正，然後知性之善。……人性上不可添加一物，堯舜所以爲萬世法，亦只率性而已。所謂率性，循天理是也。」⑬又說：

「孔子曰：不知命，無以爲君子。知命只是事事循天理而已。循天理，則于事無固必，無固

---

⑫ 見「宋元學案」之「伊川學案上」伊川本傳世界版頁三四三。

⑬ 「楊龜山先生全集」卷十二頁五八九。

必，則計較無所用。」[114]

事事循天理，猶如王陽明所謂的「致良知」——把良知的本體實現到倫理生活中來，處處見天理的流行，處處是宇宙的生機。這種境界是道德的也是藝術的，甚且是宗教的。因爲，龜山先生之「事事循天理」的修養論命題，是呼應着他本體論命題的「無適而非道」而來的。所謂「無適而非道」，我在前文「龜山的本體論」中已經說過：龜山先生以陰陽氣化流行爲天之創生歷程，稱之爲天道。陰陽無不善，則道無不善。天命之謂性，性者物之所以生，則性亦無不善。道既是「無適而非」，性自爲渾然天成。人心者，性之所蘊，中涵萬理，盡心知性，盡性知天。所以心有善端，苟能直養而無害。乃若其情則可以爲善矣。就宇宙之自因而有，生機瀰漫，充滿了價値意識與內在的目的性而言，我們說這種思想是宗教的。就人心之良知良能、自律自覺而言，我們說它是道德的。就人心之呈顯，「事事循天理」、「無適而非道」，率性任眞，不滯塵慮，不拘物累的「無關心」意境而言，那就是藝術的。所以他說：

「能不以外物累其心者，誠也。誠則於物無所蔽，於物無所蔽則明矣！……明者，性之所有也。」[115]解釋論語中之「回則屢空」曰：

---

[114]「楊龜山先生全集」卷十二頁六一二。

[115]「楊龜山先生全集」卷六頁三一五。

「何謂屢空？……學至於聖人則一物不留於胸次，乃其常也。回未至此，屢空而已，謂之屢空，則有時乎不空。」[116]

以「一物不留於胸次」釋「空」，這是莊子「人間世」中的境界，所謂「唯道集虛，虛者心齋也。」「瞻彼闋者，虛室生白。」[117]皆指心能空虛而一物不留，乃能「以其心得其常心」，而照見眞源。龜山先生又以「忘心待物」之義釋易經咸卦九四爻辭曰：

「其說以謂有心以感物則應必狹矣。唯忘心以待物之感，故能無所不應。……夫心猶鏡也。居其所，而物自以形來，則所見者廣矣，若執鏡隨物以度其形，其照幾何？……易所謂無思者，以爲無所事乎思云耳！故其於天下之故，感而通之而已。」[118]

這都是莊子「聖人將游於物之所不得遯而皆存」之理。所謂「外天下」、「外物」、「外生」，而後「朝徹」而「見獨」的「心齋坐忘」之道。龜山自謂「正心到寂然不動處，方是極致。」[119]這種虛寂無物之心，澄然如鏡之隨物度形。莊子「應帝王」篇曰：「至人之用心如鏡，不將不迎，應而不藏，故能勝物而不傷。」[120]程明道「定性書」中亦說：「廓然大公，物來順

---

[116] 「楊龜山先生全集」卷十一「京師所聞」頁五五〇。
[117] 見「莊子」「人間世」、「在宥」篇，王先謙「莊子集解」世一版頁二十三。
[118] 「楊龜山先生全集」卷十「荊州所聞」頁四八四。
[119] 王先謙「莊子集解」世一書局版頁四十九。
[120] 「楊龜山先生全集」卷十二頁五八九。

應。」又說：「與其非外而是內，不若內外之兩忘也。兩忘則澄然無事矣。」[121]伊川先生謂此「澄然無事」的境界爲「心如明鏡止水」。龜山先生則稱之爲「行其所無事」。故曰：「行其所無事，不亦易乎？一以貫之，不亦簡乎？如是則天下之理得矣。」又曰：「行其所無事，一以貫之，只是一個自然之理。」[122]又曰：「若謂行其所無事，則由智行，非行智也。聖之於智見無全牛，萬理洞開，卽便是從容處，豈不謂之妙？」

這種「行其所無事」的境界類如莊子的忘我之境，這樣的心也是莊子的逍遙無物之心。充滿了美感的趣味。道德實踐於無關心之美感之中，使美善之價値會通爲一，而且又帶着微妙的禪趣。他在語錄中，有一段問答很有趣味：

「仲素（羅豫章、李延平之師）問：『知微之顯，莫只是戒愼乎其所不睹，恐懼乎其所不聞乎？』曰：『然！』因言有僧人不言而出。或曰：『莫道不言，其聲如雷。』莊周之尸居而龍見，淵默而雷聲。可謂善言矣！」[123]

---

[121] 見「二程全書」之「明道文集」中華書局頁一。

[122] 「楊龜山先生全集」卷十三頁六五六。

[123] 「楊龜山先生全集」卷十二頁六一七。

「尸居而龍見，淵默而雷聲。」出於莊子的「在宥篇」及「天運篇」。皆是形容不言不動而「神動天隨」的境界。

龜山先生以莊解易，又富禪趣，亦可謂善言矣！總而言之，那祇是個「行其所無事」。於是，龜山先生就從這個亦道德亦藝術的境界上，成就了他有名的「觀中說」——「於靜中觀喜怒哀樂未發時是何氣象?」這個「觀中說」稱之為「道南心傳」。

李延平曰：「先生（羅豫章）令愿中靜中看喜怒哀樂未發之謂中，未發時作何氣象。不惟於進學有方，亦是養心之要。」124 朱子曰：「李先生教人，大抵令於靜中體認大本未發時氣象分明，卽處事應物。此乃龜山門下相傳指訣。」125 黃宗羲案曰：「羅豫章靜坐看未發氣象，此是明道以來，下及延平，一條血路也。」126

這個所謂「觀中」的「道南心傳」，又可稱之為「龜山指訣」。它的來源雖可追溯到明道先生。尤其伊川先生有與「呂大臨問中書」，又與蘇季明往復討論「中和」問題。呂大臨與蘇季明

---

124 「宋元學案」卷卅九「豫章學案」世界版頁七二七。
125 「宋元學案」「豫章學案」頁七三五。
126 「宋元學案」「豫章學案」頁七二七。

都是張橫渠的學生，於橫渠歿後，從遊於二程的。他們堅守橫渠的思想而問難伊川，其中的理路糾葛甚多，非本文所及，此處不贅。然而龜山發爲此說，則多出新義。洵可稱爲「別子爲宗」，另闢蹊徑。嗣後，由羅豫章而延平，有「默坐澄心」之說，由延平而朱熹，又與「湖湘學派」相切磋，有所謂「中和舊說」與新說。輾轉相傳，明初吳康齋、陳白沙、王陽明，無不取徑於此而蔚然成宗。陽明學派皆喜談「中」，漪歟盛哉！

中和之說曲折奧妙，牽涉到整個宋明理學的思想。他日有暇當另文研究之。限於篇幅，略述龜山「觀中」說如下：

「中」的觀念，在儒家思想中，淵源甚久。左傳劉康公有所謂「人受天地之中以生」。尚書僞大禹謨之「道心惟微，人心惟危，惟精惟一，允執厥中。」宋明理學家奉爲理學圭臬，稱之爲「十六字傳心訣」。孔子論語「堯曰」篇亦有「天之曆數在爾躬，允執其中」之語。中庸「喜怒哀樂之未發謂之中，發而皆中節謂之和。致中和，天地位焉，萬物育焉！」孟子亦說：「執中無權，猶執一也。」中庸又曰：「君子時中」。

這個「中」究竟指什麼？典籍中並無確定的界說。中庸用「謂之」的繫語，顯然的，祇是分別「中」與「和」的差異性而已。因此，「喜怒哀樂之未發」並不就是「中」的界說。但是，我們從前面所舉的「中」的古例。其中有以體說中者，有以用說中者（如中庸之「用其中於民」）有在體用未分之關係狀態上說中者。

於是，呂大臨等以體說中，有「求中」之論，以求察識此內心之「中體」於喜怒哀樂未發之前。伊川則主「在中」之說，以中爲「道之體段」、「中無定體」，在體用未分的關係狀態上涵養此中——「敬以直內」是也，以期致和於喜怒哀樂已發之後。

龜山先生對「中」的看法，在原則上師承伊川。但是他上承於本體論之論證，下接於修養論之涵養，復融和了莊子「道通爲一」的「遊心合氣」之說，127 成就了一門亦道德亦藝術的思想見解，絕非伊川之枯澀解析之可比。他說：

「中庸曰：喜怒哀樂未發謂之中，發而皆中節謂之和。學者當於喜怒哀樂未發之際，以心體之，則中之義自見。執而勿失，無人欲之私焉，發必中節矣。發而中節，中固未嘗亡也。孔子之慟，孟子之喜，因其可慟可喜而已，於孔孟何有哉？其慟也，其喜也，中固自若也，鑑之照物，因物而異形，而鑑之明未嘗異也。莊生所謂出怒不怒，則怒出於不怒，出爲無爲，則爲出於無爲，亦此意也。若聖人而無喜怒哀樂，則天下之達道廢矣！」128 與胡康侯（安國）書中曰：「夫中者不偏之謂也，一物不該焉則偏矣。喜怒哀樂未發謂之中，但於喜怒哀樂未發之時，以心驗之，時中之義自見。」129 又曰：

127 見「莊子」「應帝王」。原文爲「遊心於淡，合氣於漠」。
128 「楊龜山先生全集」卷二十一「答學者書」頁八九八。
129 「楊龜山先生全集」卷二十「答胡康侯書」頁八五六。

「夫通天下一氣，人受天地之中以生，其盈虛常與天地流通，寧非剛大乎?……善養氣者，無加損焉，勿暴之而已，乃所謂直也。」[130]

由此可見，龜山之「中」，多取「時中」之義。龜山的「時中」之「中」，既不指「性體」，也不指「心體」，而是指「天命之性」流行於人心之中，將發未發時的關係狀態。人心猶如一座橋樑，將形上的普遍的性，落實到生命世界之中而顯現天理。所謂「以心顯性」，這是龜山先生影響到胡五峯的最重要的地方。而性氣合一，直接通透到生生造化之機，隨機而發，「無適而非道」，處處皆呈天理。

有人問伊川先生，「復見天地之心」，究竟下個「動」字，還是下個「靜」字?伊川答曰：「動見天地之心。」[131]喜怒哀樂未發之時，既不是「無」，更不是「止」，而是性體流行於人心中的不滯不留而「空寂無住」的本然狀態，隨機而發，有感卽應。當怒而怒，當喜而喜。亦可謂之「怒出於不怒」、「爲出於不爲」。這種自然自在，無必無固的心境，既無「一」可執，也無「中」可求。這猶如莊子「齊物論」中所謂的「天府」、「葆光」。「人間世」所謂的「乘物之以遊心，託不得已以養中。」也如同佛的「圓覺淨性」、「大自在心」。龜山融會道佛而歸宗於

[130] 同[129]。
[131] 見「延平答問」廣文版頁八十三。

儒有如此者。

說到這裏，「觀中」猶爲第二義，實際上，無「中」可觀，何「觀」之有？這種渾然一體的藝術化境，道德實踐達到這個地步，可說是心迹雙冥，有無不立，從容乎中道者也。

龜山先生說得好：

「夫至道之歸，固非筆舌所能盡也。要以身體之，心驗之，雍容自盡於燕閑靜一之中，默而識之，兼忘於書言意象之表，則庶乎其至焉。反之，皆口耳誦數之學耳！」[132]以直覺運行於道德與藝術會歸之域，不從知識，不假言詮，純由生命內在的實證，默坐澄心，雍容自盡。我們想像那些宋儒們，深堂晝靜，兀然冥坐，天地俱寂而中心灑然，猶如冰壺秋月，瑩徹晶明。在這種堅凝靜一的生命表象之後，有多少活潑剛健的天地機運啊！近人多有譏宋儒者，而宋儒自是宋儒。反觀今人，逞私縱欲，擾擾煩憂了一輩子，在此古道照映之下，又做何感想呢？

（八）

[132]「楊龜山先生全集」卷十七頁七八〇。

龜山先生上承伊洛之傳，下開道南一脈，在宋明理學的傳承系統上，實居關鍵性的地位。同時他遠祧易庸，宗師孔孟。尤其是基於他對孟子思想的透識，把孟子的「性善」之旨，「知言養氣」的功夫，很成功的與「盡心知性知天」貫通在一起，形成一個有系統的哲學思想。於是拈出一個「直」字，成爲龜山工夫門徑中的「一字訣」。直，就是「人之生也直」的直，也是孟子所說「乃若其情則可以爲善矣。」應事接物，一本純誠，至情所生，不假謀慮。在美學上看來，那是一個滌盡塵緣俗念的「無關心」；但是在道德哲學上看來，卽是良心的自主自律，自我呈顯；更從本體上來看，則爲卽事見性而直證心源。於是，他常以「無適而非道」、「行其所無事」、「事事循天理」這些言辭來表達，總而言之，那是忠恕一貫、內外一本，卽心顯性，卽事見理。

直道而行所以能應事接物皆得其宜，要在「能直」的根原上有一個「可直」之理。這個可直之理，卽是楊龜山的「道」。「道」就是一陰一陽一闔一闢的宇宙生生之道——宇宙人生創造美善的全體歷程。內在於「道」中的價値意識與目的意識的主體，便稱之爲「性」。「性」無不善，率性而行當然也就有善無惡了。這就是龜山先生的「可直之理」。

因此龜山先生的「格物致知」，實際上便是盡性與窮理，盡此至善無惡之性，窮此萬物一源之理。就「理」的本身而言，是個普遍的「理一」，落實在事物上則有「萬殊」。知其「理一」則知仁，知其「萬殊」則知義。義者倫理行爲的規範，此規範悉以仁爲標準。「仁者，人心也。」因此「義」的標準卽是人心的自律。直循本心的自律而行爲，依然是龜山先生的「一字訣」——直。龜山先生居仁由義，由忠而恕是「直」；即事見性，直證心源也是「直」。於是龜山先生「於靜中觀喜怒哀樂未發前是何氣象」，自然也是「直」了。類如佛家的「一超直入如來地」之「直」。當然，龜山是側重在道德意義上的。

龜山的思想對此後宋明理學家的影響甚大。大致說來，有三個影響的方面。

一、以性爲萬物共同之根原的觀念，影響到胡宏（五峯先生）。胡宏是胡安國的季子，安國與龜山交誼密契，五峯先生亦曾從學於龜山。胡氏家學雖然較着重於謝上蔡的思想——以察識仁體爲主。但是在「性」的觀念上確受龜山之影響，所謂「性立天下之有」、「萬物皆性所有」、「性也者，天地之所以立也。」皆從龜山之思想。⑬

二、其「身體之、心驗之，從容默會於幽閑靜一之中，超然自得於書言意象之外，默而識之」；及「於靜中觀喜怒哀樂未發時是何氣象」的思想，深深的影響到羅豫章與李延平，而成爲所謂「道南心訣」。一直到明代的吳康齋、陳白沙都深受其影響。其中以李延平、陳白沙造詣最高。李延平的「默坐澄心，體認天理。」⑬純是龜山血脈。陳白沙悟道時有所謂「和楊龜山此時不再得」之詩，他「從靜坐中養出個端倪來」，「學者以自然爲宗，常令此心在無物處。」⑮與

⑬ 皆見「宋元學案」之「五峯學案」世界版頁七七九—七八一。
⑭ 見「延平答問」廣文版頁一四三。
⑮ 見「明儒學案」之「白沙學案」引「與湛民譯書」河洛版頁五十六。

龜山思想如出一轍。白沙爲陽明「致良知敎」的先導，影響到陳白沙，當然也就間接影響到王陽明了。

三、朱熹不喜龜山之爲人，蓋其圓熟和易，不露圭角的道家作風，與朱子質實嚴毅的「硬心腸」性格不同。同時朱子也不喜龜山之爲學，認爲其雜染佛道、渾淪玄晦也。然而，卻不能不受龜山先生思想的影響。譬如他的「一本萬殊」說，「中和」的思想，「格物致知」的觀念。處處都可以看到從伊川而來折衷於龜山，從而立論者。

此外，南宋以來，「察識」與「涵養」的工夫門徑，孰先孰後的問題。成爲宋明理學中的一大爭辯，歷數百年而未決者。這個爭辯卽是導源於謝上蔡與楊龜山的思路的異同。一般認爲上蔡宗明道而主察識，龜山宗伊川而主涵養；於是由明道上蔡下及陸王以成「心學」的源流，由伊川而龜山下及朱熹爲「理學」之正宗。其實就學術史的觀點來看，這個「察識」與「涵養」孰先孰後的爭執，在上蔡與龜山之時並不明確；乃是朱子與湖湘學派（尤其是胡五峯）的往復研詰之後才逐漸顯豁出來的。龜山的「直養而無害」、「觀喜怒哀樂未發之中」，當然是着重在「涵養」，但是「格物致知而窮理」，「知其理一則爲仁，知其分殊則爲義。」也未嘗不重察識。蓋涵養與察識相輔而行，亦不必以先後而分輕重也。

最後，我們讀龜山之書，一方面要釐清他思想的理路，同時也要品味他藝術的情調，更要領略那份禪學的機趣。蓋其融會道佛而歸宗儒家，不免以道佛之「子」以解儒學之「經」，這是宋明理學家們經常的思想趨向，亦時代因素與歷史因素使然，不必「可怪可駭」也。

讀「上蔡語錄」所見

——二程子思想之分流之二

(一) 緒論

北宋理學自河南二程先生聞道於周濂溪，觀摩於邵康節，更出入於佛老，歸宗於儒家。復商量於橫渠，闡述孔孟微言，「使夫天理之微，人倫之著，事物之衆，鬼神之幽，莫不洞然畢貫於一。」❶於是二程先生以昌明聖學爲己任，誘掖後進，同德一心，共輔世敎，遂使洛學昌盛，程門弟子偏天下，然而由於二程先生資性不同，接引後學之途徑亦異，其思想成就亦各不同。黃百家引朱子言曰：「顧二程子雖同受學濂溪，而大程德性寬宏，規模闊廣，以光風霽月爲懷；二程氣質剛方，文理密察，以削壁孤峯爲體，其道雖同，而造德各自有殊也。」❷劉蕺山先生曰：

---

❶「宋元學案」卷十三「明道學案」世界版頁三二五。

❷同❶。

「伯子諸語，字字向自己血脈流出，可謂妙悟天啓。叔子篤信謹守，其規模自與伯子差別，然其見到處更較穩實。」❸卽所謂「明道宏大，伊川親切也。」❹

二程子思想之造境既已不同，復由於理學內部之分歧。大程子早歿，小程子獨任傳道者垂二十年，遂使洛學分流，差別愈顯。況且二程子造就極大，二程子思想之差別，卽宋明理學本身之差別。自玆而後，述理學之源流者，遂有「明道學」與「伊川學」之分途。大致言之，理學之發展，漸開理學、性學、心學三宗。其學術系統有略分爲二系者，卽「程朱」與「陸王」；有判析爲三系者，卽「程朱」、「陸王」之外別立一五峯蕺山之系統。❺今就此三系統而言之，依地理之分別，稱之爲「閩學」、「浙學」與「湖湘之學」；若依思想史之發展而言之，則可簡別爲「荆南之傳」——上蔡之傳、「道南之傳」——龜山之傳。❻

所謂「道南之傳」者，首倡者爲程門高弟楊時（一〇五三——一一三五），世稱「龜山先生」，其典故出於明道「目送南歸」之歎。❼龜山先生獨享耆年，宋室南渡後爲程門碩彥，弟子

❸「劉子全書及其遺篇」卷三「五子連珠」中文版頁七十三。

❹「宋元學案」卷十三「明道學案」世界版頁三三二。

❺見牟宗三「心體與性體」「綜論」篇第四節「宋明儒之分系」。

❻見作者「試論宋代的幾個理學世家」臺大「哲學論評」第六期。

❼見「宋元學案」卷二十五「龜山學案」頁五四九。

極衆，蔚爲洛學大宗。道南一系，歷經羅豫章（一〇七二—一一三五）、李延平（一〇九三—一一六三）三傳而有朱熹（一一三〇—一二〇〇），世稱「閩學」，立程朱學派。由於朱熹爲宋代理學之集大成者，故後世尊稱道南一系爲「理學正宗。」[8]

所謂「荆南之傳」者，以謝良佐（一〇五〇—一一〇三）司敎荆南而姑立其名。謝良佐，字顯道，壽春上蔡人，世稱「上蔡先生」，與楊龜山、游廌山、尹和靖，同爲程門高弟，合稱爲「程門四先生」。全祖望先生曰：「洛學之魁，皆推上蔡，晦翁謂其英特過於楊游。」又曰：「謝楊二公，謝得氣剛，楊得氣柔，故謝之言多踔厲風發，楊之言多優柔平緩。朱子已嘗言之。而東發謂『象山之學』原於上蔡。」[9]黃宗羲曰：「程門高弟子，竊以上蔡爲第一。……語者謂道南一派，三傳而出，朱子集諸儒之大成，當等龜山於上蔡之上。不知一堂功力，豈因後人爲軒輊。且朱子之言曰，某少時妄意於學，頗藉先生之言，以發其趣，則上蔡爲朱子之先河也。」[10]

黃宗羲先生所引朱子語，出於朱子文集之「上蔡先生祠記」（朱文公文集卷八十）。謂上蔡爲朱子之先河，證諸史實，洵非虛語。蓋朱子早年受學於李延平，延平時切叮嚀於上蔡之言，有

[8] 見「性理精義」序。
[9] 見「宋元學案」「象山學案」頁一〇六七。
[10] 「伊洛淵源錄」卷九頁三〇二。

曰：「上蔡先生語，近看甚有力。渠一處云：凡事必有根。又云：必須有用處尋討要用處病根，將來斬斷便沒事。此語可時時經心也。」⑪又曰：「謝上蔡語極好玩味，蓋渠皆是於日用上下工夫。又言語只平說，尤其氣味深長。今已抄得一本矣，謹以奉納，恐亦好看也。」⑫朱子亦自謂：「如謝顯道論語，卻有啓發人處。」且朱子於卅歲時，平生所校訂第一本書，即「上蔡語錄」三卷。⑬

現存之「上蔡語錄」，乃朱子所編，其經緯則詳於朱子「謝上蔡語錄後序」（朱子文集卷七十五）與「謝上蔡語錄後記」（同上，卷七十七）。朱熹自謂：「熹初得友人括蒼吳任寫本一篇，後得吳中版本一篇，二家之書皆溫陵曾恬天隱所記。最後得胡文定公家寫本二篇於公從子籍溪先生。凡書四篇，以相參較。」朱子校訂，大致依吳氏本之舊，刪去其「助佛學」、「詆程氏」、「失本指」、「雜他書」者五十餘章，約爲上中下三篇。今之付梓刊行者有㈠明嘉靖刊本（日本內閣文庫藏），㈡朱子遺書本（見臺北藝文書局版），㈢正誼堂全書本（亦見藝文版），㈣京江張仕可刊本，㈤日本寶藏六年刊本（藤原明遠所校定，見岡田武彥所編「近世漢籍叢

---

⑪同⑩，頁九十五。

⑫同⑩，頁九十八。

⑬見「上蔡語錄」朱子序廣文版頁九十。

書」，臺北廣文書局版）。⑭

本人不敏，累讀「上蔡語錄」，非僅因上蔡爲朱子之先河，有啓發「閩學」之功。良以上蔡才情高超，警悟動人，發揮明道先生「識仁」之旨，闡述「天人一本」之論，復融揉伊川「格物窮理」之言，直溯孔孟「求仁」「盡心」之教，卽心顯性，當下取證。一片天機洋溢，生意飽滿，直貫於天人上下之際，契悟生生一體之仁。誠如朱子所謂「上蔡所見透徹，無隔礙處。」⑮然而不必如朱子所譏評者：「上蔡說仁說覺，分明是禪。」⑯

從歷史透視之，程門高弟，固多入禪者，然而，上蔡「以覺言仁」，正是儒佛之辨。蓋大本大源處，「仁」者宇宙之生機、天德之流行；「覺」者人心之昭明靈覺，油然天理顯發，所謂道德主體之自由自覺，自然顯現於人倫日用之際，因事見理，卽理見仁。仁智不二，覺性圓滿。儒佛有融會處，有分判處，其分判處正是不容毫髮也。

更從歷史以透視之：上蔡荆南之傳，藉胡文定公爲轉手，下開湖湘學派，五峯南軒更益光大之。黃東發以爲象山之傳「遙出於上蔡」，亦非影響之言。⑰全祖望曰：

⑭ 見「和刻近世漢籍叢刊」「上蔡語錄解題」廣文版頁四。

⑮⑯ 見「宋元學案」「上蔡學案」頁五三八。

⑰ 見「象山學案」頁一〇六八。

「程門自謝上蔡以後，王信伯、林竹軒、張無垢至於林艾軒，皆其前茅，及象山而大成，而成其宗傳亦最廣。」⑱

全謝山「淳熙四先生祠堂碑文」曰：

「予嘗觀朱子之學，出於龜山，其教人以窮理爲始事。……陸子之學，近於上蔡，其教人以發明本心爲始事。」⑲

證諸史實，先述上蔡與湖湘學派之關係：

上蔡司敎荆南，胡文定公以典學使者巡行應城，上蔡知應城縣事。文定公自楊龜山求書見之，修後進之禮入謁，遂問學焉。得其接引而知明道之學。⑳又從上蔡門人漢上朱震朱巽兄弟及曾恬處，多記上蔡語。「上蔡語錄」卽朱子得自文定從子胡籍溪，多採胡文定公所記而校訂之。朱熹稱胡氏所記「提綱挈領，指示學者用力處，亦卓然非他書所及。」㉑故上蔡學案之「上蔡續傳」康淵條下有曰：

⑱「象山學案」頁一〇六七。
⑲「象山學案」頁一〇六八。
⑳見「武夷學案」頁六七二。
㉑見「上蔡語錄」朱子後跋。

「上蔡之傳，始自胡文定公入衡湘。」㉒武夷學案條下黃宗羲案語曰：

「先生（文定公）之學，後來得於上蔡者爲多。蓋先生氣魄甚大，不容易收拾。朱子云：上蔡英發，故胡文定喜之，想見與游楊說話時悶也。」㉓朱子所作「上蔡祠記」，即云「文定以弟子禮稟學。」㉔

胡氏父子傳道湖湘，其子侄輩有胡氏四先生者，即致堂、籍溪、五峯、茅堂，於南宋爲並世大儒。在宋元學案中，一門四學案，皆傳胡氏家學，就義理格局而言，皆爲上蔡之傳，開所謂「湖湘學派」。其中戛戛獨造者爲胡五峯先生，五峯弟子以張南軒爲最醇，朱子與之商量，所得甚多，其著名之中和新舊諸說，實與南軒先生參酌而成。朱子更從南軒、伯恭商酌胡五峯「知言」，而作「知言疑義」，爲宋明理學一大公案，爲著名文獻。五峯先生心性體用之說，所謂「性無善惡、心爲已發，仁以用言、心以用盡，不事涵養，先務知識。」朱子皆以爲得自上蔡。㉕其他可述者甚多，此處不贅。

㉒ 見「上蔡學案」頁五三二。
㉓ 見「武夷學案」頁六七四。
㉔ 見「朱文公文集」卷八十「上蔡謝先生祠記」。
㉕ 見「五峯學案」頁七八二。

胡氏續傳，著名者有胡廣仲（五峯從弟，見五峯學案）、胡伯逢（五峯從子，亦見五峯學案）、胡季隨（五峯季子，見嶽麓諸儒學案），皆宗上蔡之學，與朱子抗辯而成敵論，爲理學重要之內部論爭。如「伯逢問答」有云：

「心有知覺之謂仁，此上蔡傳道端的之語，恐不可有病。」㉖

五峯從弟胡廣仲先生之「廣仲問答」亦云：

「心有所覺謂之仁，此謝先生救拔千餘年陷溺固滯之病，豈可輕議哉？」㉗

胡伯逢先生與廣仲守其師說甚固，與朱子南軒皆有辯論，不以「知言疑義」爲然。朱子文集中多載其辯詰之語，皆宗上蔡學，固守五峯思想。㉘

胡大時季隨從學於南軒，爲湖湘學者中之佼佼者，朱子多與之辯難，有所謂「湖南答問」者，說心說性，論仁論誠，皆從上蔡五峯之說。尤有進者，胡季隨與陸象山交契甚深，史稱其「最稱相得」，最後竟以象山爲師。是以，象山之學亦與胡氏家學相影響，黃東發先生謂「象山遙出於上蔡」，豈偶然哉？㉙

再從象山學之本身而觀之，象山以「發明本心」爲宗旨，先立乎其大者，故陽明先生謂其上接孟氏心傳。（詳見陽明所作象山全集敍）溯其淵源，象山「發明本心」之說，即同於上蔡湖湘

㉖㉗ 分見「五峯學案」頁七八八、七九九。

㉘「五峯學案」頁七九八。

㉙「嶽麓諸儒學案」頁一三四一。

之「察識本心」之論。上蔡言「人須識眞心」㉚又以「窮理」爲識「眞我」，「何者爲我?理便是我。」㉛「天，理也；人亦理也。理非理，我也；我非我，理也。」㉜以「誠心」爲「窮理」，胡五峯先生卽承上蔡之意，而言「知天之道必先識心。」又言「仁者心之道。」「心也者，知天地，宰萬物，以成性者也。」㉝象山「發明本心」之說，以五峯爲轉手，遙承上蔡，皆宗明道先生「學者必先識仁」之旨趣。

「發明本心」，是以「心卽理」爲大前提，由之推論而得。象山「心卽理」之說，上蔡卽有明言，所謂「天者理而已!……識得天理，然後能爲天之所爲。爲天之所爲，故敢以天自處。」㉞以天爲理，以理爲眞我，眞我者眞心也。故曰：「心者何?仁是矣!」「仁者，天理也。」(卷中)此處雖有佛家「如來淨心」之意味，然而在「道德主體心」的「仁體」上，究非「圓覺淨性」、「涅槃妙心」也。

此外象山「先立乎其大者」，以「收放心」爲工夫門徑，上蔡亦有「攝心循理」之說，㉟並

㉚「上蔡語錄」卷中廣文版頁四十三。
㉛㉜同㉚，頁四十七。
㉝見「胡子知言」卷一頁五。
㉞「上蔡語錄」上卷頁十。
㉟同㉞，頁三十八。

倡言以「我」視、以「我」聽、以「我」言，以「我」動。㊱由此觀之，在義理層次上，象山學實與明道、上蔡、湖湘之學，一脈相通。

況且象山之先驅如王信伯、張橫浦、林艾軒等，多有類似「以覺爲仁」、「發明本心」等語。象山先生著名的「東海聖人、南海聖人……此心同，此理同。」卽同於王信伯之奏章，亦上引明道先生告神宗之言。近賢錢賓四、唐君毅諸先生皆言及此，足資借鑑。㊲

綜理前說，二程高足弟子中，以楊謝二先生最能發揚師說，誘掖後學，蔚然成宗，在宋明理學分化進展的過程中佔極重要的地位。楊龜山「道南之傳」，系出伊川，開「閩學」一派，三傳而有朱熹，號稱「理學正宗」。而謝上蔡「荆南之傳」，爲明道嫡傳，以胡安國爲轉手，下開湖湘、象山之學，有心、性二宗。若依今賢牟宗三先生之「三分系統」，則龜山之傳有程（伊川）朱一系；而上蔡之傳則兼有象山與五峯蕺山兩系。㊳（按，此不過方便扼要言之，其實三系統皆兼有二程之說，孰輕孰重而已。）由此觀之，龜山「道南之傳」可謂波濤壯濶，而上蔡「荆南之傳」則源遠流長矣。無論在歷史上，在義理上，謝上蔡先生堪稱「洛學之魁」，黃宗羲稱「程門

㊱「上蔡語錄」中卷頁五十四。
㊲見唐君毅先生「原性篇」「朱陸異同探源」。
㊳見牟宗三先生「心體與性體」「綜論」篇第四節。

高弟子，以上蔡爲第一。」洵非虛語，上蔡當之而無愧。

本文研究之角度，乃折衷於歷史與義理之間，而落實於倫理價值之上，敬述謝上蔡之學，用以觀察宋明理學史衍流變遷之線索，兼體義理之趣味，分析其主要之觀念。昔日明道先生訓誡上蔡先生曰：「愼勿尋行數墨！」又曰：「賢卻記得許多？」上蔡先生爲之面赤流汗，惻隱之心有如此者。㊴學貴心悟，守舊無功。明道善於誘人，心嚮往之。

前文明題旨、說淵源，判價值。後文談義理，論體要。「上蔡語錄」之義理可述者有五。

(二)本　論

一、以知覺爲仁，以生意言仁

自明道先生提揭「學者必先識仁」後，謝上蔡即奉此以爲圭臬，以爲進學之綱領；並以「仁者渾然與物同體，義禮知信皆仁也。識得此理，以誠信存之而已。不須防檢，不須窮索。」㊵爲入道之門徑。吾人瞭解到明道先生設此光輝的命題，是他「出入老釋十數年，返諸六經而後得

㊴見「上蔡學案」頁五四三。

㊵見「明道學案」頁三六一。

之」的一個極重要的思想結晶。這個命題之所以形成，必須追溯到孔孟易庸的主要義理內容，同時也要觀察到宋代理學初期周邵張三家的中心思想。簡要言之，孔子爲儒家的宗師，仁道思想的創建者。孔子論語中所說的「仁」，泛指一套充分和諧的、合乎理性的人類全體生活觀念，它涵蘊了人性趨向美善的價值理想，它活活潑潑的隨時體現在人的生活內容中，指引合情合理的生活方向。它的源頭，就根植於人的心性之中。所以孔子「即心言仁」、「即事言仁」，從未堅持任何殭固的教條或意識型態，僅是指示若干「爲仁之本」及「爲仁之方」，即從人類的倫理生活與社會生活中而顯發出「仁」的深刻內涵。所以他主張「權」、「時」、「中」、「直」。而戒人「毋意、毋必、毋固、毋我。」㊶孔子也很少提及高深的形上原理，但卻基於他完美的道德人格與睿智，鑄就了極高明的人生理念，同時也由於他根深蒂固的傳統信仰，信仰「天道」、「天命」的根極價值，因而也確信人類具有天賦的理性與寶貴的道德天性，人可以藉着這寶貴的天性，締造人類圓滿而美善的生活與文明。於是「仁」即兼備了內外、上下、人我的統一的意義，我們稱之爲「天人合一」、「天人合德」、或是宋儒所謂的「天人不二」。人際之間的情誼交感、心心相印，即可實證了「天道」中深邃不顯的仁德內涵；人際之間的互助心與利他心，亦可實證了「天命」的內在道德目的。

㊶ 見「論語」「顏淵」、「述而」、「雍也」、「里仁」諸篇。

孟子卽強調了孔子所指點的「仁心」，認爲人性本善，人之所以爲不善，是由於「自暴自棄」而放失了「本心」。「本心」具有良知良能，可以由「四端」而自然流露，可以經由道德自覺而自我證明——「思則得之，不思則失之。」人如果有足夠的道德知識的充實，道德意志的訓練，道德勇氣的培養，所謂「知言」與「集義養氣」；人的純正的道德動機與勇毅的道德行爲卽可密切的結合起來，形成「志氣合一」的「浩然之氣」。[42]「浩然之氣」不僅有道德經驗的意義，同時還有道德形上學的意義。於是他在盡心篇中提出可能是儒家最早的「性命」之理，[43]以及提出了「盡心、知性、知天」這個燦然不朽的道德形上學命題，與中庸的「知己、知人、知物、知天」之「四知論」以及易傳的「窮理盡性以至於命」，相互輝映。下學上達，直內方外，人我交融。再加上大易的生生創造，中庸的至誠不息。眞是生機飽滿，一片天機洋溢，「上下與天地同流」。

宋儒追本先儒，常自稱爲「得孔孟不傳之秘」。而發展爲周、邵、張的「主靜立極」、「心爲太極」、「太虛氣化」等思想，明道先生卽在這種哲學思想的基礎上提出了他的「仁者與天地萬物渾然爲一體」的理論，具有「生機主義」的看法、「唯心論」的看法、同時也具備「倫理汎

---

[42] 見「孟子」「萬章篇」「知言養氣」章。

[43] 見「孟子」「盡心上篇」「盡其心者知其性也……」及「性也有命焉，君子不謂之性也……」兩章。

神論」的看法。也是儒家哲學思孟系統所特有的「內在之目的性之宇宙創造觀」。

在這個哲學觀想中，宇宙渾然是一個一切相關，同情交感，廣大悉備的機體組織。要說明這樣一個組織，當然要說到宋明理學中太極、陰陽、天、道、理、性、命、神、氣等名詞的內涵，也要談到動靜、顯微、體用等種種觀念。但是本文只在經由歷史的陳述抉示出「仁」在明道哲學系統中的意義，簡此不贅。

是以明道說：「萬物之生意最可觀，此元者善之長也，斯可謂仁矣！」㊹他強調「萬物之生意」，又說：「切脈最可體仁」、「觀雞雛此可觀仁」㊺、「醫書言手足痲痺爲不仁，此言最可名狀。」㊻最能表明他的生機創造，一切相關的宇宙觀想的話很多，就其犖犖大者而言，譬如：

「若夫至仁，則天地爲一身，而天地之間，品物流行，爲四肢百體。人豈有視四肢體而不愛哉？……醫書以手足風頑爲不仁，爲其疾痛不以累其心故也。夫手足在我，而疾痛不與知也，非不仁而何？世之忍心無恩者，其自棄亦如是矣！」㊼

這種天地一體，物我交感，痛癢相關的宇宙生機論，王陽明的「大學問」、陸九淵的「宇宙內事，乃己分內事；己分內事，乃宇宙內事。」㊽乃本乎此。

㊹㊺㊻ 見「明道學案」上頁三三一、三三四。

㊼ 「明道學案」頁三三三。

㊽ 「象山學案」頁一〇六六。

而陸王學的先導者爲謝上蔡，上蔡的思想卽宗師明道而遙契孔孟者。然而，上蔡主要的貢獻爲直標「知覺爲仁」的觀念，開湖湘學派之先河。而湖湘學派與朱熹相辯詰，並與日後的朱熹學形成敵論，爲宋明理學史上的一大公案。上蔡先生曰：

「活者爲仁，死者爲不仁。」㊾又說：

「今人身體痲痺不知痛癢，謂之不仁。桃杏之核可種而生者，謂之桃仁杏仁，言有生之意。」㊿又說：

「有知覺，識痛癢，便喚做仁。」(51)又說：

「死漢便不識痛癢了！又如仲弓『出門如見大賓，使民如承大祭。』但存得『如見大賓』、『如臨大祭』底心，便是識痛癢。」(52)所以他結論說：

「仁者天之理，非杜撰也，……天理當然而然，當然而爲之，是爲天之所爲也。」(53)

綜理前所引述上蔡之言，可見上蔡言仁之旨趣，要在說明天道生機洋溢，普遍流行而充塞吾心，吾心之感應天地萬物，如人之一身，有手足百體，疾痛關心。上蔡先生所謂「痛癢」與「知

㊾「上蔡語錄」上卷廣文版頁四。
㊿(51)同㊾。
(52)「上蔡語錄」上卷頁三十四。
(53)同(52)，頁五。

覺」，不是生理層次、心理層次的感覺與知覺。那不過是指點語，喻示形上層次的宇宙生機論；也是喻示一種先天道德情感，如同孟子所謂的「惻隱之心」，王陽明所謂的「眞誠惻怛」。同時，「知覺」也可稱之爲道德良知，如同陸象山「發明本心」的「本心」（同孟子所說）、王陽明「吾心之昭明靈覺」。謝上蔡曾改易孟子語曰：「仁與人相合便是道。」⑭觀其引用論語仲弓所言「出門如見大賓，使民如臨大祭」，用以解述「識痛癢」之意，可以思過半矣！

然而，朱熹反對上蔡「知覺爲仁」。他說：

「上蔡以知覺言仁，只知覺得那應事接物底，如何便喚做仁？須是知覺到那理方是。且如一件事是合做不合做，覺得這個方是仁。」⑮

朱熹認爲，如果只是實然的、經驗的對事物認知，那不是應然的、價值的自覺，那無關乎道德之「理」。「仁」是應然界、道德界的名詞，不是實然界、經驗界的名詞，所以他立出一個「合做不合做」——「應該不應該」的標準，用來批評謝上蔡，這是正確的。但這不免是誤解，因爲他認定謝上蔡的「知覺」是經驗的生理心理層面的知覺。其實不然。朱熹說：

「喚着便應，抉着便痛，這是心之流注在血氣上的覺；覺得那理是非，這方是流注在理

⑭「上蔡語錄」中卷頁六十一。
⑮「朱子語類」卷一百一臺北漢京版頁一〇一八。

上底。喚着不應，抉着不痛，那因是死人，固是不仁，則誰箇不會如此？」[56]上蔡明明說「仁者天理也，非杜撰也。」「天理當然而然」，照理，並不純是生理的心理的知覺，朱熹鐵定在字面上的「識痛癢」去批評謝上蔡，未必公允。朱熹又說：

「若是識得仁體，則所謂覺，所謂活物，皆可通也，但他說得自有病痛。如何是覺？如何是活物？又卻別將此箇意思，去覺那個活物，方寸紛擾，何以爲仁？」[57]

仁體週流，無間內外。從人倫日用上卽事見仁，卽心見仁；當然而然；良知良能，現在現行；「不須防檢、不須窮索。」從孟子、大程子，上蔡先生以來，一直如此主張。朱子以爲謝上蔡「以心觀心」、主客混淆，徒事紛擾，不免是故入人罪了。這種批評也不能成立。

總之，上蔡先生以「知覺爲仁」、「生意言仁」、「仁者天理也」，作爲他哲學思想的大前提，涵蓋了本體論、價值論及工夫論的多重意義，由此而推演出其他重要的哲學命題。

二、仁者人心，作用是心；以心顯仁，著心是道

上蔡先生既對論孟易庸及明道以來「生生之仁」有眞切的了解，宇宙中仁德流行、生機洋

[56] 同[55]。

[57] 同[55]，頁一〇一九。

溢，生命力的創造活動遍及天人之際，創造宇宙的美善價值，創造人類社會的道德文明。仁，在宇宙爲天理，在人爲人心，人心卽是天理。所以他說：

「心者何也，仁是已！活者爲仁，死者爲不仁。」[58]

所謂「死」、「活」，都是指點語，用以點明宇宙之生機創造不歇之活動，很鮮明的把孟子「仁者，人心也。」中庸「仁者人也。」其中所涵的義詮，生動的表達出來。仁者與天地萬物爲一體，同情交感，疾痛相關，在天地間只是個「眞誠惻怛」（用陽明先生語），於是人藉着他寶貴的天賦，以心顯仁，在人倫日用，應事接物之時，貼切着這顆心時，滿心而發（借用象山先生語），卽是天道，卽是天理。所以他說：

「心是發用處，性是自然。」[59]

所謂「發用」，卽是「顯發」、「作用」。所「顯發」者爲宇宙生生之仁；所「作用」者，是卽心顯道，成就人倫社會中的盛德大業。易繫辭上傳曰：「顯諸仁，藏諸用。」又曰：「富有之謂大業，日新之謂盛德，生生之謂易。」[60]所謂「自然」，是「自已如此」，「自因而有」，自然而然非待他力也。上蔡先生對心性的分疏並不明確，大致如同明道之心性合一之說，不過他

---

[58] 「上蔡語錄」上卷頁五。

[59] 同[58]，頁六。

[60] 「易」「繫辭上傳」第五章。

又說：「佛之論性，如儒之論心；佛之論心，如儒之論意。」[61]表面上似有心性之別，其實不過說明儒者之「心」，廣大流行，周遍涵容，如佛家之「菩提佛性」而已。儒家之「心」與佛家之性，在根本性質上卻又不同，要在闡明佛家不識「心」，把「心」看成「心作」——是無明熏染的「意業」，看作是善惡雜染的念頭——「心行」。其實不確，因爲佛家說心，在廣度上亦有如同儒家者，如「如來清淨心」、如「心佛及衆生三無差別」。同時，佛家亦有「依心成佛」之說，如「觀無量壽經」曰：「是心作佛，是心是佛。」亦似同於上蔡先生所謂的「心是發用」。因此，朱熹卽據以攻擊上蔡說，「明明是禪」。[62]

不過我們要爲上蔡先生辯護的：「聖人」與「佛」的分別，一是道德界的人格，一是宗教界的「空王」。「心」在道德界的作用與成就是不同於「心」在宗教界的作用與成就。此差別甚大，必須嚴加分判。庶免「援儒入佛」或「援佛入儒」之譏。

上蔡先生在生機創造，價值創造——創造文化中的美善，與佛家「緣起性空」之說，大異其趣。因此他強調「心」的思想反省的功能，他說：

---

61 「上蔡語錄」卷中廣文版頁六十四。

62 分見晉譯「華嚴經」「夜摩天宮品」及「法華經」「方便品」。

「思如何可去?思曰睿，睿作聖。思豈可去!」㊽

但是，人類現實世界中，罪惡是不可泯沒的事實，上蔡先生認爲關鍵在「意」，因此，把「意」看作「私意」，與「意」相接之心，則成爲計度詐謀之「私心」，所以他說：「心本一，支離而去者乃意耳!」㊾與私心相對的是「眞心」，「眞心」是自然流露的，全無計較的本心，他說：

「人須識眞心，見孺子將入井，是眞心也!非思而得也，非勉而中也。」㊿

「眞心」卽是純粹不雜的作用之心，自自然然的表現在人的生活行爲上，毫無滯礙的顯現出天道生生之仁，所以他形容說：

「目視耳聽，手舉足運，見於作用者，心也。」(66)

這顆「心」的完全實現，自在流行，便是「天人一本」、「天人不二」，他說：

「人心與天地一般，只爲私心自小了，任理而爲，而已無與焉，天而已矣!豈止與天一

㊽「上蔡語錄」卷中頁六十四。
㊾「上蔡語錄」卷下頁七十七。
㊿「上蔡語錄」卷中頁四十三。
(66)「上蔡語錄」卷上頁三。

般，只便是天地！」[67]

天道生生之仁，普遍流行；人心顯仁見性，無所不在，著心便是道，在日常生活中處處「著心」，處處見道，他說：

「道須是下學而上達始得，不見古人就洒掃應對上做起？……只如洒掃不着此心，怎洒掃得？應對不着此心，怎應對得？」[68]

「眞心」是佛家的用語，「著心」也是佛家的用語，「著心是道」也富禪家的機趣，但在義理的綱維上依然是地道的儒家。有學者問他，「如何是盡其心？」他引用明道先生的話答覆：

「昔有人問明道先生：『何如斯可謂恕心？』先生曰：『充擴得去則爲恕心。』『如何是充擴得去底氣象？』曰：『天地變化草木蕃。』『充擴不去時如何？』曰：『天地閉，賢人隱。』察此可以見盡不盡矣！」[69]

這種極富哲學趣味的機鋒問答，把活潑潑的生機創造的宇宙精神，鮮明的指點出來。「盡心」就是完全實現了「心」的作用與功能。「天地變化草木蕃」指宇宙中蓬勃的生機，自在的流

---

[67] 「上蔡語錄」卷中頁六十二。
[68] 同[67]。
[69] 「上蔡語錄」卷上頁二一。

行。「天地」指宇宙中的自然界，「賢人」指人生中的道德界。其隱其閉，只爲不盡此「心」。果然！人如果放縱人欲，絕滅天理，宇宙人生一團漆黑，非「閉」而何？非「隱」而何？

「作用是心」，湖湘學派，陸王學派無不據此而推論之。朱熹亟力反對，與五峯先生的子侄們展開激烈的辯論，認爲那是「識心見性」的一派禪詮，同時又站在心性情的三分格局上，以爲性是未發，情是已發，「心統性情」而爲之主宰。同時朱子又襲邵康節「心者性之郛廓」之說，心者形氣所生，心不是理，而性是理，卻「心具萬理」。朱子以實在論的心態看待此心，自成一家之言。今人唐君毅、牟宗三、張君勱、劉述先等評隲甚力。⑳朱學在義理格局上，含渾甚多，猶待釐清。今人錢穆、陳榮捷等爲朱子干城，廻護周密。是是非非，未成定論。㉑義理之趣，趣味無窮。上蔡先生所開極大，亦明道先生之流亞也。

三、「天理」即是我「心」，「明天理」即是「識本心」，「格物窮理」即是「即事明心」

上蔡先生既以「知覺爲仁」、「作用是心」，宇宙生生之仁，可以由人心顯發出來，設若沒

⑳㉑分見錢穆「中國學術通義」「朱子學術述評」、唐君毅「原性」「朱陸異同探源」、牟宗三「心體與性體」卷三、張君勱「新儒家思想」下册「朱子」篇、劉述先「朱子哲學思想的發展與完成」、陳榮捷「朱子論集」等。

有私意的阻滯，仁心的流行，展現在人倫生活中、價值生活中，可以「參贊天地之化育」，盡仁盡性，創造人類美善的文明。天地之仁與人心之仁渾然融通，打成一片。誠如上蔡先生所說：「人心與天地一般，……豈止與天地一般，只此便是天地。」[72]闡發了明道先生「仁者渾然與天地萬物爲一體」的思想，可謂淋漓盡致。

於是，他更進一步，融揉了伊川格物窮理的思想，把他的「心論」，盡情的發揮出來。他說：

「所謂有知識，須是窮物理。……所謂格物窮理，須是識得天理始得。所謂天理者，自然的道理，無毫髮杜撰。今人乍見孺子將入於井，皆有怵惕惻隱之心，方乍見時，其心怵惕，所謂天理也。」[73]

上蔡先生所謂的「天理」，不是客觀所對的宇宙之理，而是「乍見孺子將入井之心」，此心爲「怵惕惻隱之心」，卽是「仁心」。因此，「窮理」在上蔡的辭彙中，便是「識仁」，便是「識心」。所以他又申論：

「學者且須是窮理，物物皆有理，窮理則能知天之所爲。知天之所爲，則與天爲一。與天爲一，無往而非理也。窮理則是尋箇是處有我！不能窮理，人誰識眞我？何者爲我？理便

[72] [73] 「上蔡語錄」上卷頁十。

是我！窮理之至，自然不勉而中，不思而得，從容中道。」㉔

「窮理」既是「識仁」，既是「識心」，是「知天之所爲」。「天之所爲」是仁德流行。他對仁所立的界說卽是「仁者，天理也。」又說：「所謂天者，理而已！只如視聽言動，一切是天！」㉕因此他把天、理、仁、心、打成一片，上承明道先生「天人一本」一說，下開陸王之學之先河。這種思想卽使放在陸王的語錄中，也幾乎分辨不清。尤有進者，他以「窮理」爲「識眞我」。前文中他說「人須識眞心」，現在說「窮理則是尋箇是處有我！不能窮理，人誰識眞我？」又規定「理便是我」。這個對道德主體性的確認，直截明瞭。與邵康節「我性卽天天卽我」的思想，前後輝映，正如明道先生所謂，「把人放到天地中一例看，大小大快活！」㉖如果再添上孟子「過化存神」，直可「上下與天地同流」。誠然！他說：

「天，理也；人亦理也。循理則與天爲一。與天爲一，我非我也，理也。理非理也，天也。唯文王有純德，故曰，『在帝左右』。帝謂文王，帝是天之作用處。……『與天地相似故不違』，相似猶自是語！」㉗

㉔「上蔡語錄」中卷頁四十七。
㉕「上蔡語錄」上卷頁十。
㉖「宋元學案」「明道學案」頁三六三。
㉗「上蔡語錄」中卷頁五十二。

這種語氣，與明道先生相似而不違，渾淪無迹，毫不滯礙，卽使放在明道語錄中，也分不出來。而說理處直截簡易。詩經周頌淸廟篇曰：「維天之命，於穆不已！……文王之德之純。」大雅文王亦曰：「文王在上，於昭於天。……文王陟降，在帝左右。」[78]文王，人類道德文明締造的象徵，春秋魯隱公「元年春王正月」條下，公羊傳何休解詁曰：「王謂文王也，人道之始。」[79]文王以純德覆蔭天下，上蔡先生謂之爲「天之作用處」。明道先生有言曰：

「詩書中凡有一個主宰的意思，則言帝；有一個包涵遍覆的意思，則言天；有一個公共無私的意思，則言王。上下千百歲中，若合符節。言天之自然者，謂之天道；言天之賦予萬物者，謂之天命。」[80]

明道與上蔡，前作後述。把人格主宰的「帝」、包涵遍覆的「天」、公共無私的「王」，合而爲一。上蔡先生直述爲「天之作用處」，「天者，理也。」「仁者，天理也。」「仁，人心也。」把這些命題綰合起來，可以紬繹出一個結論：天理卽是人心，「天的作用處」就是「心的作用處」。「作用是心」所涵蘊的豐富的意義，直接指陳了中國儒學傳統的宇宙目的論。宇宙生生之仁卽是人類道德主體性的神聖來源，也是人類命運的終極歸宿。易傳曰：「窮理盡性以至於

[78][79] 分見「詩經」「大雅」「文王」、「周頌」及「春秋」「公羊傳」隱公元年。

[80] 「明道學案」頁三三〇。

命」。上蔡先生也說：

「能窮理，理窮便盡性，性盡便知命。……性命理，一而已。」[81]

上蔡先生對「物」的概念，並無定詮。但是從他的義理格局上，亦可紬繹出來：他所謂的「物」，並不是客觀自然界的物，而是人倫生活界的「事」，狹義言之便是道德行爲所產生的道德事件。所以他要人洒掃應對，事事著心，事事循天理。理便是我，事事循天理便是視聽言動「以我視，以我聽，以我言，以我動。」[82]換言之，「眞我」卽是「眞心」，以道德之自我爲道德行爲的無上內律，是先天內在的良心律，它不只是像朱熹所說的靜態的「理」，而且能產生作用。只要沒有私心阻滯，它便能自然而然的規範我們的行爲，使之合乎人情，合乎天理。因之，上蔡先生把「窮理」與「識心」幾乎當做同義語來看待，「格物窮理」也與「卽事明心」有相同的義理內容，這種思想已指示了王陽明「致良知」之說的思想方向。在方法的取徑上，很像佛家的「明心識性」；但在義理的內涵上，儒佛之分際是十分清楚的。至於上蔡也說「物物皆有理」，在口吻上很像程伊川，實際上大異其趣。因爲上蔡先生所悟在「理一」，對「分殊」並無解述。同時，伊川先生雖然也說「心爲已發」，但心性有明確的分別，「性者心之理」，心涵萬理。只是

[81] 「上蔡語錄」卷中頁五十八。
[82] 同[81]，頁五十四。

平鋪着說，本身並不是理。[83]而上蔡以為「心即是理」，「識心」即是「窮理」。「窮」的意義，猶如「徹底盡源」，是「徹悟」之義，因此他說：

「理一而已矣！一處理窮，觸處皆通。」[84]

心一悟百悟，凡事皆可以理絡貫串，不煩索解。這種說法，只是說個境界。在實際的經驗世界中是說不通的。顏習齋批評宋儒「玩味光景」，但是在宋明理學「心學」的義理絡索中卻是當然的結論，就道德、藝術的範圍來看，也是不可原非的。

四、修養論——本心的察識與涵養

關於本心的察識與本心的涵養，孰先孰後的問題，這在宋明理學，也是一大爭論。這個工夫門徑上的爭論，就理學史而言，大致屬於明道學系統的，主張先察識而後涵養；屬於伊川系統的主張先涵養而後察識。因為明道先生提示「學者必先識仁」，「識得此理，以誠敬存之而已。不須防檢，不須窮索。」上蔡先生也主張「人須識眞心」，「學者且須窮理」。「窮理」在上蔡思想系統中，幾乎就是「識心」。於是上蔡學的「荊南之傳」，幾乎都站在察識先於涵養這一面。

---

[83] 同[81]，頁四十六。

[84] 「宋元學案」「豫章學案」頁七二四。

而龜山學的「道南之傳」，因為伊川先生主張「在中」之說，認為「喜怒哀樂未發之謂中」，「中無定體」，必須在「已發」之前，加上一套「小學收放心」的工夫，透過道德意志的訓練，道德知識的瞭解，所謂「用敬」與「致知」，才能做到「喜怒哀樂發而皆中節之謂和」。換言之，在「未發」之前，先做一番靜中涵養的工夫，在根原處下手，「已發」之後在動中省察，才能保證源清而流清，照察心體，致中而致和。所以龜山先生主張「學者當於喜怒哀樂未發之際，以心體之，則中之義自見，執而勿失，無人欲之私焉，發必中節矣。」於是，「於靜中觀喜怒哀樂未發時，是何氣象？」就成為「道南心傳」，為羅豫章、李延平，朱熹以來的一條入道門徑，或是工夫指訣。

於是，這個宋明理學內部的紛爭，陸王心學與五峯性學二系統，都站在上蔡之傳這一面；朱子理學就站在龜山之傳這一面。其實，就上蔡先生本人而言，雖然表面上是繼承明道先生的「學者必先識仁」，但是如何「識仁？」依然要有靜中涵養的工夫，並不廢置伊川先生「主敬窮理」的教誨，所以上蔡的修養論，是融揉二程先生者。至於較詳細的工夫門徑的條目，可分為以下幾點來敍述：

1. 靜坐識心

「昔日，上蔡先生往扶溝見明道，受學甚篤，明道一日謂之曰：爾輩在此相從，只是學某言語，故其學心口不相應，盍如行之。請問焉。曰：且靜坐！」[85]

上蔡先生承明道之教，申言之曰：

「近道莫如靜，齋戒以神明其德，天下之至靜也。心之窮物有盡，而天者無窮，如之何包之？此理有言下悟者，有數年而悟者，有終身不悟者。」[86]

全祖望批評之曰：「此段語意雖佳，然亦近禪。」[87]

這種靜坐之功，達到「齋戒以神明其德」的程度，本心皎然明白，默識心通，胸懷洒落，心之生生之仁自然洋溢，天道無窮的生機，隨機而見，卽父子而父子有親，卽君臣而君臣有義，卽事明理，下學而上達。上蔡嘗說：「就洒掃應對處養出誠意來！」事事著心，處處關懷。此正是儒佛之異，不可逕以「禪」譏之。所以上蔡先生又說：

「靜中工夫只是心虛氣平也，須於應事時，有此氣象才好。」[88]

2.無心以養心

「問太虛無盡，心有止，安得合一？曰心有止只為用他，若不用則何止？吾丈莫已不用

[85] 「宋元學案」「明道學案」頁三三四。
[86] 「上蔡語錄」上卷頁三十四。
[87] 「宋元學案」「上蔡學案」頁五三三。
[88] 「上蔡語錄」中卷頁六十三。

否？曰未到此地，除是聖人便不用。」89

無自用心，無計較心，全無私意，察見本心，頗富審美情調，人心洒落得開，在有意無意之間，妙用無窮。他說：

「投壺非著意非不著意，莫知其所以然而中。此神之所爲也！但教每事如此。」90

所謂「必有事焉而勿正，心勿忘勿助長」是也。這種境界的玩味，美不勝收。心靈融入無關心的美感之中，恰可與於穆不已的天德流行，融通爲一。他說：

「鳶飛戾天，魚躍於淵，無些私意，上下察以明道無所不在。……在知勿忘勿助長則知此，知此則知夫子與點之意。」

此段條下曾恬本有云：

「季路冉求言志之事，非大才做不得，然常懷此意在胸中，曾點看著正可笑爾，學者不可著一事在胸中，才著些事便不得其正。且道曾點有甚事？列子御風事近之，然易做只是無心近於忘。」91

---

89 「上蔡語錄」上卷頁四十一。

90 「上蔡語錄」中卷頁七十四。

91 同90，頁六十六。

這種近於莊子的「無待」，佛家的「心無心」，凡事不著心，勿忘勿助長。涵泳在此理境中，誠如明道所謂「堯舜事業亦如一點浮雲過目。」稟絕對的道德義務，當然而然，藝術境界與道德境界融通爲一，這種道德美感是宋儒靜澹循理的生活中，美妙之享受也。

3. 義理悅心，和樂養心

上蔡先生曰：

「孟子曰：『養心莫善於寡欲』。……吾亦嘗問伊川先生，曰此一句淺近，不如『義理之悅我心，猶芻豢之悅我口。』最親切有滋味。然須是體察得理義之悅我心，眞箇猶芻豢始得。」92

又曰：

「明道曰，賢看某如此，某煞用工夫。見理後須放開，不放開只是守，開又近於放倒，故有禮以節之。守幾於不自在，故有樂以樂之。樂卽是放開也。」93

「見理」卽是「識仁」，「放開」卽從容中道，不須防檢，不須窮索，行其所無事。「守」與「放倒」乃困守與狂恣，皆過猶不及，故以禮節之，以樂樂之。以禮爲規範，以樂得和諧。從

92 「上蔡語錄」上卷頁二十二。

93 同92，頁四十二。

容自得於禮樂的境界中，悠然悅樂，享受人生中道德的與審美的情趣。「上蔡語錄」曾恬本有曰：

「問：中心斯須不和不樂，則鄙吝之心生矣！外貌斯須不莊不敬，則慢易之心生矣！初學能至此否？曰：雖未能便至和樂，亦須以和樂養之，此交相養之道也。」㉔

以義理悅心，以和樂養心。無論在識得仁體之前，或是識得仁體之後，皆須和易安樂，不忮刻，不急躁，明此交相養之道，庶幾如王陽明所謂「樂卽良知」。昔日伊川作「明道先生行狀」，形容其風儀人格「純粹如精金，溫潤如良玉。」游定夫自明道先生處歸，謂龜山先生曰：「某在春風和氣中坐三月而來。」㉕明道先生可謂得「和樂」之氣象矣！上蔡先生心嚮往之。涵泳於義理之中，相養於和樂之際，容貌肅穆，顏色和粹，辭氣懇摯，斯「心」之用大矣哉！

4. 戒矜夸，重克己

宋元學案上蔡學案有曰：「上蔡與伊川別一年，問其所進，曰但去得一矜字耳。伊川曰：何故？曰：點檢病痛，盡在此處。伊川歎曰：此所謂切問而近思者也。」㉖上蔡先生自說矜夸之意曰：

㉔「上蔡語錄」中卷頁五十四。

㉕「明道學案」頁三三六。

㉖「上蔡學案」頁五三〇。

「余(胡安國)問矜字罪過何故恁地大?謝子曰:今人做事,只管要誇耀別人耳目,渾不關自家受用事。有底人食前方丈,便向人前喫;只蔬食菜羹,卻去房裏喫。爲甚恁地?」[97]

上蔡先生說矜夸之害曰:

「或曰:矜夸之害最大!先生曰:舜傳位與禹,是大小大事,只稱他不矜不伐。若無矜伐,更有甚事?人有己便有夸心,立己與物,幾時到得與天爲一?」[98]

上蔡先生以矜夸之害,乃至於不能見道,不能「與天爲一」,其原因在於「有己」,而使己物對立,逐物而不能返己,也不能守己以應物,不能「因物循理」,克除私心,當然就不能與天合一了。

矜夸者必然好名好利,他說:

「懷錮蔽自欺之心,長虛驕自大之氣,皆好名之故。」[99]戒除矜夸,首在克己。他說:

「須是克己,才覺時便克將去。從偏勝處克,克己之私則見理矣!」[100]又說:

---

[97] 「上蔡語錄」上卷頁二十八。

[98] 「上蔡語錄」中卷頁六十八。

[99] 同[98],頁七十八。

[100] 同[98],頁六十八。

「有所偏且克將去，尚恐不恰好，不須慮恐過甚！」[101]

「克己」之工夫，在境界上有三種私心要克，一是「色欲心」，一是「勢利心」，一是「健羨心」。他認爲「色出於心去不得」，但是「淫出於氣」，「登徒子不好色而有淫行」。因此所須克去者是好淫之心。他認爲自己三種「克己」的工夫，皆已透過。[102]此三種私心，除「色欲心」外，皆是「名利心」，所以他說：

「透得名利關，便是小歇處。」[103]

佛家有「大歇場」、「小歇場」。「大歇場」破生死關，一切妄想與心智俱寂滅無餘；「小歇場」即破此名利、色欲諸關也。[104]都是佛教名詞。難怪黃東發謂其「入佛」了。[105]

5. 主敬——敬是常惺惺法

主敬窮理是程門教法的二大綱領，伊川謂之「涵養須用敬，進學在致知。」[106]伊川對「敬」

---

[101] 同[98]，頁六十二。
[102] 「上蔡語錄」卷上頁二十八。
[103] 「上蔡語錄」中卷頁八十六
[104] 丁福保「佛學大辭典」卷三頁三九〇。
[105] 黃東發「黃氏日鈔」四十一卷中文版頁三九〇。
[106] 「伊川學案」頁三四九。

的解釋，放在「主一無適」、「整齊嚴肅」的兩方面來說，前者指道德意志力的貫注與專一，後者指嚴肅不苟的生活態度的自我約束。而明道先生論「敬」則不同了。明道先生的「敬」具有道德主體的自由自覺與道德形而上學的意義。譬如明道說：「以敬直內，則便不直矣！行仁義豈有不直乎?必有事而勿正則直也。夫能敬以直內，義以方外，則與物同矣！」[107]又說：「中心斯須不和不樂則鄙詐之心生矣。此與敬以直內同理。謂敬爲和樂則不可。然敬須和樂，只是中心沒事也。」[108]又說：「毋不敬可以對越上帝。」[109]「天地設位，易行乎其中，只是敬也，敬則無間斷。」[110]

我們從明道先生所設的「敬」的涵義，把「敬」看做道德主體的自由自覺，透過這個自覺心的顯現，可以「與物同體」，可以「對越上帝」，可以「天人無間」。在道德形而上學的意義上呼應着孔子的仁學，直溯孟子的四端之心，在大易與中庸仁誠不二的基礎上，承襲了孟子「君子所存者神，所過者化，上下與天地同流」的義理。明道之「敬」大矣哉！

明道先生不贊同「以敬直內」，而說「敬以直內」。「以敬直內」正是伊川之「敬」，而「敬以直內」出於易傳坤文言，此「以」字明道先生不作「用以」解釋，而作「而是」解釋。一義之轉，意境大開。敬是直從內生，從心而發，「勿忘勿助長」，「直是中心沒事」「渾然與天地

[107][108][109][110] 見「明道學案」頁三二四—三二五。

萬物爲一體」。

上蔡先生天資甚高，穎悟非凡，他說：

「事至應之，不與之往，非敬乎？萬變而此常存，奚紛擾之有？夫子曰，事思敬，正謂耳！」[111]

「問敬之貌如何？曰：於儼若思時可以見敬之貌。問曰：學爲敬不免有矜持如何？曰矜持過當卻不是，尋常作事，用心過當便有失，要在勿忘勿助長之間耳！」[112]於是，上蔡先生一語道破「敬」的特質，他說：

「敬是常惺惺法，心齋是事事放下，其理不同。」[113]

「常惺惺」，是佛教用語，乃「醒悟」的意思。朱子批評說：「學問須是警省。且如瑞巖和尚，每日常自問：主人翁惺惺否？又自答曰：惺惺。今時學者卻不能如此。」[114]心不昏昧，時時警省，爲什麼「今時學者卻不能如此？」合乎義理之詞句，佛家用得，儒家也用得。上蔡先生之「敬是常惺惺法」，用語確是取法於佛學，但佛家卻未說出個「敬」字，敬者道德主體之自由自

[111]「上蔡語錄」上卷頁三十五。
[112]「上蔡語錄」中卷頁五十二。
[113]同[112]，頁六十七。
[114]見「朱子語類」卷一〇一。

覺也。吾心之時時提撕猛省，要在充分實現此道德心也。

綜結前言，上蔡先生之修養本心，多取明道先生之義理，而時出新論，開悟後人。然而，上蔡先生多讀佛書，不免夾雜佛語，如「眞心」、「無著心」、「透得名利關，方是小歇處」……等。但是在義理上卻不失儒家本旨，要人識得本心，應事顯仁，使道德主體自我實現，自我創造。猶如陸象山先生所謂的「發明本心」也。

五、辨別儒佛——佛家不知天，不識理，不明本心。

二程弟子遍天下，多有「入佛」者，全祖望曰：「兩宋諸儒門庭徑路半出於佛老」他於「李習之論」中尤曰：

「嗟乎！伊洛高弟平日自詡以爲直接道統者多矣，然其晚年也，有與東林僧常總游者，有尼出入其門者，有日誦光明經一過者，其視因文見道之習之，得無有慚色焉？」[115]

「與東林僧常總游」者，卽指謝上蔡。黃東發「黃氏日鈔」曰：「上蔡以禪證儒，是非判

---

[115] 見全祖望「結埼亭集」外篇卷卅一、「題眞西山集」及外篇卷卅七「李習之論」（華世版頁一〇九八、一一九三）。

然。」⑪朱熹也說：「上蔡說仁說覺，分明是禪。」⑫是否是「禪」，前已隨文申說，以其在道德界立言，爲道德主體心作證，所以似禪而不必是禪。同時上蔡多有「闢佛」之言，以分辨儒佛。卽使是「以禪證儒」，倘不失儒學大旨，也不必是禪也。宋儒多有門戶之見，彼此攻訐，有時不盡是義理之爭而意氣用事也，今儒方東美先生說之甚諦。⑬

「上蔡語錄」中，「分辨儒佛」或「排佛」之語，共有十三條。其中灼有新見，足可與明道先生的「闢佛說」相發明，且爲後世理學家所認可者，大致有下述三點：

1.爲「格物窮理」建立新界說，並建立「天理」卽道德本心的明確概念，而佛氏不知「天理」，以此而判別儒佛之異。上蔡先生說：

「所謂格物窮理，須是識得天理始得。所謂天理者，自然底道理，無毫髮杜撰，今人乍見孺子將入於井，皆有怵惕惻隱之心，方乍見時，天理也。……識得天理，然後能爲天之所爲，聖門學者，爲天之所爲，故敢以天自處。佛氏卻不敢恁地做大。」⑭

又說：

---

⑪ 黃東發「黃氏日鈔」四十一卷頁五三八。
⑫ 「上蔡學案」頁五四三。
⑬ 見方東美先生「新儒家哲學十八講」第一、二兩講。
⑭ 「上蔡語錄」卷上頁十。

「吾儒下學而上達，窮理之至自然，見道與天爲一。故孔子曰：知我者其天乎？以天爲我也。佛氏不從理來，故不自信，必待人證明然後信。」[120]

蓋儒學以天道流行，生生不已，據內在目的論的立場，建立了生機創造的宇宙觀。天人不二，皆所以創造宇宙美善的價值，天理卽是人心，人心的發用卽顯現宇宙生生之仁。這種唯心一元論的觀點，渾然把天理與道德人格打成一片，直從宇宙之仁，一貫而下，落實爲道德理性，作爲一個理想道德世界（教化世界）的根本基礎，在這個世界中，生機洋溢，創化不已。故聖人卽心顯仁，「爲天之所爲」，天人合德。聖德同天。而佛氏以宇宙「業識流轉」，「緣起性空」要人「超迷入悟」，「去妄顯眞」，最後所證的只是個空寂無住的「涅槃佛性」，要人隨緣證入，以求解脫。儒佛二者，在根本精神上，有根本的分別：一是捨離的，一是淑世的；一是宗教的，一是道德的。以此分判儒佛，謂佛氏不知天，不識理，不亦可乎？

2.「道德本心」的自然流露，就在念念關心的日常生活的彝倫事務中，絕不是去念沈空，寂滅無爲。由此而分辨儒佛。他說：

「血氣之屬，有陰陽牝牡之性而釋氏絕之，何異也？釋氏所謂性，乃吾儒所謂天。釋氏以性爲日，以念爲雲。去念見性，猶披雲見日。釋氏之所去，正吾儒之當事者。吾儒以名利

---

[120]「上蔡語錄」卷中頁五十六。

關爲難透，釋氏以聲色關爲難透，釋氏不窮理，以去念爲宗。釋氏指性於天，故蠢動含靈與我同性。明道有言，以吾儒觀釋氏，終於無異，然而不同。」⑫ 。

此條斥佛相當透闢，言其棄世厭生，不合天理人情。人在世間，助天以成化，有先天的道德義務，以淑世爲心，身家國天下無不念念在心，天地衆生，猶如一體，疾痛相關，相依扶持，豈可「去念」而不惜顧？卽使大乘菩薩有悲憫之心，普渡衆生脫離苦海，然亦不過助其證入涅槃，同歸寂滅，此無關乎現實世界的眞象。人生有追求實際幸福的要求，人生有生命繼續的意義。儒家正視生命的價值，尊重生命的現實，尊生重人，不同於佛氏也。故上蔡先生又曰：

「佛大概是爲私心，學佛者要脫離生死，豈不是私？只如要度一切衆生，亦是爲自己發心願，且看那一個不拈香禮佛？儒者直是放得下，無許多事。」⑫

說佛家「自私」，是宋儒一致的看法，因其參不透生命的眞義，在順循天理，締造更好的生命世界；不能以樂觀的心態，去察識人有受之於天的美善的秉彝，並且發揮這些秉彝在知識、道德、藝術的各層面，力求精進，以期成就更美好的人生價値。人生的苦痛來自人類貪欲的私心，

⑫ 「上蔡語錄」卷上頁三十六。
⑫ 「上蔡語錄」卷中頁五十四。

儒佛皆瞭然於懷，然而儒家篤信道德理性的功能，克己去私，設若篤志力行，終能改善自己、變化氣質而日趨善境也。佛家則以苦海無邊，力求捨離，雖悲智雙運，其歸趨終在身證涅槃。「天德流行界」與「緣起性空界」皆可寄託終極的命運，參透生死，然而一是人生實境，一是涅槃空境，不可混淆，儒佛之辨有如此者。

3.就心性意等名詞，分判儒佛之立意不同，並爲建立界說，用以分判儒佛之差異。他說：

「佛之論性，如儒之論心，佛之論心，如儒之論意。循天之理便是性，才容些私意，便不能與天爲一。」[123]

上蔡先生如此分判；稍有違明道先生「心性不二」之說。蓋依上蔡之說，則心性有別。以「性」爲普遍流行之道體，「心」爲知覺意識之作用。佛家以所緣境相，皆識體所變現，業識流轉，故視天地爲幻化。張橫渠卽以此辨儒佛。[124]斥佛家有用而無體，甚且用也不是。明道先生因之，合心性天道，貫通爲一。所謂「道外無性、性外無道。」「心外無事，事外無心。」一心所起，卽性體之普遍流行也。據明道所見，儒佛之分判，不在心性名詞的分別，而在心性本質之差異。蓋儒家之「心」不僅是「識心」，且是道德本心；儒家之性不是「佛性」，且爲道德創造之

---

[123] 「上蔡語錄」卷中頁六十四。

[124] 見張橫渠「正蒙」「太和篇」、「神化篇」、「誠明篇」。

性也。上蔡先生才華高絕，言簡意賅，設若分判不清，毋乃太簡乎？

次之，「以佛之論心，如儒之論意。」而以此「意」爲「私意」上蔡先生說：「心本一，支離而去者乃意耳！」因此上蔡此說，可生二疑：①佛之所謂「心」者，如「如來清淨心」，如「涅槃妙心」，「菩提心」，皆是「私意」乎？②「意」如作「私意」解，爲支離其心者，大學首章「意誠而后心正」作何解釋。故日後陸象山、王陽明、劉蕺山皆不宗此說也。

然而，以此比較儒佛，在心、性、意的概念上建立界說。在方法的運用上，影響後來之理學家甚大。如胡五峯、朱熹等，爲其著名者也。

總之，謝上蔡之分判儒佛，乃繼明道之「闢佛說」而來。[125] 於儒佛之分判，可爲不愧乃師，超越並世諸儒。至於其「入佛」，朱熹、黃震所評隲甚多，此處不論。

(三) 結　論

謝上蔡的思想，如本文緒論所述，影響後世甚大，亦甚深遠。明道先生的思想，經由上蔡先生的發揮，轉介到南宋時期的胡氏父子與張南軒，而形成了湖湘學派，再以湖湘學派爲轉手，影

---

125 見作者「二程闢佛說合議」臺大「哲學論評」第五期。

響到陸九淵，輾轉至於明代，又影響到王陽明。至於明末的劉蕺山，為宋明理學的殿軍，也是理學思想愈轉愈邃，造境愈深的一人，它的思想卽為遙承胡五峯，折衷朱王而成就者。因此明道思想系統的完成，上蔡先生的思想實具關鍵性的意義。至於上蔡先生的著作，流傳後世的，除了朱熹所校訂的「上蔡語錄」之外，還有一篇「論語解序」（見宋元學案上蔡學案），此外就是零零星星的散佈在朱熹的著作中，如「四書集註」及「或問」中，分量也很少。因此，「上蔡語錄」就成了碩果僅存的較完整的哲學文獻，要瞭解上蔡先生的思想，捨此之外，別無他圖。我們也能夠從「上蔡語錄」中整理出一個思想的輪廓來。

要言之，上蔡先生也是呼應着北宋理學家一致的要求；從籠罩中國近千年的佛教思想中，返回儒家，重建儒家人文教化的理想。無論後世如何批評他「分明是禪」或「以禪解儒」，但是上蔡先生排佛的態度是很堅決的。他說：

「性本體也；目視耳聽，手舉足運，見於作用者，心也。自孟子後，天下學者，向外馳求，不識自家寶藏，被他佛氏窺破一斑半點，遂將擊拳豎腳底事，把持在手，敢自稱大，輕視中國士大夫，而世人莫敢與之爭，又從而信仰歸依之，使聖學之傳，至於此乎？」[126]

他所認為的「寶藏」，就是孟子所立的「心學」。人心卽是所謂天道生生之仁的作用與流

[126] 見「上蔡語錄」上卷頁三。

行，它貫注了無限的生命之活力，應事接物，卽心是道，卽事成理。天卽理，人心卽是天理。識仁卽是識心，透過人的主體性的自由自覺而識得天理。在他的義理格局中，「窮理」與「識心」幾乎同一涵義。「格物窮理」與「卽事明道」或「事事循天理」，也幾乎是同一涵義。因此陸王學的大綱領，卽在上蔡學中顯露端倪，有待進一步的發揮了。此外，上蔡先生師承明道的仁學，尊崇明道先生「仁者與天地萬物渾然爲一體」的昭示，也主張「學者必先識仁」，他的辭彙是「學者先須窮理」、「學者先須識眞心」，識得眞心而後以誠敬涵養之。同時，心是知覺靈明，心是顯仁成性的功能和作用。於是「知覺是心」、「作用是心」、「察識先於涵養」，就成了湖湘學派如胡五峯等，以及陸王學派，甚至以後的劉蕺山等，所一致贊同而採用的哲學前提。透過這些前提的推演，浩浩蕩蕩的成就了宋明理學廣大的思想系統。今人硏究上蔡先生的思想，都單純的把他當作二程後學看待，頗忽視了他在中國思想史上的重要地位，實不敢苟同也。

至於上蔡思想所成就的結論，以他自己的話來說，他稱之爲「一切從廣大的心中流出」[127]，這頗似絕對唯心論的觀點，與胡五峯「性立天下之有」、陸象山「發明本心」、王陽明「致良知」，異曲同工，不遑多讓。甚至在意境上尤有過之，幾乎如華嚴經的「華藏法界」、「華嚴世界海」。這句話，僅就字面來看，當然是從佛敎來的，但在儒家說來更有確切的意義，因爲人類

[127] 「上蔡語錄」，頁四、頁三十四。

的文明本來就是人類的心智造成的，宇宙的美善本來就是人心對美善的照察，絕對的價值必依絕對的心靈，天人一本，不可分割，上蔡先生所開極大也。謹述所見如上。

試論宋代幾個重要的「理學世家」

——宋代理學思想流行之社會因素之一

(一) 敍論

中國近代學術思想，自趙宋起，下迄清初，凡六百餘年間，索羣言之旨歸，尋哲理之宗趣，大要可滙歸於一脈，曰「宋明理學」是也。宋明理學之流傳廣播，非惟世歷四代——宋、元、明、清；就地域而論，猶且北暨朝鮮，東傳日本，其影響密接，風氣轉移，覆育之廣，鮮與倫比。苟欲通論其淵源流變，攸關歷史環境、學術傳統、民族精神、人物性格；內因外緣，在在皆需深窺。玆事體大，非鴻儒碩彥，則難以措手也。筆者學淺，近年來藉教學相長之便，於兩宋諸儒語錄、宋元學案，暨有關諸史乘，常自誦習。然而愧在疏拙，於兩宋理學思想淵源流變之宏體大綱之處，不敢妄自稱述，以免唐突先哲、掠美時賢。謹遵先儒「抱小」之誡（見龔定庵文集續集卷二），玆綜合舊籍所載及昔賢所述之關於理學淵源及流傳者，僅分析其「理學世家」之一因子，推論其意義及影響，聊獻一得，以便初學之參考也。

所謂「世家」者，如依司馬遷史記之書例，則以諸侯王之開國承家，世世相續而爲言；然而亦有變例者，如孔子之以大聖之資，立道德之宏模，開百世之儒宗，自茲以降，世業不替，亦得以「世家」稱之。❶此外，累世仕宦之家，世代爲官受祿者，所謂「世家子弟」是也。西漢之時，承封建之餘緒，郡國並行，猶有所謂諸侯世家者。降及東漢，則名存實亡矣。漢魏之際，行九品官人之法，風尚所及，尊豪宗而賤寒素，崇門閥而高姓氏，於是所謂「世家」者，則以世冑高門、閥閱世家代之矣。於是，諸侯之「世族」，一變而爲門第之「士族」；貴游子弟，風流相尚，彼此牽引，形成社會上之特殊階級，降至唐代，此風猶存。❷

唐末五代，中原鼎沸，蠻族之摧殘，尤甚於五胡亂華，是以民族混亂。豪門大族，淪沒殆盡，往日之高門世家，幾成歷史之絕響。及於宋初，所謂「中原文獻之傳」，碩果僅存者，僅韓、呂等寥寥數家而已。❸

綜上所述，諸侯以世及爲「世家」，官宦以世祿爲「世家」，門第以閥閱爲「世家」，孔子以儒宗爲「世家」。除此而外，史籍所傳，習俗所稱，尚有二種人亦不妨以「世家子弟」名之者：其一、累世傳經述史，父作子述，不絕於學統者；如春秋之公羊氏、穀梁氏、史記之司馬

❶ 見「史記」之「孔子世家」。
❷ 柳詒徵著「中國文化史」中卷頁四十九—五十六，正中版。
❸ 見「宋元學案」之「范呂諸儒學案」、「華陽學案」。

氏、漢書之班氏，乃至於近儒之高郵王氏、江都惠氏、桐城方氏等等，皆可以爲例。其二、累世以來，孝悌清修，不懈於學行；歷經播遷流離，皆不變其家風，足以式範鄉里、感化風俗者；此等人物，史例甚多，即於今日社會，猶可於學界前輩之風範中，略見一、二云。

本文所謂「理學世家」云者，即折衷於後二者言之，俗謂「詩禮傳家、書香門第」。此等人物，紹述先人之遺緒，光大文明之事業；潛心於典籍，不懈於德行；不以一己之寒素貧窮爲恥，不以個人之聲光隱晦爲意；視古人之事業猶今人之事業，父祖之事業猶子孫之事業，篤志力行，寓生命精神之創造於「家世勿替」之擇善固執之中。此等人物，以今日觀之，固可視爲舊社會之典型、宗法社會之餘緒；然而維繫我民族傳統文化精神於不墜，促進學術創造於繼增；此輩人物實爲一重要之因子也。易繫辭大傳曰：「繼之者善也，成之者性也。」繼先人之善業，成一己之性德；斯可謂天地之孝子，父母之佳兒。所謂「一脈流香，家學淵源。」無論就學術價值或社會價值，此類「世家」在宋代理學之流傳與發展之過程中，其歷史的意義及哲學的意義，皆值得吾人之分析探討也。

(二) 釋義

案考黃宗羲撰、全祖望增補之「宋元學案」一百卷中，共立九十一學案。學案中之人物有傳目詳載及附傳傳目中有名氏者，凡一千七百餘人。就該書編輯之體例而言，每一學案之中，除纂輯成立該學案之主要學者之傳記及重要言論而外，並采輯同時代之佚史、家傳與名人筆記，別立一「附錄」，以見該學案人物之風儀氣象與出處行止。此外又設「講友」、「同調」、「學侶」、「門人」、「私淑」、「家學」與「續傳」等名目，以明其學術思想之淵源、影響、交流與傳播。其中與本文最有關係者，爲「家學」與「續傳」兩名目。所謂「家學」，卽采錄其子孫紹承先業而力學有成者；所謂「續傳」，則多有采錄其後代苗裔之猶有恭行力學而發揚祖德者。

而且，一學案之「家學」，不僅爲成立該學案之本人之「家學」，舉凡其「同調」、「學侶」、「門人」、「私淑」，凡有「家學」可錄者，皆詳錄而無遺；甚且，其「家學」中之子孫復有其「家學」。

且以「宋元學案」中之「高平學案」爲例：「高平學案」立學案人爲范仲淹，「高平同調」爲韓琦。於是附於學案者則有「高平家學」及「韓氏家學」。「高平家學」列有范純祐、范純仁、范純禮、范純粹四人，皆爲范仲淹之子，其中以范純仁最有成就，諡號「忠宣」；於是又列「忠宣家學」，附有純仁之子范正平、范正思二人。「韓氏家學」列有韓琦長子韓忠彥，又附有「韓氏續傳」韓冠卿、韓宣卿二人。韓冠卿、韓宣卿都是南宋乾道、淳熙年間之人，與朱熹同時，距范仲淹、韓琦的時代已經一百六十多年了。❹此外，范仲淹有門人盱江先生李覯，李覯又有門

❹見「宋元學案」之「高平學案」世界版頁七十五。

人孫介夫者，爲皇祐五年進士，與王安石論政不合，嘗作「春秋傳」，其二子孫志廉、孫志舉皆有文名，於是又爲之立「孫氏家學」。❺

梨洲先生爲明清之際的大儒，其本人亦爲世家子弟，其父祖皆爲東林名士，與他同時代的大學者，如李穆堂、顧亭林、閻百詩、胡朏明、陸桴亭、張楊園、萬氏兄弟等，乃至桐城方氏、江都惠氏，稍後的高郵王氏。以及王船山、李恕谷、程綿莊……等人，幾乎無一不是家學淵源，出身於「書香門第」者。❻皆是於明室淪亡於滿族之後，整理文化之墜緒，發揚學術之傳統，開啓有清一代漢學之光輝的卓犖人物。於綱維滅裂、大亂流離之際，此等人物所發揮的「國家雖亡而文化不滅」的偉大作用，梨洲先生於草撰「宋元學案」之時，於「家學」淵源，其不憚煩而謹細如此，殆亦有見於我國傳統文化精神中所特具之精蘊，而寄託其深意者歟？

復查「宋元學案」九十一學案中，列有「家學」者，不下於五百餘宗。「家學」中之學術人物，貫串於首尾四百餘年的學術活動中，彼此牽連，交光相映。其密接影響、根柢深結所形成的鉅大作用，其西至關隴，北接燕雲，東至吳浙，南下閩粤，深入川桂、皖鄂湘贛無所不屆，是以有關學、洛學、閩學、婺學、蜀學、江西之學、湖湘之學……等等，不一而足，在遼金元夏交迭

❺ 同❹，頁九十九—一〇一。

❻ 見梁啓超「中國近三百年學術史」五—十諸章。

侵掠之下，關隴陷沒於遼，兩河淪亡於金。然後衣冠南渡，宋室偏安，其學術活動卻愈形頻繁。直至華夏盡噬於蒙古，於顛沛覆滅之餘，吾人猶能看到那些冠纓世胄、書香子弟，依然是艱貞不倦的埋首典籍，堅守故業。如「宋元學案」中之「深寧學案」（王應麟）、「東發學案」（黃震）、「介軒學案」（董夢程）、「魯齋學案」（許衡）等，皆可見之。❼

本人末學後進，亦嘗睹於時艱，竊揣中國五千年文化傳統，所以能緜亙不絕，歷經憂患而終始發揚，與時俱新者，必有其文化精神中之根本動因，成爲吾人宗教上的與哲學上的基本信念。要瞭解此傳統文化中之根本動因，必須要分從歷史學及哲學的層面，來分析其生活觀念、社會結構，以及政治組織的主要內涵，由此來釐定我傳統文化所獨具的起源與發展的途徑。譬如說，中國傳統文化之精神，最初淵源於對「天道」精神的超越嚮往，而後轉化爲宇宙內在的價值創造，終於落實在人類主體性的人性之上，藉着人性的自我實現，所謂孝悌爲人之本，忠恕一貫之道。由此而顯現在一切文物典章制度之中，成爲客觀精神的具體實現，以實現天人一體的「生生之仁」。卽易傳所謂的「繼善成性」是也。「世家」的精神也是「繼善成性」的宇宙創造精神的一種表現。

本文研究之角度，係折衷於歷史學與哲學之間，而落實在倫理生活的觀念之上。用以觀察兩

❼ 分見「宋元學案」八十五、八十六、八十九、九十諸卷。

宋之時的幾個「理學世家」的道德生活與學術活動，並且瞭解他們如何在長期的亂離播遷之下，依然能保持其家風與學統於不墜，並且參考他們在社會中所產生的影響，用以推論他們在兩宋理學起源與發展的過程中所應有的價值和意義。同時，我想透過這一端的窺察，對中國傳統文化的精神多一份體認。或亦有助於後進之初學也。

本文係選擇幾個較具典型的「理學世家」加以論述：首列東萊呂氏，其次爲華陽范氏、崇安胡氏，並附述西山蔡氏、慈溪黃氏。說到慈溪黃氏，那就由宋入元了。撰寫的方式，係分從世系、家風、家學、交遊與影響等各方面參差扼要述之，並隨文推斷其價值與意義。

（三）東萊呂氏

首述東萊呂氏：

呂氏世居東萊（今山東掖縣），自宋太宗太平興國年間，呂蒙正爲相，始遷居河南洛陽。蒙正侄呂夷簡曾三度爲仁宗的宰相，諡「文靖公」。夷簡次子呂公著，曾與司馬光同心輔政，做過哲宗的宰相，諡號爲「正獻公」。

呂公著幼嗜學，至忘寢食，其學不主一師，交遊皆當時賢士大夫。宋元學案本傳曰：「先生自少講學，即以治心養性爲本，平居無疾言遽色，於聲利紛華泊然無所好。簡重清靜識，慮深敏。量閎而學粹，不以私利動其心，好德樂善，見士大夫以人物爲意者，必問其所知與其所聞，參互考實，以達於上。每議政事，博取衆善以爲善。至所當守，則毅然不回。」❽與司馬光、邵雍、程明道、張橫渠等俱交往密切。

宋元學案爲之立「范呂諸儒學案」。全謝山劄記曰：

「呂正獻公家，登學案者七世十七人。考正獻子希哲希純，爲安定門人。而希哲自爲『滎陽學案』。滎陽子切問，亦見學案，又和問、廣問及從子稽中、堅中、弸中，別見『和靖案』。滎陽孫本中及從子大器、大倫、大猷、大同，爲『紫微學案』。紫微之從孫祖謙、祖儉、祖泰，又別爲『東萊學案』。共十七人，凡七世。」❾

此外，呂祖儉之子喬年，從子康年、延年，亦附載於『東萊學案』之內，加上全謝山未列入的呂希績、呂好問。應爲八世二十二人。簡列其世系表如下：

❽ 見「宋元學案」卷十九及「宋史」卷三百卅六。

❾ 見「范呂諸儒學案」世界版頁四五三。

(一) 呂蒙正（太宗時爲相，始遷河南。）
- 呂夷簡（仁宗時三度入相）
  - 呂公著（夷簡之子，字晦叔，立「范呂諸儒學案」）
    - 子希哲（公著長子，從學於安定、泰山、伊川、王安石，又與明道、橫渠等同遊，立「滎陽學案」。）
    - 子希績、子希純（並見范呂諸儒學「呂氏家學」。）

(二) 呂希哲（見「滎陽學案」）
- 子呂好問（見封東萊郡侯，見「呂氏家學」）
  - 孫呂本中（立「紫微學案」）
- 子呂切問（守官會稽，從當地賢士大夫遊）
  - 子呂稽中、子呂堅中、子呂弸中（並見「和靖學案」）
    - （呂弸中）子大器、大倫、大猷、大同。
- 從子呂和問、從子呂廣問（並見「和靖學案」）

(三) 呂本中（父好問，紹興六年自河南遷浙江上饒，學者稱「東萊先生」，立「紫微學案」）
- 從子大器（遷浙江金華，築「豹隱堂」以講學。）
  - 從孫祖謙（與朱熹、陸九淵、張栻、陳亮等交遊，稱「小東萊先生」，立「東萊學案」。）
  - 從孫祖儉（與楊慈湖、沈瑞憲、樓絜齋等講學於明州，稱「甬上四先生」。）
- 從子大倫、從子大猷、從子大同（並見「紫微學案」之「呂氏家學」）。

(四) 呂祖謙（大器之子，字伯恭，世稱「小東萊先生」）
- 弟祖儉
  - 子喬年、從子康年、從子延年（並見「東萊學案」之「呂氏家學」）。
- 從弟祖泰（亦見「東萊家學」之「呂氏家學」。）

（附：本表可參考夏君虞「宋學概要」頁一三七—一四二）。

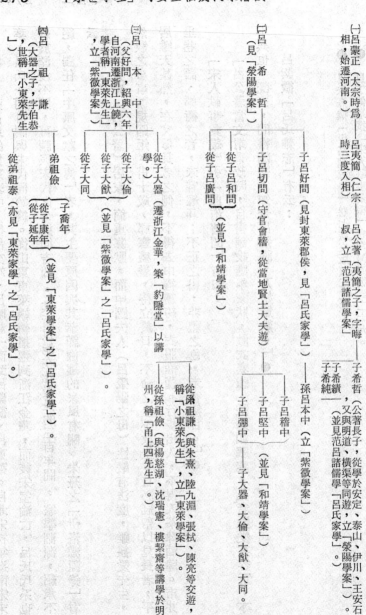

以上東萊呂氏的世系表中，從呂文靖、呂晦叔一直到呂紫微、呂東萊。自北宋初年迄南宋末葉，呂氏一門可謂與宋代同始終。從山東東萊輾轉播遷到浙江金華，而後宋室淪亡，呂氏氏系也終於湮沒不顯，可謂與宋代之命運同吉凶。其所以能在此漫長的三百年間，家學淵源，紹承不絕，獨任「中原文獻之傳」者，其主要原因與其恭謹儉讓的家風有關。朱熹之「伊洛淵源錄」有云：

「正獻（呂公著）居家，簡重寡默，而申國夫人（呂滎陽之母）性嚴有法度，雖甚愛先生，然敎之事事循規蹈矩。甫十歲，祁寒盛暑，侍立終日，不命之坐不敢坐。日必冠帶以見長者，平居雖天甚熱，在父母長者之側，不得去巾襪縛袴，衣服惟謹。行步出入，不得入茶肆酒肆。市井里巷之語、鄭衞之音，未嘗經耳；不正之書，非禮之色，未嘗接目。」⑩

「宋人軼事彙編」引「曲洧舊聞」有曰：

「呂公著當文靖秉政時，自書舖投應舉家狀，敝衣蹇驢，謙退如寒素，見者雖愛其容正，亦不異也。既去，問書舖家，知是呂廷評，乃始驚歎。」⑪

呂紫微「呂氏雜志」有云：

---

⑩ 見朱熹撰「伊洛淵源錄」卷七廣文版頁二一三。
⑪ 見丁傳靖撰「宋人軼事彙編」卷六源流版頁二六九。

「滎陽公在淮陽時，東萊公爲曹官，所居廨舍無几案，以竹縛架上，置書册、器皿之屬，悉不能具，處之甚安，其簡儉如此。」⑫

「宋史儒林傳」載東萊呂先生，引朱熹之言曰：

「學如伯恭，方是能變化氣質。其所講畫，將以開物成務；旣臥病而任重道遠之意不衰。居家之政，皆可爲後世法。」⑬

是以黃百家讚曰：

「呂氏家近石氏（漢時石奮，漢書有傳），故謹厚性成，又能網羅天下賢豪長者以爲師友，耳濡目染，一洗膏粱之穢濁。」⑭

至於呂氏家學之特色大致有三：

1.恪守中原文獻之統，兼採博取，不名一師。

全祖望曰：「滎陽少年不名一師，初學於焦千之，廬陵之再傳也。已而學於安定，學於泰山，學於康節，亦嘗學於王介甫，而歸宿於程氏。集益之功，至廣且大。而晚年又學佛，則申公

⑫「伊洛淵源錄」卷七頁二二七。

⑬「伊洛淵源錄」補卷第四頁六二五。

⑭「宋元學案」卷二十三「滎陽學案」世界版頁五二五。

家學未醇之害也。要之滎陽之可以爲後世師者，終得力於儒。」⑮又曰：

「大東萊先生（呂紫微）爲滎陽（呂希哲）冢嫡，其不名一師亦家風也，自元祐後諸名宿如元城、龜山、廌山、了翁、和靖以及王信伯之徒，皆嘗從遊；多識前言往行，以畜其德。而溺於禪，其家門之流弊乎！」⑯

全謝山「同谷三先生書院記」曰：

「宋乾淳以後，學派分而爲三：朱學也、呂學也、陸學也。三家同時，皆不甚合。朱學以格物致知，陸學以明心，呂學則兼取其長；而復以中原文獻之統潤色之。門庭徑路雖別，要其歸宿於聖人則一也。」⑰

要之，所謂中原文獻之傳，實爲隋唐以來的門第學風。這種門第學風側重在官宦治事之道、友朋風雅之談。這種學風往好處看，是門庭寬廣、滙納衆流；往壞處看，則不免於博雜浮泛了。簡言之，呂氏家學較富於調和折衷的色彩，與理學家銳於求道、明辨同異的精神是不相一致的。尤其呂氏多有「溺佛」者，難怪朱熹不悅了。他說：

---

⑮「宋元學案」卷二十三「滎陽學案」頁五二三。

⑯「宋元學案」卷三十六「紫微學案」頁七〇五。

⑰「宋元學案」卷五十一「東萊學案」頁九三六。

「呂公家傳，深有警悟人處……，但其論學殊有病。如其不主一門，不私一說，則博而雜矣！如云直截勁捷以造聖人，則約而陋矣！舉此二端，可見其本末之皆病。此所以流於異學而不自知其非邪？」⑱

朱熹與呂祖謙爲至交好友，他晚年批評祖謙既多且嚴，如曰：「博雜極害事，伯恭日前只向博雜處用功，卻於要約處不曾仔細研究。」又曰：「東萊聰明，看文理卻不仔細。」又曰：「近日浙中一項議論盡是白空撰出，覺全捉摸不着。恰如自家不曾有基址，卻要起甚樓臺，就上面添一層又一層，只是道新奇好看。」⑲

平心而論，朱熹批評呂祖謙其實太苛。呂學調和折衷的精神，兼容並包的氣度，對派系紛繁、針鋒相對的理學而言，不啻爲一服緩衝劑。是以鵝湖會上調停於朱陸之間，與朱熹商訂「近思錄」、參酌「伊洛淵源」，又爲朱熹、陳亮解紛爭。至於他自己的學術思想也確實有所建立，絕非依傍於他人者也。

2.兼重經史、歸本於文物制度，着眼於經世之道而不棄功利之言。

從呂滎陽、呂紫微到呂東萊，一脈家學，即所謂「中原文獻故家」是也。由於呂氏在宋代是

---

⑱ 「滎陽學案」頁五二六。

⑲ 見「朱子語類」卷二百廿一漢京版頁一一八四。

累朝宰輔，對文獻的掌理、治道的瞭解，可謂得天獨厚。一個國家的法制體統，即指文物典章制度。而文物典章制度的建立必然實用於民生而歸本於經史。因此呂氏家學特別「講求典故」、「講求治績」，從而「以史論經」。呂東萊有名的「左氏傳說」、「東萊博議」，便是在這種家學的背境下完成的。浙中諸學派如「永嘉學派」及以後的「麗澤諸儒」，多有受其影響者。

3.尊德性、道問學，涵養與察識並重。

「尊德性」與「道問學」，朱陸皆有偏重，而呂氏兼取所長。

呂東萊「與朱侍講書」中說：

「致知力行，本交相發。學者固有實心，則講貫玩索，固為進德之要。亦有一等後生，惟求言語工夫常多，點檢日用工夫常少。雖便略見髣髴，然終非實有諸己也。默而成之，不言而信，存乎德行訓誘之際，願常存此意，非謂但使之力行，而以致知為緩。但示之者當有序。」⑳

涵養與省察，孰重孰輕，乃是湖湘學派與朱熹相齟齬之處，張南軒與之多有論難，呂東萊調停其間。他說：

「登高自下，發足正在下學處，往往磊落之士，以為鈍滯細碎而不精察。」然而又說：

「靜多於動，踐履多於發用，涵養多於講說，讀經多於讀史，工夫如此，然後能可久可

⑳見「宋元學案」卷五十一「東萊學案」頁九四四。

大。」（見「與葉正則書」）㉑

最後，談到三百年呂氏家學，賢者迭出，蔚爲奇觀，由於其兼容並採，不名一師的學風，獨守中原文獻之傳，所交遊者皆當世賢士大夫，兩宋理學諸子未有不與之切磋往來者，也未有不彼此影響的。譬如說，呂晦叔與明道、橫渠的交往，呂滎陽與邵康節、小程子的交往，呂紫微與楊龜山、游廌山、尹和靖等人的交往，呂東萊與朱熹、陸象山、張南軒等人的交往。幾乎兩宋所有的理學大師，皆與之關係密切、根柢相連。呂氏家學無論是談經說史，申論治體，講求典故，都染上了濃厚的理學色彩，往往與理學家如出一轍。由於他們世代相傳，恪守家學，對於世變滄桑中的宋代理學的沿襲與發展，定然產生了極大的作用。對衣冠南遷、偏安江左的宋室君民也定然產生了很大的穩定與鼓舞的力量。尤其是倫理示範的人格典型，恭行踐履的篤實家風，影響於人心者其實匪淺。呂氏所教化的學子，不計其數。呂東萊之門人中最有名的，有六十三人，「宋元學案」合列爲「麗澤諸儒」。其中有東萊門人王瀚者，其子爲王柏，下傳金履祥，與朱學合流，入元而爲元代大儒許謙；另有門人徐僑，輾轉相傳，下開明代大儒宋濂。㉒故全祖望曰：

「明招學者，自成公（呂祖謙）下世，忠公（呂祖儉）繼之，由是遽傳不替……而明招諸

㉑同⑳，頁九四六。

㉒「宋元學案」卷七十三「麗澤諸儒學案」世界版頁一三七三。

生，歷元至明未絕，四百年中原文獻所寄也。」㉓

（四）華陽范氏

次述華陽范氏：

華陽，卽今四川成都。四川在北宋之時雖人物繁盛，但與中原相比，仍屬邊鄙地區。東萊呂氏爲中原文獻之傳，華陽范氏則不免爲鄉曲士紳之家。但是由於中原干戈擾攘，衣冠遷蜀者頗多。四川亦成了中原文化避亂遷流的尾閭。在兩宋之時，理學西流入川者主要有兩大股。一股是二程弟子謝湜、馬涓，一股就是范氏家學㉓。范氏家學在四川的活動有兩度興盛的時期：一是北宋元祐前後的范鎭父子，在宋元學案中立「范呂諸儒學案」；一是范氏續傳，在南宋淳熙年間，師承於張南軒，銜接了「湖湘學派」，形成了范氏家學的中興，而後繼續傳播，遍潤於川蜀之地。全謝山宋元學案劄記曰：

「北宋宰輔家登學案者，范蜀公家六世八人，蜀公及從子資政百祿（見是卷范呂諸儒學案）、從孫正獻祖禹、從曾孫龍圖冲爲華陽學案。資政後仲歚及從子子長、子諒又大治，則

㉓ 同㉒，頁一三七七。

華陽後人，見「二江學案」。共八人，凡六世。」㉔

其實，案考「二江學案」中尚有華陽先生范蓀者。魏鶴山稱先生：「學本誠一，論不籧篨，自浩氣養心以求道腴，不茹剛吐柔而求聲利。」或亦屬范氏家學㉕。另有「范氏續傳」范大治先生者，二江學案稱其爲「幼時常從學滄江書塾，官崇仁丞，宋亡不仕；與學者語，舉書傳常連卷數千百言，不遺一字；天文、地理、律歷、姓氏、職官，一問輒千百言不止。虞汲（元儒吳草廬門人）猶及見之，當是華陽後人也。」㉖

是以，華陽家學登學案者，或應是八世十人。簡列其世系表如下：

(一)范　鎭（字景仁，仁宗時爲相，封蜀郡公，見「范呂諸儒學案」。）——從子　百祿（字子功，亦見「范呂諸儒學案」）
- ——從孫祖述（見「范氏家學」）（皆百祿子）
- ——從孫祖禹（別立「華陽學案」）

(二)范　祖　禹（字淳夫，謚正獻，立「華陽學案」）——子　沖（字元長，見「華陽家學」。）——孫　范　仲　黻（字文叔，號「月舟先生」，見「二江諸儒學案」。）
- ——從子曾孫子長
- ——從曾孫子該

皆見「二江諸儒學案」

㉔「宋元學案」卷卅一「呂范諸儒學案」頁六二七

㉕「宋元學案」卷十九「范呂諸儒學案」頁四五〇。

㉖「宋元學案」卷七十二「二江諸儒學案」頁一三六一。

依此世系表簡述如下：

范鎭，華陽人。仁宗時舉進士第一。累官至宰相。神宗時，王安石爲相，變更法令。先生力爭之，不報，卽上書求去，並疏劾王安石用喜怒爲賞罰。疏入，荆公大怒，乃辭官致仕。累封蜀郡公。謚忠文。史傳曰：

「平生清白坦爽，遇人必以誠。恭儉愼默，口不言人過。臨大節，決大議，色和而語莊。篤於行義，奏補，先族人而後子孫。鄉人有不克婚喪者，輒爲主之。……少受學於龐直溫……其學本六經，口不道佛老申韓之說。契丹高麗皆傳誦其文。」㉗

「宋人軼事彙編」引「詩話總龜」曰：

「范景仁致仕，一朝思鄉里，遂輕裝入蜀。……歸至成都，日與鄉人樂飲，散財於親舊之貧者。遂遊峨嵋、青城，下巫峽，出荆門。歲暮乃還京師。在道作詩二百五篇。」又引「曲洧舊聞」曰：

「蜀公居許下，於所居造大室，以『長嘯』名之。前有荼蘼架。每春季花盛時，宴客於其下。約曰：『有飛花墜酒杯者釂一大白。』或語笑喧嘩之時，微風過之，則滿座無遺者，當時號『飛英會』。」㉘

㉗「宋元學案」卷十九「范呂諸儒學案」、「宋史」卷三三七。

㉘丁傳靖編「宋人軼事彙編」卷十一源流版頁五二三。

其豪情勇決，義俠照人。司馬光讚之爲當世大勇，人莫之敵。其家風爲敢於去取、勇於任事、從子百祿、從孫祖述皆有政聲，能克紹家學，載入學案。至於從孫祖禹則不然，莊肅嚴毅，深受朝野敬畏。

范祖禹，范鎭之侄之子，字淳夫，謚正獻。中進士後，在洛十五年，協助司馬光編修「資治通鑑」。書成，薦爲秘書省正字，拜諫議大夫，深受王安石愛敬。後忤章惇。貶徙賓化而卒。淳夫師司馬溫公，亦嘗從學於程伊川。史傳曰：

> 「先生燕居，正色危坐，未嘗不冠。出入步履，皆有常處。几案無長物，墨硯刀筆，終歲不易。平生所觀書，如手未觸。衣稍華者不服。十餘年不易衣，亦無垢汚，履雖穿如新。皆出於自然，未嘗有意，寡言語，不問卽不言。……先生師事溫公，獨不立黨，並遊蜀洛之間，皆敬之。」㉙

淳夫從遊溫公十五年，溫公家事無大小，令先生商之，雖溫公子司馬康不敢專也。著「唐鑑」十二卷，其後宋孝宗讀之嘗曰：「讀資治通鑑，知司馬太師自是宰相手段；讀唐鑑，知范內翰自是臺諫手段。」先生一生之成就在史學，其思想歸本於「中庸」。有「中庸論」五篇傳世。他說：

㉙「宋元學案」卷廿一「華陽學案」頁四八二。

「中庸者，言性之書也。……夫誠者，聖人之性也；誠之者，賢人之性也。聖人生而知之者，故其性自內而出。自內而出者得之天，而不恃乎人。賢人學而知之者也，故其性自外而入，自外而入者得之人，而後至於天。故曰：誠者，天之道；誠之者，仁道也。」㉚

這種分天人爲二，性有內外的思想。旣不同於程明道性無內外，天人一本之說；也不同於程伊川性卽理，理事不二的說法。所以朱熹力辯其學不出於伊川，非伊洛正傳。朱熹很尊崇他的爲人，說：「范淳夫之爲人，其人如玉。」卻不欽賞他的思想，而說：「范淳夫論治道處極善，到說義理處卻有未精。」㉛

淳夫嫡嗣范冲，字元長。克紹箕裘，亦以史學名家。南宋高宗時，召修「神哲兩朝實錄」。又開講筵爲侍讀，與「漢上先生」朱震爲高宗講「左氏春秋」。當時，范冲、朱震（謝上蔡門人，二程再傳，有「漢上學案」）皆一時名德老成，極天下之選。先生又有乃祖范蜀公義俠之風，宋室南遷，司馬溫公家屬寒微，皆依其撫養。㉜

范冲子仲歔先生，字文叔，爲國子博士。從張南軒問學，杜門十年，不汲汲於進取。魏鶴山讚其：「剖析精微，羅絡隱遁，直接五峯之傳，晦翁東萊皆推敬之。」學者稱爲月舟先生，晚年

㉚ 同㉙，頁四八五。
㉛ 朱熹撰「伊洛淵源錄」卷七廣文版頁二三六。
㉜ 「華陽學案」頁四八八、「宋史」卷四三五。

講學二江之上，南軒之敎遂大行於蜀中。與從子范子該、范子長，族人范蓀，俱負時名，時稱「四范」。㉝全祖望曰：

「宣公（張南軒）居長沙之二水，而蜀中反虛。然自宇文挺臣、范文叔、陳平甫之入蜀，二江之講舍，不下於長沙，……蜀學之盛，終出於宣公之緒。」

「范氏家學」中興於蜀中，華陽「四范」，把湖湘學派的胡五峯與張南軒這一理學系統，傳布到蜀中來。當時的蜀中，學術流行，有南軒之學，有朱熹之學，有永嘉經世之學。范子該有一位門人魏了翁，字華父，號鶴山，也是四川人。他從輔廣李燔（見卷六十四「潛庵學案」）處，獲知了朱學；從學於范子該，得五峯南軒之傳；綜其大成，成爲南宋末年的理學大家。梨洲先生盛讚其卓犖而不依門傍戶。他遍述九經、綜理史乘，門人又極多，爲亡宋留下了一份學術元氣。在元兵南下時，其門人又多有死節者，如王𤊹、唐震、李芾、趙卯發等，皆闔門死節，凛烈感人。㉞亦三百年理學敎誨之功也。范氏勇決義烈之家風，效驗於此時矣。孰謂理學不能用世？

㉝「宋元學案」卷七十二「二江學案」頁一三六二。

㉞「宋元學案」卷八十「鶴山學案」頁一四九九。

（五）崇安胡氏

前述二大理學世家：東萊呂氏，以宰輔門第，「獨得中原文獻之傳」，一門俊秀，輾轉相傳，隨宋室播遷，歷三百年而不止；從北方的中原到南方的江浙，幾與中國當時每一學派都有了密接切磋的關係，其影響鉅大，自不待言。華陽范氏，以鄉曲氏族，崛起於元祐年間；自范蜀公以宰輔之尊，立德立名，嗣後范正獻、范龍圖、范祖述，一門佳子弟，正身立朝，埋首經史，勇決堅毅，豪邁義烈，與乃祖同風；然後銜接朱熹、張南軒的學裔，融滙永嘉與金華之學，反哺桑梓，成立「二江學案」；「華陽四范」，師教化行於川蜀，德業式範於鄉里，造就多少人才？魏鶴山爲其中卓犖大儒。

次述崇安胡氏：

然而，崇安胡氏，在世系的傳承上似乎爲時較短，但在意義上，卻絕不遜於呂范二氏，甚且尤有過之。因爲胡安國先生出生於神宗熙寧七年（西元一〇七四年），猶及親炙於程伊川先生及程門諸高足。實際上，安國也曾私淑於程伊川，受教於謝上蔡，與楊龜山、游廌山、侯師聖等程門高足弟子爲講友。他一生也非常推崇二程的學統，由於他仕宦甚早，交遊廣闊，學識淵博。因而周濂溪、張橫渠、二程子所流傳的許多學術資料，都依賴他的收集、整理而得到保存。尤其是二程語錄及文集，很多都是朱熹得之於安國之家，加以編撰而傳世者。這對程門學統來說，厥功至偉。

尤其，安國先生的子侄，學術成就，非常卓越。在宋元學案中，除了他本人與長子胡寧成立「武夷學案」之外，次子胡寅立「衡麓學案」，史學、理學、文學皆卓然有成，稱「致堂先生」；季子胡宏，爲宋明理學承先啓後的絕世大儒，稱「五峯先生」，立「五峯學案」；從子胡憲，稱「籍溪先生」，爲朱熹的老師，也曾教誨過呂祖謙。此外張南軒爲胡五峯先生之嫡傳，陸象山先生也從其孫胡大時處得知上蔡之學㉟。張、朱、呂、陸，並世爲南宋大儒，悉在胡氏家學的籠罩之下。父子一門，並立四學案，在兩宋三百年間，可謂絕無僅有。漪歟盛哉！不僅如此，其嫡孫胡大時，胡五峯季子，從學於張南軒，宋代理學史上有名的哲學文獻——「湖南答問」，就是他的大作。他一方面是湖湘學派的中堅人物（亦是張南軒之婿），同時據史載：「先生於象山最爲相得。」㊱胡氏家學在理學方面的知識，是淵源於上蔡，大成於五峯。上蔡、五峯，皆是以「知覺爲仁」，重視心靈的察識。陸九淵「心學」系統的建立，黃梨洲先生稱其爲「遙出於上蔡」。胡大時與陸象山的交契，這個訊息，研究哲學史的人，是絕不能忽視的。（惜乎迄今爲止，卻沒有人提到。）胡大時先生在「宋元學案」中亦立「嶽麓學案」，則爲一門五學案矣！尤勝於東萊

㉟「宋元學案」卷七十一「嶽麓諸儒學案」頁一四四〇。

㊱同㉟，頁一三四二。

呂氏。

此外，胡氏家學中的胡展堂（胡安國之侄）、胡大正、胡大原、胡大本（皆安國之孫）。都是頗富盛名的人物，散見於胡氏各學案之中。

是以，立「胡氏家學」系統簡表如下：

胡安國（武夷先生）（崇安人，字康侯，謚文武，有「武夷學案」。）——
- 子胡寧（茅堂先生）——孫大本（季立先生與南軒共學於五峯。）
- 子胡宏（五峯先生）（有「五峯學案」）——孫大時（季隨先生，有「嶽麓諸儒學案」。）
- 從子胡寅（致堂先生）南之師（有「衡麓學案」）——子大原（伯逢先生，五峯嫡傳。）
  - 從子大正（伯誠先生）
- 從子胡憲（籍溪先生，朱熹之師，有「劉胡諸儒學案」。）
- 從子胡實（廣仲先生）

崇安，今福建建陽，在武夷山麓，胡氏世居於此，據「伊洛淵源錄」所載「胡文定公行狀」，略謂：安國父淵，仁宗時爲宣義郎。先生七歲時卽能爲詩，自幼以文章道德爲己任。出仕甚早，二十四歲（哲宗紹聖四年）爲進士。歷任川、鄂、湘諸路學使，所至設學校、訪人才，禮賢下士，所薦皆一時名士。宋史謂其「風采嚴肅，郡鄉敬畏不敢犯。」與蔡京不合，退居武夷山下，以奉親讀書爲事。宋室南渡，復應召赴行在。累諫高宗以春秋大義，以復國雲恥爲念。扼於秦檜、黃潛善等，終於蹇偃仕途，多年在湖南永州爲官。除胡憲（籍溪先生）而外，其子侄多相從學於衡山之麓，皆卓然大成，遂開「湖湘學派」。全謝山曰：

「私淑洛學而大成者，胡文定公其人也。文定從謝楊游三先生以求學統。而其言曰：三先生義兼師友，然吾之自得於遺書者爲多。……南渡昌明洛學之功，文定幾侔於龜山，蓋晦翁、南軒、東萊，皆其再傳也。」㊲

謝山又於「宋史胡文定傳後」曰：

「致堂、籍溪、五峯、茅堂，四先生者，並以大儒樹節南宋之初。蓋當時伊洛世運，莫有過於文定一門者，四先生歿後，廣仲尚能禪其家學。而伯逢、季隨兄弟遊於朱張之門，稱高弟，可謂盛矣！」㊳

「胡文定公行狀」：

「定夫、良佐、中立皆二程先生高弟。公不及二程之門，而三君子皆以斯文之任期公。謝公嘗語朱震曰：『胡康侯正如大雪嚴冬，百草萎死，而松柏挺然獨秀也。』使其困厄如此，此乃天將降大任焉耳！」㊴朱子亦曰：

㊲「宋元學案」卷卅四「武夷學案」頁六七一。

㊳同㊲，頁六七七。

㊴朱熹「伊洛淵源錄」卷十三廣文版頁四四四。

「文定氣象溫潤，卻似貴人。」

胡氏家學肇始於胡安國，其學術系統有二：一是春秋學，一是二程學。關於二程學，安國獨鍾於謝上蔡。上蔡直接於明道，爲宋明理學中「心學」系統的大本大原。胡氏一門子孫，尤其是胡五峯，其一生理學方面的成就，上承明道、上蔡，下開陸王，遙啓明末劉蕺山。是宋明理學轉折變化方面的關鍵人物。治宋明理學者，不可不注意及此。

先從「春秋學」說起：

胡安國雖有功於程門，爲南宋理學開宗之巨擘，與楊龜山、尹和靖，鼎足而立。然而其一生的學術成就，實在春秋。所撰「春秋傳」，以理解經，深契孔子之微言大義。其成就確是凌駕於孫明復的「春秋尊王發微」。安國先生幼從孫明復的高弟朱長文習「春秋學」（見「宋元學案」卷二「泰山學案」），但是青出於藍。他著「春秋傳」也是鑑於世亂亟變，僭僞失紀。他說：「春秋乃仲尼親筆，實經世大典，見諸行事，非空言比也。陛下（指高宗）必欲削平僭叛，克復寶圖，使亂臣賊子懼而不作。莫如儲心仲尼之經。……」㊵於是潛心研究，自述其對春秋所下的苦功曰：

「某初學春秋，用功十年。徧覽諸家，欲求博取，以會要妙，然但得其糟粕耳。又十年，時

㊵「宋元學案」卷卅四「武夷學案」頁六七四。

有省發，遂集衆傳，附以已說，猶未敢以爲得也。又五年，去者或取，取者或去，已說之不可於心者尚多有之。又五年，書成，舊說之得存者寡矣。及此二年，所習似益察，所造似益深，乃知聖人之旨益無窮，信非言論所能盡也。」[41]

呂東萊「與朱侍講書」曰：[42]

「胡文定春秋傳，多拈出禮『天下爲公』意思。蜡賓之歎，自昔前輩共疑之，以爲非孔子語。蓋不得親其親，子其子，而以堯舜禹湯爲小康，眞是老聃、墨子之論。胡氏乃屢言春秋有意於天下爲公之世，此乃綱領本原，不容有差。」

胡氏春秋學，自今日觀之，可謂迥出衆流，獨契聖旨。禮運大同篇、春秋太平世，乃儒家內聖外王之極致也。談春秋談不到這方面，誠如王荆公所譏的「斷爛朝報」。文定公眞灼識也。

胡寧，茅堂先生，爲安國次子。安國作春秋傳，修纂檢討，盡出先生之手。又自作「春秋通旨」二百餘章，現已散佚。吳淵頴嘗評曰：「史文如畫筆，經文如化工。若一以例觀，則化工與畫筆何異？惟其隨學變化，則史外傳心之要典，聖人時中之大權也。」[43]

---

[41] 「宋元學案」卷卅四「武夷學案」頁六七三。

[42] 同[41]，頁六七六。

[43] 同[41]，頁六七七。

這也是「以理解經」的路子，淵源自二程。胡氏家傳春秋學，可見一斑矣！

安國從子胡寅也是以春秋名家，著有「讀史管見」。其名著「崇正辯」，用以排佛，質實嚴正，頗具史筆風格。

胡氏家學中，最著名的胡五峯先生，乃安國季子。他一生的功力，泰半用於「春秋學」，著「皇王大紀」八十卷。他在此書的序中，自承爲繼承他父親的志業而作。「四庫全書提要」說：「所述上起盤古，下迄周末。前二卷皆粗存名號事迹，帝堯以後始用『皇極經世』編年。博採經傳而附以論斷。」

姑不論其所採集資料的正確性及用「皇極經世」編年的可信性。要之，也是「以理解經」的老路子，一本於家學。他敍述編撰此書的動機說：

「因秦焚書，後世競傳古先事，紛亂怪誕，迷誤後生，無所考正。其有能不悖於理者，可不采拾乎？其有顯然謬枉背義而傷道者，可不剪削乎？其有誣妄聖人者，可不明辯乎？或謂有欲正人心、息邪說之志，愚敢僭子與之名乎哉？考其事、窮其理以自正而已。」（皇王大紀天皇氏論）

原來他要繼承孟子，以明聖道；考事窮理，自正而已。亦家學淵源也。宋儒解經，多出己意，亦時代風尚，不必厚非也。胡氏「春秋家學」有如此者。

春秋的主要精神之一，在民族大義的所謂「華夷之辨」，胡氏一門累世敎化於湖南衡山之麓，三湘子弟皆受其精神感召，蒙古兵陷長沙，誠所謂「時窮節乃見」的偉大時代。胡氏春秋學精神面臨嚴格的時代考驗。全祖望曰：

「長沙之陷，嶽麓諸生，荷戈登陴，死者十九，惜乎姓名多無考。」㊹

因而，全祖望毫不容情的指斥毛奇齡的妄說曰：

「西河謂宋儒講學者，無一死節。夫宋儒死節多矣。」

於是他歷述李誠、文天祥、謝枋得、趙良淳、許月卿、唐振、呂大圭……等之後，憤慨的說：

「……而曰『無一死節』，是夢中囈語也。潭州（長沙）之陷，嶽麓三舍諸生，荷戈登陴，死者尤多。史臣不能博訪，附之『李芾傳』後。今反見謗讟於妄人，可爲軒渠。」㊺

今日之「妄人」尤多，所誣者遠不止此，觀祖望之言，可爲浩歎。

再談胡氏家學中的「二程學」：

前文業已述及，胡安國於二程學派中，特鍾於謝上蔡。謝上蔡直接於明道之傳，爲宋明理學中「心學」之淵源，下開陸王，遙啓明末之劉蕺山。

㊹「宋元學案」卷十三「麗澤諸儒學案」頁一三七七。

㊺同㊹，頁一三七九。

朱熹曾說：

「文定之學，後來得於上蔡者爲多。所以尊上蔡而不甚滿於游楊二公。」㊻黃宗羲亦說：

「先生之學，後來得於上蔡者爲多。蓋先生氣魄甚大，不容易收拾。朱子云：『上蔡英發』，故胡文定喜之。想見其與游楊說話時悶也。」㊼

關於上蔡之學，當另文討論，此處不宜多說。要之，其思想可約爲以下數端：

一、以「心覺之所以爲仁」、「敬是常惺惺法」，主張所謂「道德直覺主義」是也。

二、以「眞心」爲道德本心，心之發用卽是「天理」。成立所謂「絕對義務」的觀點。

三、建立心、性、意的明確界說，以「意」爲「私意」。「私意」才動便是「人欲」，多一分人欲卽少一分「天理」，有類似佛教的「滅意說」。㊽

胡氏家學中的「二程學」，多不出此範圍。雖然胡五峯先生才識高絕，把「仁體」、「天理」、「性」，渾成一片；然後「性立天下之有」，以「性」爲宇宙萬有的根原，創生的原理；而且，「以心顯性」，並以「知覺」爲心——以純粹的道德直覺爲「心」。此「心」是能動之「心」，也是所動之「性」。於是心、性、天打成一片，一以貫之，卽是「生生之仁」。

㊻ 朱熹「伊洛淵源錄」卷十三廣文版頁四三三。

㊼ 「武夷學案」頁六七三。

㊽ 見拙著「二程闢佛說合議」臺大「哲學論評」第五期。

這種「絕對唯心論」的完整體系，當然不是謝上蔡所能望其項背。此外以「天理人欲，同體而異用，同行而異情。」與上蔡理欲二元的「滅意論」也大異其趣。然而，「長江千里，始於濫觴。」究其基本觀念，依然是從上蔡的思想中紬繹發展而出。

此外，胡廣仲（五峯從弟）說：

「心有所覺謂之仁，此謝先生救拔千餘年陷溺固滯之病，豈可輕議者。」

「以愛名仁者，指其施用之迹也；以覺言仁者，明其發見之端也。」（並且「廣仲問答」）

胡大原（胡寅之子，安國之孫）說：

「心有知覺之謂仁，此上蔡傳道端的之語，恐不可爲有病。」（五峯學案）

由此可見「胡氏家學」之「二程學」的特質。當然，朱熹是反對的。朱熹的「知言疑義」，就是專論五峯之非。後來連五峯的學生張南軒也同意朱子的意見。於是，幾乎胡氏一門都起而爭辯，力護家學傳統。以上所錄的「豈可輕議」、「恐不可爲有病」諸語，就是爭這一點。「五峯學案」中「五峯家學」之「胡伯逢先生大原」條下記載：

「先生與廣仲（胡實）、澄齋，守其師說甚固，與朱子南軒皆有辯論，不以『知言疑義』爲然。」㊾

㊾ 見「宋元學案」卷四十二「五峯學案」頁七八七。

總之，無論胡氏之「春秋學」，或是「二程學」，皆是堅持固守，一脈相傳。對當時及後代所造成的影響之既深且鉅，凡治哲學史者，應當縷切的細述其源流、分析其概念，恐非短短數語所可陳述。此處不贅。

（六）附論西山蔡氏與慈溪黃氏

以上我扼要論述了宋代三個最重要的「理學家」，限於篇幅，粗疏自必難免。此外，如關中的呂大臨伯仲、槐堂陸九淵兄弟，在中國哲學史上自有其非常重要的地位，然皆非累世家學，不在本文討論之列。但是，還有幾個也相當重要的「理學世家」：如福建的西山蔡氏、浙江的慈溪黃氏等。蔡元定先生爲朱熹首徒，他遭謫流放、遠死異鄉，就是受到他老師的連累。不僅如此，他一家數代，世世爲朱學之干城。這種純潔的師生情誼，累世不絕，求之茫茫人間，可謂難能可貴。由於他們的「家學」，涉及相當專門的周易、洪範中的圖書象數、卜筮律呂之學，瞭解十分困難。全祖望曰：「西山蔡文節公，領袖朱門，然其律呂象數之學，蓋得之其家庭之傳。」㊿據宋史「儒林傳」謂其父發，博覽羣書，號「牧堂老人」，以程氏語錄、邵氏經世、張氏正蒙授

㊿ 見「宋元學案」卷六十二「西山蔡氏學案」頁一一一九。

先生曰：「此孔子正脈也」，先生深涵其義。

先生一生所得，最稔邵氏「皇極經世」，治「先天易學」，與朱熹誼在師友之間。朱子「易學啓蒙」、「周易正義」，實與西山先生參訂而成。朱子更與之商量「參同契」。朱子曾曰：「季通吾老友也。凡性與天道之妙，他弟子不得聞者，必以語季通焉。異篇奧傳微辭深義，多先令討究，而後親析衷之。」又曰：「其律書法度甚精，近世諸儒皆莫能及。」[51]

其子淵、沆、沈皆家學，躬耕不世，長子淵，對易學最有心得，治先天學，著有「易象意言」。

季子沈，隱居九峯，號「九峯先生」。宋元學案中有「九峯學案」。先生自幼隨父同師朱子。朱子編注羣經，惟書經獨缺。晚年以此事屬先生，乃有「書經集傳」行世。蔡西山以洪範之數付之，先生沈潛反覆數十年，而後有得，著「洪範皇極」一書。其子模、杭、權，皆承家學，精易數洪範。累世不絕。閩人稱之爲「蔡氏九儒」。[52]

茲列其世系表如下：

---

[51] 同[50]，頁一一二八。

[52] 見「宋元學案」卷六十七「九峯學案」，頁一二〇五。

蔡發（福建建陽人，號「牧堂老人」，西山之父。）——蔡元定（字季通，號西山，朱子首徒，有「西山蔡氏學案」。）

- 子淵。——孫格
- 子沆
- 子沈（號九峯，亦為朱子門人，有「九峯學案」。）
  - 孫模
  - 孫杭
  - 孫權

（並稱為蔡氏九儒）

馮梓材曰：「蔡氏自西山先生，晦翁稱為老友。子若孫入學案者八人。」全祖望曰：「蔡氏父子兄弟祖孫，皆為朱學干城。」[53]

再述慈溪黃氏：

全祖望曰：「四明之傳，宗朱氏者，東發為最。」[54]

黃震字東發，學者稱「於越先生」。他是宋代理學家中最偉大的學者人格之一。由於他直鯁敢諫、力陳時弊。有屈平之志、賈誼之才。然而終身偃蹇，貧寒一生。艱苦自持，述作不倦。宋亡而後，終於餓死寶幢。其所著「黃氏日鈔」一百卷，樸實詳贍，為有宋以來的犖犖大著，一洗

---

[53] 同[52]。

[54] 見「宋元學案」卷八十六「東發學案」頁一六三一。

理學空疏之弊。而其畢生私淑朱子。全謝山稱道之曰：

「先生起於明（浙江四明），所造博大精深。徽公（朱子）瓣香爲之重振……建安（朱學）之心法所歸。其淵源固極盛。先生則獨得之遺籍，默識而冥搜，其功尤鉅。試讀其「日鈔」，諸經說間，或不盡主建安（朱子）舊講，大抵求其心之所安而止。斯其所以爲功臣也。」[55]

黃宗羲也說：「日鈔之作，折衷諸儒，卽於考亭亦不肯苟同。其所自得者深也。」[56]

東發先生歿後，其子孫多居澤山（原名櫟山，今浙江四明），世守家學，宋亡後皆家居不仕，以見其志。可謂一門忠藎，峻肅高潔之士也。學案中載其子孫五人，茲系列如下：

- 黃震（字東發，號「於越先生」著「黃氏日鈔」有「東發學案」。）
  - 子夢榦（宋亡不仕）
    - 孫正孫（宋亡不仕，讀書明志）
      - 曾孫玠（隱居教授，講學弁山，著有「弁山小隱」集）。
  - 子叔雅（宋亡不仕，拒元徵召，授徒於家以傳學術。」
  - 子叔英（由一生以躬行爲本，以家學教授於閩越間，其門人皆卓然有立，家者稱爲「愍翁先生」。

黃氏一門，弟子甚多，散布於閩越，歷元至明，學統不絕。筆者深爲欽敬東發先生，日後有

---

[55] 同[54]，頁一六三二。

[56] 同[55]。

暇，當於浙江各家乘、方志、牒譜中，以尋抉其家世、學統之所傳，或亦可「發潛德之幽光」也。

（七）結　論

綜上所述，東萊呂氏——「四百年中原文獻之傳」。其歷代子孫，在兩宋三百餘年中，隨宋室輾轉播遷，從北方的中原到南方的海隅，始終紹承祖業，發揚家學。眞所謂祖德流芳，令人欽遲。其中卓然有成，以學術名世者，據「宋元學案」，凡八世二十二人，共立四學案，附入其他學案者尤多。其門人弟子遍天下，幾乎兩宋八十四個學案中，沒有一個學案不與之發生交互影響的關係。舉凡宋代理學大師，沒有一個不與之有過切磋琢磨的交誼。著名者如呂正獻、呂滎陽與邵、張、二程的交往；呂紫微與二程高足弟子的交往；呂東萊與朱熹、張南軒、陸九淵的交往；在宋明理學發展史上所產生的引介調和、增益創新的作用，這是有目共睹的歷史事實。而後東萊門人——麗澤諸儒，遍潤於江浙一帶，流風餘韻，緜遠悠長，歷宋元明而不衰。自淸代以迄今日，兩浙山川秀麗，孕育了多少人才？六百年理學，兩百年樸學，兩浙子弟英才輩出，追本溯源，多有賴呂氏一門之時雨化之也。

書香門第之學術世家，在中國文化中所種下的「蘭因絮果」，豈可忽視乎？

同時，呂氏學風，要在「門戶寬閎，不名一師。」而且由於淵源於宰輔之家，「獨得中原文獻之傳」，是以博採經史，兼重經世之學。因此，南宋永嘉經制之學實與呂氏家學相輔相成。呂學中有經學傳統，亦有史學傳統。日後有清一代，浙江經學既盛，而史學特盛。黃宗羲、萬氏兄弟、章實齋皆史學之佼佼者。開風氣之先者，寧非呂氏家學乎？

四川人文薈萃，文風鼎盛，固非始於華陽范氏。而范蜀公起自鄉閭而正身立朝，豪情雅致而普濟桑梓。范淳夫助成「資治通鑑」，已是不朽矣。自撰「唐鑑」，當屬名山之業。從學二程、闡述「中庸」；從賢士大夫遊，而罕談天人之際；多識前言往行，而少述性命之理。自稱不為「浮泛之學」[57]，亦足為二程之諍友矣！

「華陽四范」，中興家學。醞釀忠烈之風，敎化鄉梓子弟。融滙程朱之學、湖湘之學、永嘉之學，自成蜀學一系（此蜀學非三蘇之蜀學）；終於造就魏鶴山一代名儒，當為宋代理學殿軍。而蒙古入川，華陽後學，慷慨就義者甚多，凜烈感人，豈非天地正氣常存於峨嵋之麓乎？亦為不朽矣！

崇安胡氏一門，父子五學案，誠屬古今罕見。以閩人講學於湖南。累氏為大學者，所開為大學派。如胡文定、胡致堂、胡五峯、胡籍溪、胡季隨。嗣後理學大儒朱熹、張栻、呂祖謙悉為其

57 見「宋元學案」卷廿一「華陽學案」引「華陽文集」。

及門弟子，陸九淵亦與之頗有淵源。一門芳醇，陶醉一世。家門世學，籠罩南宋；絕世高才，盡入轂中。況且，胡文定公保存二程學，於理學之傳，功不可沒。然而朱熹不以之爲「伊洛淵源」，宋史僅入「儒林傳」，豈是公道？而公道自在人心，近世學者多尊胡氏。三湘子弟可以欣慰矣！

西山蔡氏，傳學閩南。後人雖多有譏其家學爲「雜學」者。然而蔡西山爲朱子而死、蔡九峯爲述朱而生，一門四世皆爲朱子干城。師生情誼，累世不變，篤厚家風，亦足以風世矣！良以孝弟傳家，豈偶然哉！

慈溪黃氏，一門四世，講學慈溪，延及定海。其子弟輾轉入元，皆高隱不仕。良由「東發先生」志行高潔有以致之者。東發先生終身偃蹇，寒素自守，國土淪亡，而餓死寶幢。其一生私淑朱子，述作等身。讀其「東發講義」、「黃氏日鈔」，樸實詳贍，堪稱宋末最大學者，亦可以想見其人格之忠謹篤厚也。

黃宗羲、全祖望、黃百家等前後撰「宋元學案」，多取擷黃氏之言，句句確實，語語正大，堪稱哲學中之「史筆」，理學之「董狐」也。清全祖望最爲崇仰之。誠非後儒好作「通論」者可以望其項背。

歷述至此，深思中國文化之博大精深，源遠流長。其內在的精神動源，原因固然非止一端。然而孝弟爲仁之本，亦爲傳家之本。孝子之承先啓後、推己及人，是爲忠恕一貫之道。一家興仁則一國興仁，世代子孫不歇之創造，實卽天地不歇之創造。「天行健，君子以自強不息。」「父作之，子述之。」「繼之者善也，成之者性也。」「嚴父可以配天。」有志君子，曷思乎此？

淺述宋代理學宇宙論中之莊子成分

——理學思想之一源

(一)

自北宋中期理學肇興以來，理學大師多以建世教、闢異端爲倡道之標的。建世教則首重尊儒，闢異端則排佛老。就歷史觀察之，首倡排佛老之言者，自中唐韓退之以來下迄北宋五先生及李覯、歐陽修等，固所在多有。然而僅就宋明理學家而言，自儒學立場而深闢之者，首推張橫渠。嗣後二程朱熹益光大之，效法孟子，自任甚重，寖寖然以爲儒者不容旁貸之職志矣。

然而，所謂「排佛老」者，率以排佛爲大宗，而排斥老學則戔戔乎微言數則而已，又多以虛寂權詐譏之，於義理之批判實乏系統，亦往往無關宏旨，其所以「佛老」相提而並論者，亦藉以略示儒門宗旨爾！

自張橫渠以來，排老之言，固已有之，然而排斥老學又往往不及莊子，偶或有之，輕言微辭，卻又褒多於貶。譬如理學初期周、邵、張三先生，其思想內容頗多莊學色彩，容後申論。即如周濂溪之著作，幾無一語明說老莊者；邵康節則尊老子為「聖人」，於莊子則多有美言❶；張橫渠明斥老子「有無自然之說」，以為「大易不言有無，言有無者諸子之陋。」❷泛責「老莊浮屠」者，僅有二處，單提莊子者除斥其「神人」之說以外，則付闕如❸。至於二程遺書、外書以及楊龜山所撰「二程粹言」，統而言之，述及莊子者七條而已，一則謂「莊生形容道體之言，儘有好處。」再則謂「莊子言嗜欲深者其天機淺，此言卻最是。」又謂「莊子有大底意思。」繼曰：「體須要大。」再說：「佛莊之說，大抵略見道體。」❹二先生語中有批評莊子者，謂其「無體無本」，卻無詮解，不悉何所云而然。有謂莊子「遊方之內，遊方之外」之說是「道有隔斷」。其實超乎聖言名教之區，寄寓大化自然之域，正所以「遊乎天地之一氣」❺，以儒者言之，或可謂「隔斷」；以道家言之，託異於同體，正所以見其為「一本」。苟從「境界」的立場言之，儒道並無二致，明道先生「定性書」中「應迹自然」之說正所以明此「內外一本」之旨。

---

❶ 見「皇極經世緒言」卷六「觀物內篇」之十二；卷七下「後天周易理數」第六；卷八下「心學」第十二。尤其「心學」第十二頗有引「大宗師」、「秋水」、「盜跖」、「知北遊」之言。臺灣中華書局之「四部備要」版。

❷ 見張橫渠「正蒙」之「太和」、「大易」二篇。

❸ 見「正蒙」、「神化第四」、「周張全書」中文出版社頁六十五。

❹ 分見中華書局「四部備要」版「二程全書」卷二上頁二十二、卷三頁五、卷七頁一。

❺ 同❹，卷一頁三。

此或爲伊川先生之言，從「存有」的立場來說，固無不可耳❻。又伊川明斥莊生「齊物」者有兩條，大抵言「物理從來齊」、「物形從來不齊」，以此貶斥「莊子見道淺」❼。試觀莊子「齊物論」，何有物形齊一之說？從常識的立場批評莊子的哲學，孰深孰淺，由此可知矣！然而伊川先生首倡「理一分殊」之說，允稱爲宋明理學公設之大前提，追溯源流，實可以與莊子（尤其是外雜篇）同堂而共語，亦儒道一貫之說也。後論詳之。

二程弟子多有入佛者，亦甚少言及老莊。謝上蔡師承明道，以作用是心，知覺爲仁，雖多闢佛之論卻無貶道之言❽。楊龜山喜言天地萬物渾然一體之說，學從莊列入，復折衷於二程橫渠之論，觀「龜山全集」之中，頗有習用禪語及莊子語以釋儒家經典者❾。黃東發於「黃氏日鈔」中屢言及此，深不以爲然❿。龜山先生所開「道南」一脈，歷羅豫章、李延平，三傳而有朱熹，「豫章文集」、「延平答問」中皆無明斥莊子者。湖湘學派以胡五峯爲巨擘，五峯先生於「知言」

❻ 程明道「定性書」有「自私則不能以有爲爲應迹，用智則不能以明覺爲自然」等語，全書頗富莊子及魏晉新道家的思想，見拙著「讀程明道定性書略論」臺大「哲學論評」第四期。
❼ 中華書局版「二程全書」卷十九頁十三、卷二十二下頁九。
❽ 見臺大「哲學論評」第八期，拙著「讀上蔡語錄所見」。
❾ 見臺大「哲學論評」第七期，拙著「楊龜山先生哲學思想論評」。
❿ 見「黃氏日鈔」卷之四十一臺灣中文書局版頁五四一。

中，切責佛老，態度果決明斷，然而涉及莊子者，僅有一處而已，其言曰：

「維天之命，於穆不已。聖人知天命，存於身者，淵源無窮；故施於民者，溥博無盡而事功不同也。知之，則於一事功可以盡聖人之蘊，不知，則一事功而已矣，不足以言聖人也。莊周乃曰：聖人，道之眞以治身，其緒餘土苴以治天下國家。豈其然哉？」⑪

五峯先生從天命流行處論聖人事功，於肯定人文價值的根本立場上辨別儒道之異同，以此責備莊子，可謂一語破的。然而五峯先生親炙於龜山，私淑二程，以「天」，「爲道之總名」；「道」者，乾坤並舉，陰陽合運，氣化流行；「性」者，超越善惡，「立天下之有」，爲天地創生不歇之總原理；「心」者，即心顯性，裁制萬物，天命人道皆由此出；復又總綰天道心性於一「理」，「理即性」，理一而分殊。在理境與理趣上，亦有與莊子之思想相通者也，當於後文一併申述之。

朱子爲理學之集大成者，堅持道統之說，力闢佛老異端。莊子自當爲「異端」之一，然而卻不必與老佛相提並論，蓋朱子於莊子實褒多於貶。朱子語類中，凡載莊子共二十一條，有時老莊並舉，有時莊列並舉，有時老莊列子並舉，單提莊子及莊子書者亦有十二條。貶斥莊子者，用語甚輕，如「莊子當時也無人寫之，他只在僻處自說。」又云：「莊周是個大秀才，他都理會得，

---

⑪見「胡子知言」中文書局版「近世漢學叢書」頁二十。

只是不把做事。……只是不肯學，孔子所謂『知者過之』者也。」又云：「老子猶要做事，莊子都不要做了，……他會做只是不肯做。」又云：「庚桑子一篇都是禪，今看來果是。」而朱子褒美莊子者卻重：如「易以道陰陽，春秋以道名分等語，後人如何下得它?直是似快刀利斧，劈截將去，字字有着落。」又曰：「莊子云，各有儀則之謂性，此謂『各有儀則』，如『有物有則』，比之諸家差善。」又論外篇天運「天其運乎?地其處乎?……」一段，朱子曰：「莊子這數語甚好，是他見得方說到此，其才高如老子。」因此朱子自負而又感慨的說：「莊子書，解注者甚多，竟無一人說得他本義出，只據他臆說。某若拈出，便別!只是不欲得。」⑫

朱門高弟，排莊者畢竟無人，而朱門私淑黃東發則頗有高論，他說：

「莊子以不羈之材，肆跌宕之說，創爲不必有之人，設爲不必有之物，造爲天下所必無之事。用以眇末宇宙，戲薄聖賢，走弄百出，茫無定踪，固千萬世詼諧小說之祖也。然時有出於正論者，所見反過老子。老子之說，可錄者不過卑退自全；莊生之說，可錄者往往明白中節。」⑬

其實，莊子之書，不僅爲「千萬世詼諧小說之祖」，亦爲文學詩歌之宗門，藝術之淵府，哲學之大原。若論宋明理學之一源，亦須溯自莊子也。

⑫ 見「朱子語類」「百衲本」卷百二十五漢京書局版一一九七—一二〇二諸頁。

⑬ 見「黃氏日鈔」卷之五十五中文版頁六三七。

宋代理學家們對莊子的態度有如上述。至於何以「莊生形容道體之言儘有好處」?何以「字字有着落」,「比之諸家差善」?何以「時有出於正論者」,「可錄者往往明白中節」?本文試從宋代理學之角度,從宇宙論方面,略論莊子思想之可與宋代理學相通者,藉以淺述宋明理學之一源。況且,宋儒思想「多從駁雜中來」,沿流溯源,頭緒紛繁;而莊生之說洸洋自恣,曼衍玄眇,多在可思議與不可思議之間。所謂「淺述宋明理想之一源」者,亦難直接論斷,多有比附推論之言,如此而已。

(二)

大體說來,老子的哲學思想特質在「知常」,所謂「知常曰明;不知常,妄作,凶!知常,容,容乃公,公乃王,王乃天,天乃道,道乃久;沒身不殆!」⑭唯其「知常」,因此他從「觀妙」、「觀徼」的思維過程中,雙觀有無,直透重玄,產生了「有」、「無」、「玄」的邏輯開展程序,即所謂「道生一、一生二、二生玄,三生萬物。」⑮從而透過「反者道之動,弱者道之用。」這個客觀實現的原理,把「道」展現到客觀實際的世界中來,作爲人生指導的最高法則。

⑭⑮分見「老子道德經」第十六章、四十二章。

莊子卻不然，他的哲學思想特質是「適變」。他的基本世界觀是世變日新，人生無常。所謂「物之生也，若驟若馳，無動而不變，無時而不移。」「量無窮，時無止，分無常，終始無故。」⑯於是任情適變，自化而逍遙；庶幾寂寞無爲，以恬養心。並且，爲見證此說，他改變了老子「道生天地」的邏輯開展程序，而提供了宇宙觀的論證，採存有論的立場，從宇宙發生論上陳述了宇宙變化發生的過程。與老子的思想，貌同而異趣。

質言之，莊子的宇宙觀是以老子的「重玄」爲起點。但是，這個起點並非時間上的起點，只是一個敍述上的起點。因爲莊子的時間是「有長而無乎本剽（末）」，「時無止」，「終始無故」，換言之，是一個無終始本末的無窮系統。這個「重玄」的起點，他稱之爲「無無」（天地篇），或稱之爲「無有一無有」（庚桑楚），如齊物論所謂之「未始有夫未始有無也者」。此「無無」非它，即是「道」的本身，此「道」既超越於萬物之上，又內在於萬物之中，是絕對的眞實，永恒而普遍的存有，爲天地萬物的根原，卻又無形象可循，自然無爲，神妙不測。他說：「夫道，有情有信，無爲無形，可傳而不可受，可得而不可見，自本自根，未有天地自古以固存。神鬼神帝，生天生地。在太極之先不爲老，在六極之下不爲深，先天而不爲久，長於上古

⑯分見「莊子」外篇「天運」，郭慶藩「莊子集釋」臺北漢京文化公司版頁五三二；「秋水」頁五六八。

而不爲老。」⑰

「道」的開展卽是宇宙的發生與轉化的過程，此過程是由無生有，又由有入無。所謂「無」，卽「萬物出於無有」（庚桑楚）之「無」，也是「一之所起，有一而未形」的「一」。如同宋儒周濂溪「無極而太極」的「太極」。「天地有大美而不言，四時有明法而不議，萬物有成理而不說。」⑱它就是那個不可言詮的價值之根原，宇宙之法則，萬物生成之原理。「有」，卽指形象世界的天地萬物。「由無生有」是「天道運而無所積，故萬物成。」⑲而萬物生成的過程是「雜乎芒芴（恍惚）之間，變而有氣，氣變而有形，形變而有生。」⑳而「萬物以形相生」（知北遊），「萬物皆種也，以不同形相禪。」（寓言）於是在自化與演化的不同過程中，萬物化生，變化而無窮焉！

這種「由無生有」的程序，藉朱熹「太極圖解」中的話來說，便是「氣化」與「形化」㉑。

莊子談「氣化」只論「陰陽」，不論「五行」，或許與古代的陰陽家及「易傳」有關。同

⑰ 見「莊子集釋」「大宗師」頁二四七。
⑱ 見「莊子集釋」「知北遊」頁七三五。
⑲ 見「莊子集釋」「天道」頁四五七。
⑳ 見「莊子集釋」「知北遊」頁七三九。
㉑ 見淸董榕編「周子全書」卷一廣學社版頁十五。

時，也無漢代「樸實唯物論」的意味，因爲他給予了「氣化」中的精神法則，具有「唯心」的「泛神」的色彩。套一句宋明理學家的話來說，便是「理生氣」、「氣中有理」。

他說：

「人之生也，氣之聚也。聚則爲生，散則爲死。……故萬物一也。是其所美者爲神奇，其所惡者爲臭腐，臭腐化爲神奇，神奇復化爲臭腐，故曰：通天下一氣耳！」㉒又說：

「至陰肅肅，至陽赫赫，肅肅出乎天，赫赫發乎地；兩者交通成和而物生焉！」㉓

「肅肅出乎天」即是陰根於陽，「赫赫發乎地」即是陽根於陰，陰陽交感而生萬物。「莊子因」作者林雲銘即說：「周子（濂溪）太極圖本此，一陰一陽互爲其根也。」㉔

在此一氣流行的形象世界中，氣化而有形，形化而萬物生生無窮，「氣化」之所以發生，究竟是根據超在的人格主宰呢？還是根據唯物的機械法則？於是莊子問道：

「天其運乎！地其處乎！日月爭於所乎！孰主張是？孰維綱是？孰居無事推而行是？意其有機緘而不得已邪？意其運轉而不能自止邪？……敢問何故？」㉕

㉒ 見「莊子集釋」「知北遊」頁七三三。
㉓ 見「莊子集釋」「田子方」頁七一三。
㉔ 見清林雲銘著「莊子因」外篇「田子方」第二十一臺北廣文書店版中册頁四十九。
㉕ 郭慶藩「莊子集釋」「天運篇」漢京版頁四九三。

既非超在的人格主宰，也非唯物的機械法則，而是內在於陰陽氣化中的精神原理，藉陰陽不同的質性而相感相生，相摩相盪。他說：

「陰陽相照相蓋相治，四時相代相生相殺。欲惡去就於是橋（矯也）起，雌雄片（判也）合於是庸有（常有），……緩急相摩，聚散以生。」㉖

成玄英注曰：「順則就而欲，逆則惡而去。言物在陰陽造化中，蘊斯情意，開杜交合，以此爲常也。」㉗

此「欲惡去就」、「雌雄判合」的精神原理，就是「無無」的道體，開展它的自身，由無而生有，在流轉變化的過程中的精神原動力。這個精神原動力先天而普遍的內在於一切「氣化」中，成爲總體的秩序，萬有的憑依。他稱之爲「神明至精」，或簡稱爲「精」、「精神」，他說：

「今彼神明至精，與（參與）彼百化。物已死生方圓，莫知其根也。扁（徧也）然而萬物自古以固存。六合爲巨，未離其內；秋毫爲小，待之成體。天下莫不浮沉，終身不故，陰陽四時運行，各得其序。……此之謂本根。」㉘又說：

㉖ 見「莊子集釋」「則陽」篇頁九一五。

㉗ 同㉖，頁九一六。

㉘ 見「莊子集釋」「知北遊」頁七三五。

「夫昭昭生於冥冥，有倫生於無形，精神生於道，形本生於精，而萬物以形相生。」㉙於是這個「氣化」是「神氣合一」的「氣化」，張橫渠與程明道的思想，久已先發於莊子了。

「神明至精」是「物而不物，故能物物，明乎物物之非物也。」㉚它提供了萬物與人的精神原動力，也傳達了「無無」道體的精神訊息，在氣化流行中，萬物自得之謂之「德」。陰陽闔闢，往來無窮，天命流行，分授不已，萬物旣生，造化之生理隨物形而自成，「命」至而「性」定，各正性命，有物有則，成就了宇宙整體的秩序與和諧。於是莊子天地篇中有一段極精采的陳述：

「泰初有無無，有無名。（用林雲銘「莊子因」之句讀）一之所起，有一而未形，物得之以生謂之德。未形者有分，且然無間謂之命。留（同「流」）動而生物，物成生理謂之形。形體保神，各有儀則謂之性。性脩反德，德至同於初。同乃虛，虛乃大，合喙鳴，喙鳴合，與天地爲合，……同乎大順。」㉛

㉙見「莊子集釋」「知北遊」頁七三九。
㉚見「莊子集釋」「在宥」頁三九四。
㉛見「莊子集釋」「天地」頁四二五。

由上所述，如果不把莊子的宇宙觀及存有論的思想，附會到儒家的道德理想主義的範圍來談，同時也不涉及道德主體性自我實現的問題。單純就其思想架構來說，莊子「由無生有」的宇宙發生論，與宋代理學家，如周濂溪的「太極圖說」，張橫渠的「太極氣化」說，邵康節的「心爲太極」、「道爲太極」，程明道的「天人一本」說，伊川朱子理氣不二不雜的思想，其實是大同小異。舉凡「道器不二」、「道外無性、性外無道。」「無極而太極」、「神氣合一」、「陰陽氣化」、「各一其性」、「理一分殊」等觀念，在莊子書中處處有端緒，如果在這些思想中（當然，莊子的思想不止限於此。）加入了天道生生之仁的先天道德目的論、義命不二的道德先天義務說，「毋不敬」的道德意志的自我凝鍊，仁誠合一的「自我實現」，莊子眞是一個活脫脫的儒家「大秀才」（朱子語）。難怪明道先生讚美「莊生形容道體之言，儘有好處。」朱子稱道他「才高」、「比之諸家差善」了。

其實，莊子也說仁說義，談誠談敬，甚至說得比孟子還多。譬如他談「誠」，有「胸中之誠」、「大人之誠」、「天地之誠」，也有「不誠無物」的相似觀想㉜。不過他說著說著就一竿子打翻在人生「有命而無常」的無可奈何的人生實境中，特意的把它們「淡」化了，「忘」化

㉜ 言「不誠無物」者見「庚桑楚」頁七九四；言「胸中之誠」、「大人之誠」、「天地之誠」者，見「徐无鬼」，分屬第八二四、八五三、八五八等頁。

了，超化在無關心的藝術美感中，享受那份「靜而與陰同德，動而與陽同波」的逍遙適性的「天樂」[33]。

（三）

為了說明上述的論點，吾人不妨把莊子這種從「無無」的道體，「由無入有」的宇宙發生程序歸併在「有無」、「動靜」、「一多」、「陰陽氣化」、以及內在於「陰陽氣化」中的精神原動力——「神化」，這幾個主要的思想範疇中來看，藉此觀察宋代理學家的思想與莊子思想的相映互發之處。

首先吾人觀察理學之「破暗開山」的周濂溪，關於周濂溪的「太極圖」源自道教的「上方大洞眞元妙經品」及魏伯陽「參同契」的「水火匡廓圖」、「三五至精圖」，清儒胡朏明、朱竹垞、黃宗炎已考證甚詳，簡此不論[34]。從他的「太極圖說」來看，實際上，這便是一幅「太極生化圖」及「陰陽氣化圖」。無論「無極而太極」作何義詮，總之是「由無入有」。他所謂的「

[33] 見「莊子集釋」「天道」頁四六二。

[34] 見「宋元學案」「濂溪學案下」及馮氏著，勞思光著「中國哲學史」及范壽康著「朱子哲學」。

無」，不是空無一物的「無」，而是無形無名，無爲而無不爲的「無」。與莊子「無無」的道體並無二致，從他「無極之眞，二五之精，妙合而凝，乾道成男，坤道成女。」以及「五行之生也，各一其性。」以及「通書」中「理性命」章之「二氣五行，化生萬物。五殊二實，二本則一。是萬爲一，一實萬分、萬一各止，小大有定。」這幾句話來看，同樣也是說明「命之流行」與「性之禀受」的關係——「一」與「多」的關係，就其流行而言，它是一個整體的演化過程，是渾冥的「一」，就其「禀受」而言，是一個「賦性」的結果，「各正性命」，各從其類，是「自化」、「獨化」的「多」。從「命分」上來說，萬物的根源，悉出於道體的「一」；從「性分」上來說，是道體的轉化與分授，由「氣化」、「形化」的過程所嬗生的「多」。就「一」而言，它是最高的統一，全體的總稱，它是一個「完全」(Perfection)；就「多」而言，它「各有儀則」，自生自化，率性而自然，依然是一個「完全」。「一」中有「多」，「多」中有「一」，「一」「多」相容，「理一而分殊」。朱熹稱之爲「一物一太極，總體一太極。」假如我們對佛教(尤其是華嚴宗)的影響暫時存而不論的話，周濂溪的思想與莊子思想的交映互發處，即此可知矣！㉟

同時，我們必須要瞭解到的一點：這種從陰陽氣化中談「一」「多」的關係，卻不是佛教「

㉟ 從陰陽氣但論上談一多、體用及「理事不二」等哲學問題，卻非佛氏所有，應本之於道學之莊子。

緣生宇宙觀」中所有的。所謂「理一而分殊」，正是以後朱子闢佛的主要宇宙論根據，他常說「佛家不識理」，就指這種「理」。

再就「動靜」的範疇上，來看陰陽氣化的內容：

從周濂溪的「太極圖說」上來看，是「太極動而生陽」，依敍述的次序來說，是動靜而有陰陽，而後有五行、人物。太極未動之前是何世界？當然是「太極本無極」了。借用易傳的一句話說：「易無思也，无無也，寂然不動，感而遂通天下之故。」㊱這句話幾乎是所有宋明理學家所樂用的命題。猶如詩經大雅文王高中之「維天之運，於穆不已。」以及大雅烝民「天生烝民，有物有則。」同時也是成玄英、王夫之、林雲銘、郭慶藩等注解莊子的名家，在注解莊子外雜篇這一類宇宙發生論思想時所常用的話。何以要用儒家典籍中這一類「宇宙內在目的論」的語辭去注解莊子，當然是必有所見。所見者何？因爲莊子決不是以自然主義的「自然發生論」的觀點去處理這一問題，他同樣也爲宇宙安設了一個主體的精神，作爲宇宙開展的原動力，他雖然對目的性的陳述，不如儒家的「內在道德性」那樣具有客觀實現得很具體的倫理化內容，但卻有一個超越在一切差別價值之上的絕對自由的而不可言詮的玄境，他用「天鈞」、「天倪」、「天府」、「葆光」、「寥天一」、「無何有之鄉、廣漠之野」等等……言詞來形容它。以期「稠適而上遂」

㊱ 見「易」「繫辭上傳」第十章朱熹「周易本義」世界書局版頁六十一。

㊲。這個內在的精神原動力，就是我前文所指稱的「神明之精」，或簡稱爲「神」。

周濂溪也同樣不是一個「自然發生論」者，當他在「太極圖說」中說「乾道成男，坤道成女」的時候，已隱隱的把乾元坤元的大生之德貫注到他的宇宙發生論中，而後「形既生矣！神發智矣！五性感動而善惡分，萬事出矣！」才有了道德主體的根據；「主靜立人極」才有了具體的道德內容，而不是道家的玄境。所以，他在「通書」中以「大哉乾元」作爲誠源誠立，誠通誠復的精神主體，他融滙了易庸老莊與漢儒「五行相生」，成就宋儒的新說，這種哲學思想上的融合創造力，不愧是理學開山破暗的大宗師，換句話說，他所謂的「動靜」，不只是「物」的動靜，同時也是一種「心力」、一種「生力」，正如同伊川先生所說的「人心如穀種」㊳、伊川與朱熹所說的「天地以生物爲心」㊴，是精神的「動靜」，猶如易經的一闢一闔，是宇宙開展的根本動因。邵康節先生乾脆就說「心爲太極」，「道爲太極」，以天地之感應爲動靜，從而發展出一套「先天八象」的宇宙開闢論，康節先生說：

㊲ 分見「莊子」「逍遙遊」、「齊物論」及「天下」等篇。

㊳ 伊川曰：「心譬如穀種，生之性，便是仁也。」見「宋元學案」卷十五「伊川學案」上世界版頁三四八。

㊴ 伊川謂「一人之心卽天地之心」，又謂「人心，天之生道也。」朱子「仁說」卽曰：「天地以生物爲心，人得天地之心以爲心。」

「夫一動一靜之間者，天地人之至妙至妙者歟！」㊵

濂溪先生說得好：

「動而無靜，靜而無動，物也。動而無動，靜而無靜，神也。動而無動，靜而無靜，非不動不靜也。物則不通，神妙萬物。……五行陰陽，陰陽太極；四時運行，萬物終始，混兮闢兮，其無窮兮。」㊶

「神」與「物」的差別，是在「神」能以靜主動，以動生靜；而「物」則恒動恒靜。換句話說，「物」是「被決定的」，「神」則有「自由」。而且，這個「神」的「自由」是創造的自由，是「混兮闢兮，其無窮兮」的創造自由。「混」就是「合」，「闢」就是「開」，是如同大易的一闔一闢的無窮創造作用。莊子說「物物者非物」（知北遊），又說「物而不物，故能物物，明乎物物之非物也。」㊷此「物物之非物」在莊子「齊物論」中卽是「若有眞宰，特不得眹」的「眞宰」，其有「眞君」存焉的「眞君」，「怒者其誰邪」的「誰」㊸。也是「知北遊」中所說的參與「百化」，內在於宇宙萬物之中的恒在的「本根」——「神明至精」。莊子常說：「

㊵見「皇極經世緒言」卷五，卽「觀物內篇」之五臺北中華書局「四部備要」版卷五頁十七。

㊶「周子全書」卷九「通書」「動靜第十六」廣學社版頁一五七。

㊷「莊子集釋」「在宥」漢京版頁三九四。

㊸見憨山大師「莊子內篇注」「齊物論」篇之注。

靜而聖，動而王。」「靜而與陰同德，動而與陽同波。」㊹這在人生修養上固然是無爲物化、無心任運的意思；也是泯是非，同善惡，齊物我的主體的自由自適。但是放在「天人合德」的立場來看，莊子說：

「修胸中之誠，以應天地之情而勿攖。」成玄英疏曰：「修心中之實，應二儀之生殺。」㊺

莊子又說：

「吾與之乘天地之誠而不以物與之相攖。」成玄英疏曰：「乘二儀之實道，順萬物以逍遙，故不與物更相攖擾。」㊻

所謂「二儀之實道」或「二儀之生殺」者，卽莊子「陰陽氣化」之生生創造也。修「胸中之誠」與「天地之誠」，猶如中庸之「誠之者」與「誠者」。宋儒常說「誠通上下」。如此，張橫渠「正蒙」「誠明篇」中的「誠神合一」，莊子可稱爲「孤明先發」了。

張橫渠爲宋代理學初期之開創者之一，其學亦「從駁雜中來」，而後歸本於儒家，力斥佛老虛無寂滅之說，其歸儒也，學從易庸入。在他著名的「正蒙」一書中，首明「太和」之道。太和之道卽是「易道」，是廣大悉備，渾淪和諧的宇宙本身。在這個宇宙中，一氣周流，陰陽合撰。

㊹ 見「莊子集釋」「天道篇」漢京版頁四六一。

㊺ 見「莊子集釋」「徐无鬼」頁八二七。

㊻ 見「莊子集釋」「徐无鬼」頁八五八。

「游氣紛擾，合而成質者，生人物之散殊；其陰陽兩端，循環不已者，立天地之大義。」㊼萬殊的現象生於陰陽二氣，陰陽之融合行於萬殊現象之中，天地生生之變化，人物無窮之感通，體立而用行，卽用以見體。所謂「兩不立，則一不可見，一不可見，則兩之用息。兩體者，虛實也，動靜也，聚散也，淸濁也，其究一而已！」㊽

陰陽合一於「太和」，陰陽兩體，各具性情，惟異則交感，交感而成象。當其感而成象，形色萬殊，統謂之「氣」。「氣」成於陰陽旣感之後，而陰陽未感之前則謂之「虛」，又稱爲「太虛」。換言之，「虛」者始生未分，未著形象之「氣」也；「氣」者已生成形，聚而有象之「虛」也。所以他說：

「太虛無形，氣之本體；其聚其散，變化之客形爾！」㊾

「知虛空卽氣，則有無隱顯，神化性命，通一無二。顧聚散、出入，形不形，能推本所從來則深於易者也。」㊿

總之，這個宇宙是陰陽合撰，「乾坤雙運」（借用王船山之語），虛卽氣，氣卽虛，整個宇

㊼ 王夫之「張子正蒙注」「太和篇」世界書局版頁十九。
㊽ 同㊼，頁十八。
㊾ 同㊼，頁三。
㊿ 同㊼，頁八。

宙之「太和」之道，爲生動而實有，絕非虛無而寂滅。所謂：「由太虛有天之名，由氣化有道之名。」[51]

然而，雖從陰陽合撰之「已形」與「未形」上分別「氣」與「虛」，「氣」之有形可見，固是「可行已信」；「虛」之「不見其形」，又有何朕兆可尋？我們不妨借用中期以後的理學家所習用之一句話來發問：「大本未發時，是何氣象？」[52]張橫渠形容之爲「太虛爲清，清則無礙。」「至靜無感」、「湛本無形」、「陰陽之精互藏其宅，則各得其所安，故日月之形，萬古不變。」[53]「神而有常」[54]「虛者天地之祖，天地從虛中來。」「天地以虛爲德，至善者虛也。」「凡有形易壞，虛則無動搖，故爲至實。」[55]

一言以蔽之，虛爲氣本——「太虛者氣之本體」。它是至靜至清，自由無礙，恒常而不變，爲天地萬物之始，爲至上之眞實。「氣」則一一反之。然後又在「太虛氣化」的「太和之道」中

---

[51] 同[47]，頁十五。

[52] 楊龜山所說之「於靜中觀喜怒哀樂之未發前是何氣象？」是謂「道南指訣」，羅豫章、李延平因之，悉於「靜坐中觀大本未發時是何氣象？」朱熹亦受其影響。

[53][54] 分見「張子正蒙注」「參兩篇」世界版頁三十三，及「天道篇」頁四十六，及「太和篇」前引各注。

[55] 見「張子全書」卷之十二「語錄抄」中文出版社頁三一〇。

統一起來，我們借用程伊川在「易傳序」的話來說，那是「體用一源，顯微無間」。但是，從邏輯辨證的程序來看，那很像老子，從宇宙發生的程序來看又很像莊周。然而張橫渠又藉此以攻擊老氏「虛能生氣」、「體用殊絕」，「入老氏有生於無自然之論，不識所謂有無混一之常。」[56]何以故?原來張橫渠除了「太和」、「太虛」、「氣化」的宇宙論範疇外，還有「神化」、「誠明」、「變化氣質」的幾個重要範疇。用以陳述宇宙發生之程序不是「自然發生」而是「自由創造」。

為了節省篇幅，不煩徵引，概括着來說：橫渠說：「神，天德；化，天道。」[57]依「天」與「道」的界說：「由太虛有天之名，由氣化有道之名。」德者得也，萬物自得之於己也。因此「神化」便是內在於太虛氣化中的神妙作用。分開來說，神，氣之神，為推動變化之主體，所謂「天下之動，神鼓之也。」[58]化，氣之化，為感應變化之作用，故曰：「德其體，道其用，一於氣而已。」[59]從「神」這個變化之主體來看，它是「虛明照鑒」、「充塞無間」，是無方無體，大明終始的「大一」[60]。換言之，「神」，睿智所照，無所不鑒，「通乎天下之志」，為貫徹於天

[56] 見「張子正蒙注」「太和篇」世界版頁八。

[57][58][59] 分見「張子正蒙注」「神化篇」頁五十二、五十三。

[60] 「張子正蒙注」頁五十三。

地萬物的「宇宙內在目的因」，其發而爲陰陽，行而爲四時，生而爲萬物，有物有則，秩序井然，但是其本身卻是陰陽合撰，無名無形。故曰：「推行有漸爲化，合一不測爲神。」[61]「惟神爲能變化，以其一天下之動也。」[62]統而言之，「神化」之作用，先天內在於宇宙變化之中，故曰：「神化者，天之良能。」又曰：「鬼神者，二氣之良能。」[63]

但是「天地以虛爲德，至善者虛也。」又曰：「虛者仁之原，忠恕者與仁俱生，禮義者仁之用。」[64]又曰：「與天同原謂之虛」，「神者，太虛妙應之目。」[65]於是「神化」，不僅是推動萬物變化的精神原動力，同時也是「內在目的因」，爲道德價值的究極根源。由此而具有一種「唯心論」與「泛神論」的色彩，與莊子同調。當然，張橫渠「歸本於儒家」，這種「神化」的思想與用語，率多來自易傳。由此可以看出，莊子（尤其是外雜篇）與易傳，具有相同的思想時代背境，雖然最後的人生歸趨有儒道之異，而宇宙觀的構想其實相似也。其相似而不同之處，猶待日後之新儒家以論孟學庸以補足之。

於是，張橫渠從孟子的「過化存神」，推論到「惟天下之至誠爲能化」，再由「至誠」的聖

---

[61]「張子正蒙注」頁五十五。

[62][63] 分見「張子正蒙注」頁六十五、五十九。

[64] 見「語錄抄」中文版頁三一〇。

[65] 分見「語錄抄」及「太和篇」世界版頁十七。

人人格，在人性的根原上暢談「義精仁熟」，推究由凡入聖的可能性，一方面講「至誠得天」、「大心體物」，一方面講「知禮成性」、「變化氣質」66。進一步「窮理盡性以至於命」，「復以見天地之心」。67

總之，在理學思想創建的過程中，雖然橫渠先生的貢獻，主要在宇宙論，但是他根本的企圖依然是人生問題，也卽是人性的根源及仁義禮智等道德價值的根據等問題，如何從現實人生的感性狀態中去實現完善的天性，也就成爲他哲學的主要課題，因此他說「合虛與氣有性之名，合性與知覺有心之名。」68「性」的根源在「太虛」與「氣化」。「太虛無形，氣之本體。」同時「神者太虛妙應之目」。而「氣」則是氣聚而有形的「形氣」。「虛」是清通無礙的，「氣」是沈濁而滯礙的，前者是自由的精神的，後者是受決定的物質的。於是形成了二重世界觀，一是無形的精神本體世界，一是有形的物質現象世界。人具備了身體的形質，同時也具備了清虛無形的精神。一是人的身體的屬性，具備了後天的本能與生理、心理的條件，有「惡」的可能；一是人的精神本性，是先天至善而完美的。現實的人生同時具有這兩種「性」，他稱之爲「天地之性」與

66 分見「誠明篇」、「大心篇」、「經學理窟」、「氣質篇」。

67 集用「易」「說卦傳」及復卦初爻彖辭。

68 見「張子正蒙注」「太和篇」世界版頁十五。

「氣質之性」。他說：「形而後有氣質之性，善反之，則天地之性存焉。」[69]當人的道德修養未能反歸「天地之性」之時，那是「性未成而善惡混」[70]。反歸之道是「至誠得天」、是「大心體物」、至誠得天，就是誠神合一，前文已述。「大心」實際就是「虛心」，也是「成心忘，然後可與進於道。」「虛心然後可以盡心」、[71]又說「存心之始，須明知天德，天德卽是虛。」[72]「虛心」、「成心」、「忘成心」，皆是莊子的用語。人性二分，猶如「眞心」與「妄心」，去妄歸眞卽是變化氣質，其中有佛學的影子，也有莊子的影子，試讀莊子「齊物」、「人間世」、「在有」、「知北遊」等篇，可以知之矣。總之，虛氣相依是他的世界觀，復歸於虛是他的修養論，莊子曰：「性修反德，德至同於初。」[73]亦此理也。

（四）

---

[69] 「張子正蒙注」「誠明篇」頁九十一。
[70] 同[69]，頁九十三。
[71] 見「語錄抄」中文版頁三一〇。
[72] 分見「語錄抄」及「經學理窟」「氣質篇」中文版頁三一〇及頁二〇四。
[73] 見「莊子」外篇「天地」第十二。

現在，限於時間與篇幅，不遑多論。卽以程朱理學可以與莊學相通者，簡述如下，作爲本文之結論。

北宋中期，理學肇創三大師，周邵張三先生甚少說「理」，橫渠稍多，於「經學理窟」中略言「治理」，「正蒙」中有「生理」、「性理」，偶一及之而已。盛張「理」之名者，應推二程子，二程遺書中幾乎處處見「理」，成爲思想系統中的首要觀念。迨至朱熹，集其大成，其哲學思想其實就是一部「理學」，「理學」之名由此奠定。

明道先生曰：「吾學雖有所授受，天理二字卻是自家體貼得來」。[74]說「天理」是明道先生自得逢源，眞實體會之學，當無疑義，然而說其未有所「受」，則未必盡然。追本溯源，先秦諸子最擅談「理」者，應推莊子與荀子以及管子白心、心術、內業等篇。孟子立「義理」之名，僅偶一及之；荀子以「禮」言「理」，側就道德行爲的規範與人文社會的理則而立名。但是從天地萬物的普遍秩序及宇宙開展的客觀法則上說「理」的應首推道家。道家中首推莊子。莊子全書中言理凡卅餘見，「天理」二字卽首見於莊子內篇之「養生主」，玆後共六見之多[75]。朱子評莊子「

---

[74] 見「宋元學案」「明道學案上」世界版頁三三一。

[75] 見唐君毅「中國哲學原論」「導論篇」「原理上」「新亞研究所」版十六、十七、十八、廿二、廿三諸頁。

養生主」即明說：「理之得名以此。」⑯禮記、樂記中也有「不能反躬，天理滅矣！」⑰漢魏以來，擅於說理者大抵皆為道家，如淮南子、列子及魏晉新道家等。佛教說「理」更是洋洋大觀，譬如華嚴宗「四法界觀」——理法界、事法界，理事無礙法界、事事無礙法界。即為大多數現代學者認為是宋明理學之一源。

莊子說「理」，皆多就天地萬物之往來變化處立論，與其所謂「道」者異名而同實；亦從人物所禀之「性分」、「命分」處立言，類同於日後理學家所稱之「各一其性」之分殊之「理」，由此從大化流行中各安性命，見「自化」、「獨化」，逍遙自適之道。所以他在「養生主」中說「依乎天理」，在「天運」、「刻意」篇中言「順夫天之理」，分言內在的天性與外在的秩序，皆是自然之理，無關人為。如邵康節所謂「我性即天天即我」⑱，皆是合天人，同物我，一而不二者也。

明道先生說：「天理」，其實就是說「天道」。「天地之大德曰生，天地絪緼，萬物化醇。」「天只是以生為道。」「一陰一陽之謂道。」⑲是天之「生道」，天之「易道」。因為「

⑯見「朱子語類」卷一二五中文版頁一二〇二。
⑰見「禮記」「樂記」篇。
⑱見邵雍「擊壤集」「觀易吟」中文版頁四一九。
⑲「宋元學案」「明道學案」世界版頁三二四。

天地設位，易行乎其中。」於是「道亦器，器亦道。」是一個「道器合一」，從而明道倡言「天人一本」、「天人不二」之說。並且統一在「仁」之中，主張「仁者渾然與物同體」[80]。「上天之載無聲無臭，其體則謂之易，其理則謂之道。」[81]道是自然的天道，理也是「自然的道理」[82]。「天道」是陰陽氣化的絪縕化醇，「天理」的內容也就是「莫不有對」，一陰一陽，一善一惡，皆是自然而然。陽長則陰消，善增則惡滅。於是動靜有無，相卽相入，渾而爲一。他說：「言有無則多有字，言無無則多無字，有無與動靜同。」[83]同時一「天理具備，元無歉少，不爲堯存，不爲桀亡，父子君臣，常理不易。」[84]換言之，它是完全的超越時空的常理，同時也是天人不二的生生之易道。

這個「天理」，到了伊川的手中，他把這個天之易道或天之生理，更推高一層，成爲萬物之所以生所以成，所以變化流轉的根本理由或先天形式；另外再安排一個「氣」作爲現象的基本結構以及萬物的實現材料。從邏輯上看，先有「理」而後有「氣」。在存有上看，理爲氣的原因，

[80]「二程遺書」卷二上中華版頁三。
[81]「明道學案」世界版頁三二〇。
[82]「明道學案」世界版頁三四一。
[83]「明道學案」世界版頁三二七。
[84]「明道學案」世界版頁三二九。

氣是理的效果。同時，「氣」不是聚散循環的「氣」而是生生常新的「氣」，此生生常新的「氣」從何而來？它生於「眞元之氣」。「眞元之氣」無形無兆，倏然而來，倏然而往，大概就是「理」了，於是隱隱之間又是「理生氣」。「理」是唯一的眞實，「氣」是變化的萬象。他稱之爲「理一氣殊」[85]。這個「一」與「多」的關係如何呢？他又從「體用一原，顯微無間。」[86]這個根本前提上推衍出來：他以爲理氣的關係猶如體用的關係，是「體立而用行」。「理」是「萬理具在一理」，是天地萬物的總形式；萬物生成之後「一一皆有理」，「理」是萬物普遍的「性」也是各具的特殊的「性」，前者是「命分」，後者是「性分」，總之「性卽理」。合稱爲「理性」。[87]總之是「一中有多」、「多中有一」；「理不離事」，「事不離理」。「卽體顯用」，「卽用明體」。

除開佛學華嚴宗的影響之外，證之於前述的莊子的宇宙觀，確是可以交相映發，彼此參照的。

再者，這「理一氣殊」的一與多的關係，追究其何以有此關係？如何有此關係？換言之，是

[85] 見「二程遺書」卷十五中華版頁十八。
[86] 見「伊川易傳」序。
[87] 見「二程遺書」卷十八中華版頁四。

否宇宙有內在之目的因，其根本的原動力如何？伊川扣緊了易傳的「生生」與中庸的「盡性」之說，生生要在顯仁，盡性卽是明誠。二程在此並無二論。「一人之心卽天地之心」、「天地以生物爲心」、「心生道也，有是心斯有是形以生；惻隱之心人之生道也。」[88]我們試玩味「有是心斯有是形以生」——先有天地之「心」，而後有萬物之「形」，這種「客觀唯心論」的主張再也明顯不過。「天下無性外之物」、「物外無性、性外無物。」這種泛神論的主張也最明顯不過。明道曰：「生生之謂易，生生之用則神也。」[89]伊川也說：「天地之間只是一個感應而已，更有甚事？」[90]又常引易傳「寂然不動，感而遂通天下之故。」說「開合便是陰陽」、「開合便是感」[91]，宇宙的動力內在於宇宙之中，換言之，它是一個「生力瀰漫」。猶如莊子的「神明之精，與彼百化。」周、邵、張、二程，全無異致。莊子的道、德、性、命、神化等觀念與宇宙發生程序，一一浮現出來了。

至於如何「明誠」而「盡性」，伊川依然以「復以見天地之心」爲主要綱領。如何「復」法？當然是「克己復禮」了。「涵養須用敬，進學在致知。」其中有一套人性分析的理論，配合上「小學收放心」的工夫，此非本文討論範圍，簡此不贅。

---

[88] 「宋元學案」「伊川學案上」世界版頁三五七。

[89] 「宋元學案」「明道學案」頁三二五。

[90][91] 分見「宋元學案」「伊川學案上」頁三五七、三六八。

最後，說到了朱熹，他把「理」或「太極」做爲他哲學體系中最高的最普遍的概念。更進一步的把程伊川的「理」推崇到絕對本體的地位，以「理」是超越時空的獨立永恒的存在，而且是天地萬物的根本。「理」和「氣」構成了整個世界，缺一不可，但是「理」是「形而上之道，生物之本。」「氣」是「形而下之器，生物之具。」㉒「無形無影是此理，有情有狀是此器。」㉓「若理則只是個淨潔空闊的世界，無形迹，他卻不會造作。」㉔於是這個「冲朕無朕」、「淨潔空闊」的「理」就完全從事物中被抽象出來，成爲一個亞里士多德式的「純粹形式」以及造成萬物的「形式因」，有如老子的「道」或莊子的「無無」與「無」。「無無」是就其「純粹形式」來說，「無」是就其爲萬物的「形式因」來說。天地萬物是「有」，而「有」的材料是「氣」。從邏輯推論上來說是「理在氣先」。「未有天地之先，畢竟也只是理，有此理便有天地，若無此理亦無天地，無人無物……。」㉕從「理」與萬物的關係上來說，卻是「理不離氣」而氣中有理，他說：「天下未有無理之氣，亦未有無氣之理。」㉖「蓋天下之事皆謂之物，而物之所在莫

㉒「朱文公文集」「答黃道夫」卷五十八中文版頁四一五三。

㉓「朱文公文集」卷五十八中文版頁四一九一。

㉔「朱子語類」卷一漢京版頁二。

㉕同㉔，頁一。

㉖同㉕。

不有理。且如草木禽獸，雖是至微至賤，亦皆有理。」[97]

箇言之，一事一物皆有「理」，總天地萬物有一個公共的「理」，那便是「太極」。「太極只是天地萬物之理，在天地言，則天地之中有太極；在萬物言，則萬物之中各有太極。」[98]這個「太極」是超越時空的絕對的存有，且是無形跡、無方所的精神實體；它是天地萬物的當然之則，萬物之理皆從此出；而且它是無所不在的，無一刻不流行的，它卽是萬物存在的總原因。

太極的流行變化，是以周濂溪的「太極圖說」爲藍本，是陰陽五行的「氣化」，是雌雄種類的「形化」。這「太極」的「一」與萬物的「多」的關係是「理一分殊」的關係，這個「理一分殊」的關係，簡言之，卽是「太極」在萬物之上，又在萬物之中。從本體的方面來看，「太極」統攝衆理，天地萬物皆具此理，而「有物有則」，天地萬物又各具一「理」，所謂「一物一太極，總體一太極。」[99]從作用方面來看，太極是絕對的精神，「極好至善的表德」，它客觀實現在萬事萬物之中，於是「萬理同出一源」，都分享了它至善的本質，事父母當孝，事兄弟當悌，無不皆具此理。他稱之爲「體用一原，顯微無間。」又比喻做「月印萬川」。[100]

---

[97] 同[94]，頁二。
[98] 同[94]，頁一。
[99][100] 「朱子語類」卷九十四頁九四三。

同時，朱熹又安排了一個「宇宙目的論」的系統，他認爲天地有「心」。所謂「天地以生物爲心，人物各得其生物之心以爲心。」[101]又說：「天地以心普及萬物，人得之遂爲人之心，物得之遂以物之心，草木禽獸接着遂爲草木禽獸之心，只是一個天地之心爾。」[102]天地萬物都有心，又皆是「天地生物之心」；「天地之心」客觀實現爲天地萬物，又各具一「心」。這依然是「理一而分殊」，具有明顯的「唯心論」、「目的論」的性質。於是，心爲「造化之精靈」，「鬼神者二氣之良能」[103]，這種「泛神論」或「萬物在神論」的觀點，也是最明顯不過了。

因此，宋代的理學從周、邵、張，發展到程朱，莊子宇宙論的色彩也最明顯不過了。

（五）

總之，宋代理學不是一個孤立在歷史發展之外的全然獨創的哲學體系，而是歷史發展的當然的結果，有歷史的原因，有時代的原因，也有個人天才的發揮。換言之，它本身就是一個「總攬

[101] 朱子「仁說」、「晦翁學案上」世界版頁八五五。
[102] 「朱子語類」卷一漢京版頁二。
[103] 「朱子語類」卷三頁十七。

古今，網羅百家」的「集大成」，從歷史的淵源來看，相當複雜，絕不是一個「道統」可以說得盡。站在「學術欣賞」的角度上，也絕不是一個「道統」就論斷了它全盤的價值。吾人不僅欣賞它的「歸儒」，同時也要欣賞它的「融道」、「融佛」。就從「歸儒」這方面來說，不單單是回到先秦儒家就算了，還要「入乎其內，出乎其外。」發揚而光大之，容納涓涓衆流以成江海之量。何況，就拿宋明理學的成就來說，理學開山大師周濂溪就提出了兩個方向：「志伊尹之所志，學顏淵之所學。」宋明儒在「學顏淵之所學」方面固是成就很高，「志伊尹之所志」就成就有限了。同時，如果拿「道德價值」或「道德主體性的建立」這個標準來看，宋明理學家的成就也非常高，但是在整個「文化價值」的標準上，成就也有限了。

本文的宗旨，只是「淺談理學之一源」而已，絕不是貶儒入莊，也不是以莊說儒。如果一定要談宋明儒學與莊學之間的大分大際，儘有許多話可說，但文章就不是這樣寫了。我本來想寫的，是宋儒與老莊的人生價值觀的比較。那也是要處理的問題，限於時間，容當後續。

滄海叢刊已刊行書目(八)

書名	作者	類別
文學欣賞的靈魂	劉述先	西洋文學
西洋兒童文學史	葉詠琍	西洋文學
現代藝術哲學	孫旗譯	藝術
音樂人生	黃友棣	音樂
音樂與我	趙琴	音樂
音樂伴我遊	趙琴	音樂
爐邊閒話	李抱忱	音樂
琴臺碎語	黃友棣	音樂
音樂隨筆	趙琴	音樂
樂林蓽露	黃友棣	音樂
樂谷鳴泉	黃友棣	音樂
樂韻飄香	黃友棣	音樂
樂圃長春	黃友棣	音樂
色彩基礎	何耀宗	美術
水彩技巧與創作	劉其偉	美術
繪畫隨筆	陳景容	美術
素描的技法	陳景容	美術
人體工學與安全	劉其偉	美術
立體造形基本設計	張長傑	美術
工藝材料	李鈞棫	美術
石膏工藝	李鈞棫	美術
裝飾工藝	張長傑	美術
都市計劃概論	王紀鯤	建築
建築設計方法	陳政雄	建築
建築基本畫	陳榮美 楊麗黛	建築
建築鋼屋架結構設計	王萬雄	建築
中國的建築藝術	張紹載	建築
室內環境設計	李琬琬	建築
現代工藝概論	張長傑	雕刻
藤竹工	張長傑	雕刻
戲劇藝術之發展及其原理	趙如琳譯	戲劇
戲劇編寫法	方寸	戲劇
時代的經驗	汪琪 彭家發	新聞
大衆傳播的挑戰	石永貴	新聞
書法與心理	高尚仁	心理

滄海叢刊已刊行書目(七)

書名	作者	類別
印度文學歷代名著選(上)(下)	糜文開編譯	文學
寒山子研究	陳慧劍	文學
魯迅這個人	劉心皇	文學
孟學的現代意義	王支洪	文學
比較詩學	葉維廉	比較文學
結構主義與中國文學	周英雄	比較文學
主題學研究論文集	陳鵬翔主編	比較文學
中國小說比較研究	侯健	比較文學
現象學與文學批評	鄭樹森編	比較文學
記號詩學	古添洪	比較文學
中美文學因緣	鄭樹森編	比較文學
文學因緣	鄭樹森	比較文學
比較文學理論與實踐	張漢良	比較文學
韓非子析論	謝雲飛	中國文學
陶淵明評論	李辰冬	中國文學
中國文學論叢	錢穆	中國文學
文學新論	李辰冬	中國文學
離騷九歌九章淺釋	繆天華	中國文學
苕華詞與人間詞話述評	王宗樂	中國文學
杜甫作品繫年	李辰冬	中國文學
元曲六大家	應裕康 王忠林	中國文學
詩經研讀指導	裴普賢	中國文學
迦陵談詩二集	葉嘉瑩	中國文學
莊子及其文學	黃錦鋐	中國文學
歐陽修詩本義研究	裴普賢	中國文學
清真詞研究	王支洪	中國文學
宋儒風範	董金裕	中國文學
紅樓夢的文學價值	羅盤	中國文學
四說論叢	羅盤	中國文學
中國文學鑑賞舉隅	黃慶萱 許家鸞	中國文學
牛李黨爭與唐代文學	傅錫壬	中國文學
增訂江皋集	吳俊升	中國文學
浮士德研究	李辰冬譯	西洋文學
蘇忍尼辛選集	劉安雲譯	西洋文學

滄海叢刊已刊行書目(六)

書名	作者	類別
卡薩爾斯之琴	葉石濤	文學
青囊夜燈	許振江	文學
我永遠年輕	唐文標	文學
分析文學	陳啓佑	文學
思想起	陌上塵	文學
心酸記	李喬	文學
離訣	林蒼鬱	文學
孤獨園	林蒼鬱	文學
托塔少年	林文欽編	文學
北美情逅	卜貴美	文學
女兵自傳	謝冰瑩	文學
抗戰日記	謝冰瑩	文學
我在日本	謝冰瑩	文學
給青年朋友的信(上)(下)	謝冰瑩	文學
冰瑩書柬	謝冰瑩	文學
孤寂中的廻響	洛夫	文學
火天使	趙衛民	文學
無塵的鏡子	張默	文學
大漢心聲	張起鈞	文學
回首叫雲飛起	羊令野	文學
康莊有待	向陽	文學
情愛與文學	周伯乃	文學
湍流偶拾	繆天華	文學
文學之旅	蕭傳文	文學
鼓瑟集	幼柏	文學
種子落地	葉海煙	文學
文學邊緣	周玉山	文學
大陸文藝新探	周玉山	文學
累廬聲氣集	姜超嶽	文學
實用文纂	姜超嶽	文學
林下生涯	姜超嶽	文學
材與不材之間	王邦雄	文學
人生小語(一)(二)	何秀煌	文學
兒童文學	葉詠琍	文學

滄海叢刊已刊行書目(五)

書名	作者	類別
中西文學關係研究	王潤華	文學
文開隨筆	糜文開	文學
知識之劍	陳鼎環	文學
野草詞	韋瀚章	文學
李韶歌詞集	李韶	文學
石頭的研究	戴天	文學
留不住的航渡	葉維廉	文學
三十年詩	葉維廉	文學
現代散文欣賞	鄭明娳	文學
現代文學評論	亞菁	文學
三十年代作家論	姜穆	文學
當代臺灣作家論	何欣	文學
藍天白雲集	梁容若	文學
見賢集	鄭彥棻	文學
思齊集	鄭彥棻	文學
寫作是藝術	張秀亞	文學
孟武自選文集	薩孟武	文學
小說創作論	羅盤	文學
細讀現代小說	張素貞	文學
往日旋律	幼柏	文學
城市筆記	巴斯	文學
歐羅巴的蘆笛	葉維廉	文學
一個中國的海	葉維廉	文學
山外有山	李英豪	文學
現實的探索	陳銘磻編	文學
金排附	鍾延豪	文學
放鷹	吳錦發	文學
黃巢殺人八百萬	宋澤萊	文學
燈下燈	蕭蕭	文學
陽關千唱	陳煌	文學
種籽	向陽	文學
泥土的香味	彭瑞金	文學
無緣廟	陳艷秋	文學
鄉事	林清玄	文學
余忠雄的春天	鍾鐵民	文學
吳煦斌小說集	吳煦斌	文學

滄海叢刊已刊行書目㈣

書名	作者	類別
歷史圈外	朱桂	歷史
中國人的故事	夏雨人	歷史
老臺灣	陳冠學	歷史
古史地理論叢	錢穆	歷史
秦漢史	錢穆	歷史
秦漢史論稿	刑義田	歷史
我這半生	毛振翔	歷史
三生有幸	吳相湘	傳記
弘一大師傳	陳慧劍	傳記
蘇曼殊大師新傳	劉心皇	傳記
當代佛門人物	陳慧劍	傳記
孤兒心影錄	張國柱	傳記
精忠岳飛傳	李安	傳記
八十憶雙親 師友雜憶 合刊	錢穆	傳記
困勉強狷八十年	陶百川	傳記
中國歷史精神	錢穆	史學
國史新論	錢穆	史學
與西方史家論中國史學	杜維運	史學
清代史學與史家	杜維運	史學
中國文字學	潘重規	語言
中國聲韻學	潘重規 陳紹棠	語言
文學與音律	謝雲飛	語言
還鄉夢的幻滅	賴景瑚	文學
葫蘆・再見	鄭明娳	文學
大地之歌	大地詩社	文學
青春	葉蟬貞	文學
比較文學的墾拓在臺灣	古添洪 陳慧樺 主編	文學
從比較神話到文學	古添洪 陳慧樺	文學
解構批評論集	廖炳惠	文學
牧場的情思	張媛媛	文學
萍踪憶語	賴景瑚	文學
讀書與生活	琦君	文學

滄海叢刊已刊行書目㈢

書名	作者	類別
不疑不懼	王洪鈞	教育
文化與教育	錢穆	教育
教育叢談	上官業佑	教育
印度文化十八篇	糜文開	社會
中華文化十二講	錢穆	社會
清代科舉	劉兆璸	社會
世界局勢與中國文化	錢穆	社會
國家論	薩孟武譯	社會
紅樓夢與中國舊家庭	薩孟武	社會
社會學與中國研究	蔡文輝	社會
我國社會的變遷與發展	朱岑樓主編	社會
開放的多元社會	楊國樞	社會
社會、文化和知識份子	葉啓政	社會
臺灣與美國社會問題	蔡文輝 蕭新煌 主編	社會
日本社會的結構	福武直 著 王世雄 譯	社會
三十年來我國人文及社會科學之回顧與展望		社會
財經文存	王作榮	經濟
財經時論	楊道淮	經濟
中國歷代政治得失	錢穆	政治
周禮的政治思想	周世輔 周文湘	政治
儒家政論衍義	薩孟武	政治
先秦政治思想史	梁啓超原著 賈馥茗標點	政治
當代中國與民主	周陽山	政治
中國現代軍事史	劉馥著 梅寅生譯	軍事
憲法論集	林紀東	法律
憲法論叢	鄭彥棻	法律
師友風義	鄭彥棻	歷史
黃帝	錢穆	歷史
歷史與人物	吳相湘	歷史
歷史與文化論叢	錢穆	歷史

滄海叢刊已刊行書目(二)

書名	作者	類別
語言哲學	劉福增	哲學
邏輯與設基法	劉福增	哲學
知識·邏輯·科學哲學	林正弘	哲學
中國管理哲學	曾仕强	哲學
老子的哲學	王邦雄	中國哲學
孔學漫談	余家菊	中國哲學
中庸誠的哲學	吳怡	中國哲學
哲學演講錄	吳怡	中國哲學
墨家的哲學方法	鐘友聯	中國哲學
韓非子的哲學	王邦雄	中國哲學
墨家哲學	蔡仁厚	中國哲學
知識、理性與生命	孫寶琛	中國哲學
逍遙的莊子	吳怡	中國哲學
中國哲學的生命和方法	吳怡	中國哲學
儒家與現代中國	韋政通	中國哲學
希臘哲學趣談	鄔昆如	西洋哲學
中世哲學趣談	鄔昆如	西洋哲學
近代哲學趣談	鄔昆如	西洋哲學
現代哲學趣談	鄔昆如	西洋哲學
現代哲學述評(一)	傅佩榮譯	西洋哲學
懷海德哲學	楊士毅	西洋哲學
思想的貧困	韋政通	思想
不以規矩不能成方圓	劉君燦	思想
佛學研究	周中一	佛學
佛學論著	周中一	佛學
現代佛學原理	鄭金德	佛學
禪話	周中一	佛學
天人之際	李杏邨	佛學
公案禪語	吳怡	佛學
佛教思想新論	楊惠南	佛學
禪學講話	芝峯法師譯	佛學
圓滿生命的實現(布施波羅蜜)	陳柏達	佛學
絕對與圓融	霍韜晦	佛學
佛學研究指南	關世謙譯	佛學
當代學人談佛教	楊惠南編	佛學

滄海叢刊已刊行書目㈠

書名	作者	類別
國父道德言論類輯	陳立夫	國父遺教
中國學術思想史論叢㈠㈡㈢㈣㈤㈥㈦㈧	錢穆	國學
現代中國學術論衡	錢穆	國學
兩漢經學今古文平議	錢穆	國學
朱子學提綱	錢穆	國學
先秦諸子繫年	錢穆	國學
先秦諸子論叢	唐端正	國學
先秦諸子論叢（續篇）	唐端正	國學
儒學傳統與文化創新	黃俊傑	國學
宋代理學三書隨劄	錢穆	國學
莊子纂箋	錢穆	國學
湖上閒思錄	錢穆	哲學
人生十論	錢穆	哲學
晚學盲言	錢穆	哲學
中國百位哲學家	黎建球	哲學
西洋百位哲學家	鄔昆如	哲學
現代存在思想家	項退結	哲學
比較哲學與文化㈠㈡	吳森	哲學
文化哲學講錄㈠㈡㈢㈣	鄔昆如	哲學
哲學淺論	張康譯	哲學
哲學十大問題	鄔昆如	哲學
哲學智慧的尋求	何秀煌	哲學
哲學的智慧與歷史的聰明	何秀煌	哲學
內心悅樂之源泉	吳經熊	哲學
從西方哲學到禪佛教—「哲學與宗教」一集—	傅偉勳	哲學
批判的繼承與創造的發展—「哲學與宗教」二集—	傅偉勳	哲學
愛的哲學	蘇昌美	哲學
是與非	張身華譯	哲學